La belleza de ser bueno

Koncha
Pinós

La belleza de ser bueno

Neurociencia de la bondad
para padres

Papel certificado por el Forest Stewardship Council®

Primera edición: noviembre de 2022

© 2022, Koncha Pinós
© 2022, Penguin Random House Grupo Editorial, S. A. U.
Travessera de Gràcia, 47-49. 08021 Barcelona
© 2022, Richard J. Davidson, por el prólogo
© 2022, Victoria Morera García, por la traducción del prólogo

Printed in Spain – Impreso en España

ISBN: 978-84-666-7416-4
Depósito legal: B-15.433-2022

Compuesto en Llibresimes, S. L.

Impreso en Black Print CPI Ibérica
Sant Andreu de la Barca (Barcelona)

BS 7 4 1 6 4

Todo nuestro conocimiento tiene su origen en la percepción.

LEONARDO DA VINCI

La bondad es simple; la maldad, múltiple.

ARISTÓTELES

Debería agradecer a Mussolini haberme declarado raza inferior, ya que esta situación de extrema dificultad y sufrimiento me empujó a esforzarme todavía más.

RITA LEVI-MONTALCINI

La gente toma diferentes caminos buscando la realización y la felicidad. Solo porque no estén en tu camino no significa que se hayan perdido.

DALÁI LAMA

Índice

Cuarta parte
MEDITACIONES, VISUALIZACIONES
Y PRÁCTICAS DE LA BONDAD

Prólogo

Nacidos para florecer

Hoy en día vivimos en un mundo sumamente incierto y turbulento. El aumento de los movimientos extremistas, el cambio climático, la pandemia y las amenazas a la democracia se ciernen sobre nosotros. Internet y las redes sociales son los mensajeros que transmiten la desinformación que contamina la mente de muchas personas. Nuestros hijos también sufren. En muchos lugares del mundo, las tasas de ansiedad y depresión entre los adolescentes se están disparando y el suicidio se ha convertido en una de las causas principales de mortalidad en esta franja de edad.

Si tenemos en cuenta todos estos desafíos e incertidumbres, es evidente que necesitamos reajustarnos. Debemos guiarnos por una visión diferente de las posibilidades humanas y contar con unos métodos específicos que nos ayuden no solo a manejarnos durante estos tiempos difíciles, sino también a florecer, a transformar los desafíos en oportunidades de crecimiento. En 1963, cuando Martin Luther King jr. pronunció su famoso discurso en Washington D. C., durante el apogeo del movimiento a favor de los derechos civiles en Estados Unidos y en una época en la que las relaciones entre las razas eran especialmente malas, no lo tituló «¡Tengo una pesadilla!». Disponer de un sueño sobre lo que es posible, tener una visión de una forma de ser alternativa en la que los seres humanos puedan reconocer sus cualidades innatas de bondad y amabilidad es exactamente a lo que King invitaba a la audiencia y también lo que más necesitamos en la actualidad.

Lo bello de ser bueno, escrita por la académica sumamente interdisciplinar y psicoterapeuta contemplativa Koncha Pinós, es justo lo que necesitamos en estos tiempos difíciles. Pinós nos recuerda cuál es nuestra verdadera naturaleza, o sea, la bondad fundamental, y nos ofrece una plétora de hechos y sugerencias que resultarán de gran interés para todos los padres, cuidadores y profesores, además de para todas aquellas personas que desean promover un aumento de la amabilidad en el mundo.

Los seres humanos nacemos para florecer. Cuando los niños llegan al mundo, y durante los seis primeros meses de vida, muestran una marcada preferencia por las interacciones prosociales y afectuosas en comparación con las egoístas o agresivas. Esta preferencia la muestran más del 90 por ciento de los pequeños de dicha edad. Los niños menores de tres años no hacen ninguna distinción en función del color de la piel. No nacemos racistas. El racismo es algo que los niños pueden aprender en su entorno social, pero no es una actitud innata. Los niños pequeños tienen una disposición natural a ayudar a los demás, incluso a completos desconocidos. Esto ha quedado demostrado repetidamente en las investigaciones analizadas por la doctora Pinós. Todos estos estudios acerca de la bondad y la amabilidad innatas resultan cruciales cuando se nos invita a considerar que estas cualidades constituyen nuestro estado natural. En el momento en que nos involucramos en prácticas y estrategias para cultivar las cualidades de la bondad y la amabilidad, recordamos cuál es nuestra verdadera naturaleza. Esta es una de las razones clave de que, como explico en el libro que escribí con Daniel Goleman, *Rasgos alterados: La ciencia revela cómo la meditación transforma la mente, el cerebro y el cuerpo*, la educación de la amabilidad sea algo que, en realidad, puede desarrollarse con bastante rapidez. Activar los circuitos del cerebro que sustentan la amabilidad y el cuidado no requiere mucho entrenamiento, en parte porque estos rasgos constituyen nuestra verdadera naturaleza. *Lo bello de ser bueno* nos recuerda que es mejor considerar la empatía, la amabilidad y el comportamiento prosocial como habilidades humanas que podemos cultivar.

La cuestión de considerar la amabilidad como una habilidad es especialmente importante. Una de las grandes ideas desarrolladas por la neurociencia moderna durante los últimos veinte años es la distinción entre dos formas primordiales de aprendizaje. Una de ellas es el denominado «aprendizaje declarativo». Este tipo de aprendizaje es conceptual y es el prioritario en los sistemas educativos «modernos», además de derivar de los libros y las clases orales. En el ámbito de la amabilidad este tipo de aprendizaje nos permitiría aprender cuál es el valor de la amabilidad, cómo puede aplicarse en distintas situaciones, cómo se desarrolla en los niños y que circuitos neuronales se corresponden con ella. Toda esta información forma parte del aprendizaje declarativo de la amabilidad. Pero ¿este aprendizaje te convertirá en una persona más amable? Creo que, intuitivamente, todos conocemos la respuesta a esta pregunta. Podemos reemplazar la amabilidad por cualquier otra virtud y llegaremos a una conclusión similar. Tomemos, por ejemplo, la honestidad. Podemos aprender qué importancia tiene, qué papel desempeña en las relaciones humanas, etcétera, pero ¿estos conocimientos harán que seamos personas más sinceras? Por supuesto que no.

El segundo tipo de aprendizaje se denomina «aprendizaje procedimental» y se basa en nuestras habilidades; se adquiere a través de la práctica y se fundamenta en circuitos cerebrales muy distintos a los del aprendizaje declarativo. A fin de que se produzca algún tipo de transformación auténtica y duradera, se requieren ambos tipos de aprendizaje, el declarativo y el procedimental. Los sistemas educativos occidentales tienen un gran sesgo a favor del aprendizaje declarativo y, en general, hoy en día solo se aplica el procedimental a aquellas asignaturas cuyo dominio requiere claramente hacer hincapié en este tipo de aprendizaje. Un ejemplo de esto serían las artes. Todos sabemos que no podemos aprender a tocar el violín simplemente leyendo libros y asistiendo a clases teóricas. Necesitamos practicar. Y lo mismo podemos afirmar de la danza. Para lograr cierta competencia en el arte de la danza necesitamos practicar las habilidades motoras (y también las sociales y emocionales) que conforman su base.

Una de las maravillas de *Lo bello de ser bueno* es el equilibrio entre el aprendizaje declarativo y el procedimental que subyace en la esencia de esta obra. Además, la última parte del libro consiste en ejercicios procedimentales que pueden beneficiarnos a todos y que activarán los circuitos de la amabilidad y el cuidado en nuestra mente y nuestro cerebro. Por otra parte, este libro constituye un testimonio del extraordinario entrenamiento interdisciplinar de la autora, Koncha Pinós. Aunque ha recibido formación académica tradicional de tipo declarativo en las áreas de las que trata esta obra, también cuenta con una formación contemplativa profunda basada en años de aprendizaje procedimental, la cual le ha proporcionado las herramientas y las estrategias que le permiten enseñar a otras personas de una forma integral. Dicha combinación no es habitual en nuestra época y, por eso, esta obra constituye un auténtico regalo para cualquier persona que esté experimentando en la actualidad los retos del mundo moderno... ¡Y, en realidad, eso nos incluye a todos!

Otro elemento importante de esta obra es el compromiso con el cambio social que está presente en prácticamente todas las páginas. Pinós encarna una visión equilibrada que combina la transformación personal con la social. Ambas van de la mano y son interdependientes. No podemos tener la visión, la perspectiva y, lo que es más importante, la conducta y la vitalidad necesarias para lograr un cambio social a no ser que, de manera simultánea, trabajemos nuestras habilidades para llevar a cabo una transformación personal. Además, no lograremos disminuir de verdad el sufrimiento a no ser que nos comprometamos a cambiar las estructuras sistémicas que, al menos en parte, son las causantes de estos padecimientos. Esta obra constituye un maravilloso equilibrio entre estas dos áreas de transformación, nos ayudará a comprender por qué tienen que ir juntas y, lo que es más importante, cómo empezar.

Pinós fundó la Well-being Planet Foundation, la Fundación para el Bienestar del Planeta, y explica el importante trabajo que realiza esta organización en la mejora del bienestar, sobre todo el de aquellas personas que están marginadas, las poblaciones indígenas y demás colectivos con escasos recursos. *Bondadosamente* incluye relatos fascinantes de historias exitosas de la vida real protagonizadas por personas que se han beneficiado de forma directa de la labor de la Fundación. Estos relatos son sumamente conmovedores e ilustran el poder que tiene este enfoque a la hora de ayudar a aquellas personas que muchos considerarían que era imposible cambiar. El enfoque de esta obra es profundamente realista y optimista y todas las personas que sufren con los retos del mundo actual la encontrarán de gran utilidad.

El bienestar del mundo actual está en declive, y yo a menudo me refiero a esta peligrosa situación como un problema urgente de salud pública. Sabemos que el bienestar es importante. Un análisis de datos recientes sobre 151 países de todos los rincones del mundo constató que existe una correlación sorprendentemente elevada entre el bienestar promedio de una nación (establecido mediante un método de investigación estándar) y la esperanza de vida de sus habitantes. Los habitantes de los países con unos niveles de bienestar más elevados son más longevos. El bienestar se instala en nuestro interior y afecta en gran medida a todos los aspectos de nuestra salud mental y física. Todos los seres humanos tenemos la capacidad de florecer, es algo que forma parte de nuestras capacidades innatas. Y, asimismo, todos los seres humanos tenemos el derecho a florecer. Este maravilloso libro constituye una importante adición a las herramientas de las que disponemos para promover el florecimiento en el planeta.

Cuando los seres humanos empezamos a evolucionar en este planeta, ninguno de nosotros se lavaba los dientes. Estoy convencido de que todos los lectores y lectoras de este libro se los cepillan como mínimo unos minutos cada día. Esta actividad no forma parte de nuestro genoma. Hemos aprendido a cepillarnos los dientes para cuidar de nuestra higiene física personal. De lo que estamos hablando aquí es de nuestra higiene mental personal, ¡y la ciencia moderna nos enseña que la higiene física y la mental están íntimamente conectadas! Además, creo que la mayoría de las personas estarían de acuerdo en que su mente y su corazón son incluso más importantes que sus dientes.

La doctora Pinós nos demuestra que cultivar nuestra bondad esencial no es difícil y que podemos empezar con nuestros hijos a una edad temprana. ¡Si consagráramos a diario a cultivar nuestra mente un tiempo tan corto como el que dedicamos a cepillarnos los dientes, ¡el mundo sería un lugar muy distinto! Por favor, únete a nosotros en este viaje y utiliza las visiones y prácticas de este libro para respaldar tu recorrido.

RICHARD J. DAVIDSON
Centro para Mentes Saludables,
Universidad de Wisconsin-Madison

La naturaleza irreprimible

Nunca he deseado llorar al caminar por la calle, nunca he sido ajena a mis propias lágrimas, hubiera deseado que la vida no fuese dura para los seres, pero hoy las lágrimas vienen a causa de las plantas y los árboles.

Nueva York fue una isla verde, hace nada los indios cabalgaban con sus caballos por el estado y me veo obligada a ver que, en los tiempos actuales, la naturaleza irreprimible de los vegetales se abre camino en mitad del asfalto.

De igual manera, la naturaleza de la bondad se abre camino en nosotros y florece, aunque hayamos puesto miles de kilos de asfalto, destruido las selvas y aniquilado a los pobladores.

El mayor progreso de este mundo es desvelar esa naturaleza reprimida. La bondad innata.

Nueva York, septiembre de 2022

Primera parte

HISTORIA DE LA CIENCIA DE LA BONDAD

1

La naturaleza de la bondad
a través de la historia

Desde mi infancia siempre estuve interesada en la observación. Por ejemplo, me preguntaba por qué, cuando jugábamos en la calle, había niños que tenían un gran interés en torturar a los animales, y disfrutaban cortándole la cola a una lagartija para ver cómo seguía moviéndose después de separada del cuerpo, o tiraban piedras a los perros para verlos correr. Me preguntaba, en general, por qué había niños que deseaban el mal a otros seres, no solo a los animales, y pegaban a otros niños o destrozaban los árboles; por qué había niños que eran malos con los otros, a qué obedecía eso.

Todos nosotros llevamos preguntas guardadas en nuestro interior: de algunas somos conscientes y de otras no. Esas inquietudes de la infancia las llevé guardadas en mí durante décadas, hasta que después de ver tanto sufrimiento en el mundo, deshumanización y horror por todas partes, la pregunta ya no pudo esperar más. Así fue como empecé a buscar respuestas a los interrogantes de por qué existe la maldad y qué había sido de la bondad.

La ciencia y la meditación me han ayudado a comprender estos comportamientos no como normales, sino como anómalos o singulares dentro de la media. La ciencia me ha ayudado a no perder mi condición humana, a no perder la esperanza y a considerar que, si bien es cierto que la maldad existe, la bondad es infinitamente más cultivada. Puedo decir que, sin la ciencia, hubiera perdido mi humanidad compartida, porque gracias a la neurociencia pude volver a amar incluso a aquellos que cometen las mayores atrocidades. Pude comprender su sufrimiento, su biología y su gran lucha interior.

En ciencia podemos decir que algo es verdadero cuando conseguimos fundamentarlo en evidencias, experimentación lógica, investigación y validación por alguna persona de autoridad, hasta que finalmente la comunidad científica acepta que eso es cierto. El método que usamos es la cuestión crítica, que nos plantea hipótesis que son observables y otras que no lo son. Algunas son evidentes, y otras, puros fenómenos. He visto a científicos de los dos tipos: los que, basándose en la evidencia, perseguían con sus instrumentos la molécula de Dios, analizaban las partículas atómicas u observaban la expresión de los genes. Y otros, basados en la fenomenología, que ciertamente son muy diferentes a la hora de gestionar su abordaje de la realidad.

Cualquier hipótesis en la ciencia tiene que ser demostrada, por eso me interesé profundamente en los autores que habían mostrado sensibilidad al fenómeno de la bondad a través de la historia: dónde la habían buscado, de qué manera, qué preguntas se habían hecho, qué evidencias y fenómenos habían observado. Ya fuera desde el método empírico o usando las ciencias contemplativas.

Lo más interesante de hacerse preguntas es que no tienen fin. ¿Qué es la bondad? ¿Qué entendemos por ser «bueno»?

Kant decía que la bondad era la natural inclinación a hacer el bien, por lo que podríamos decir que hay hombres buenos. Unamuno consideraba que era necesario que los hombres aprendiesen a ser buenos y no simplemente a hacer el bien, ya que solo a través de la comprensión de la ética de la bondad una persona se convertía en persona. Mientras que, para Aristóteles, la verdad, la belleza y la bondad eran inseparables.

Lo malo, lo bruto, lo violento, lo cruel y desgarrador son la huella de nuestra era. Parece que hoy eso es lo que da sentido a la vida contemporánea, mientras la publicidad o la psicología positiva nos hablan de un buenismo que casi resulta irreal. Hay muchos ensayos, libros y obras que hablan de la bondad. Pero yo me sigo preguntando por qué hoy en día sigue gustando tanto la violencia. Steven Pinker dice que vivimos en la era más pacífica de todos los tiempos; sin embargo, esa afirmación abre en mí un espacio repleto de extrañeza. No la siento como verdadera.

Lo bondadoso, lo bellamente generoso, no está de moda; algo desgarrador o insípido lo ha amputado o sustituido. Estamos frente un mundo náufrago de bondad. Lo que era naturalmente hermoso (ayudar al otro y hacer el bien) se ha convertido en algo estúpido, en algo circunstancial en un mundo basado en lo inmediato. El valor de la bondad no entra en el supermercado del consumo. Nos hemos vuelto invulnerables a la bondad, estamos tan centrados en nosotros mismos que confundimos el narcisismo con el hecho de ser buenas personas. Esta capacidad de adaptarnos al mal, de no plantarle cara, ha conformado una estética de la barbarie. Bárbara y cruel es nuestra vida digital, donde intercambiamos frases «de bien» que en realidad no tienen nada de bondad innata. Usamos palabras de amabilidad en nuestras comunicaciones cotidianas, pero no son verdaderas.

Al negarnos a quebrar y desenmascarar la maldad, la bondad queda tapada por el egoísmo cotidiano, que nos impide acceder a aquellas partes de nosotros donde lo bello y lo bueno navegan juntos. La distancia entre ambos se ha hecho abismal: ahora ser bello ya no va unido a ser bueno, y mucho menos a ser verdadero. Hemos abierto paredes de silencio y, a través de nuestras vulgares cotidianidades, no hay reconocimiento del bien común.

Compartimos imágenes desgarradoras como una forma más de consumo que, lejos de hacernos bien, nos agravian en lo más profundo. Nuestra bondad está vacía de profundidad, no tiene el espesor de abrazarnos en nuestra totalidad, sino que está conmocionada por el mal. La bondad ha quedado eclipsada por lo agradable y lo políticamente correcto en el imperativo de lo digital. La bondad queda para las donaciones online, una bondad inocua que no compromete ni cuestiona nuestras verdades. Por eso Hegel hablaba del dilema del amo y el esclavo. Somos esclavos de lo agradable y hemos perdido el gusto por la bondad, el deleite de ser buenos, auténticos y bellos en esto.

La estética de quirófano ha truncado la belleza. Una amabilidad sin ninguna interioridad ha sustituido la bondad. Un mundo de positividad en el que aparentemente no hay ningún conflicto, todo va bien y se nos promete que si compramos esa imagen seremos buenos, bellos y auténticos ha cambiado la verdad y la búsqueda de autenticidad. Pero es falso.

Una de las primeras cosas que escuché del doctor Richard J. Davidson es que la bondad es innata, además de constituir la base del cerebro. Nunca se me había ocurrido que el cerebro podía tener una base, y si así fuese, ¿qué pruebas tenía de ello? Las personas que son bondadosas viven más tiempo y tienen un mayor sentido del propósito de su vida. Duermen mejor, su salud es mejor y le dan más significado a lo que pasa en su vida. Pero si ser bondadoso tiene tantas ventajas, entonces ¿por qué no lo somos?

Podríamos decir que la bondad es innata —tal y como afirma Davidson, aunque Rousseau ya lo había dicho un par de siglos antes—. La bondad otorga sentido a la existencia, pero su expresión depende de diversos factores, entre ellos la coherencia que el niño observa en los primeros años de vida entre su ambiente y su historia vital.

En el Max Planck Institute de Alemania, Michael Tomasello demostró que los niños menores de dieciocho meses sentían la necesidad de ayudar a los adultos en apuros. Esto reafirma la idea de que todos los seres nacen buenos, pero esto dura poco si no encuentran una prosodia que la alimente. La bondad necesita alimento cotidiano.

Las fuentes de las que emerge el cultivo de la bondad varían de un individuo a otro, de un contexto a otro. No obstante, la generosidad y el espíritu altruista, el hecho de querer ayudar y enseñar al otro, la protección al desvalido ocupa un espacio fundamental en ese propósito de ser buenas personas.

Las personas que no viven en países desarrollados tienen mayor conexión con el sentido de su vida y, por tanto, son más genuinas en la expresión de su bondad. Están compartiendo continuamente una vida comunitaria, ritos, creencias y cultura, algo que en las sociedades desarrolladas es cada vez más y más extraño, pues todo es digital.

Hoy es una noche de otoño plagada de estrellas en la Toscana. Cuando miro al cielo, veo claridad y cercanía en algo muy lejano. Tan solo la Vía Láctea está habitada por más de trescientos mil millones de estrellas. Si consideramos por un instante que no estamos solos en este universo, puedo sentir frente a esa idea el silencio de la bondad compartida. ¿Será posible que el Universo sea bondadoso?

Esta pregunta tiene cierto sentido, pues la humanidad se la ha hecho a lo largo de la historia tantas veces como estrellas hay ahora mismo en el cielo toscano, el mismo que miraron Galileo, Leonardo da Vinci y otros filósofos, científicos, artistas, políticos y escritores. Todos se han preguntado por la bondad. No podemos dejar este tema tan solo en la reflexión sin indagación científica.

La neurociencia ha demostrado —y lo seguirá haciendo— que la bondad tiene efectos beneficiosos para las personas y para las sociedades. Numerosos documentos y artículos científicos nos muestran que las personas que llevan a cabo actos de bondad se sienten satisfechas, tienen mejores perspectivas de vida, son optimistas y mejoran su resiliencia. Mientras que aquellas personas que no practican la bondad padecen más estrés, depresión, ansiedad, soledad, enfermedades crónicas, e incluso tienen más riesgo de padecer cáncer, infartos o tendencias suicidas.

¿Será que la capacidad de ser bondadosos y la bondad protegen nuestro sistema inmunológico de sufrir los ataques del devenir de los tiempos? Las personas bondadosas van menos al médico y sufren menos enfermedades crónicas, problemas inflamatorios, demencias o accidentes. Así es: la bondad protege.

Después que el Dalái Lama invitara a científicos a los encuentros de Mind and Life para investigar sobre la bondad y la compasión, el interés ha crecido en las últimas décadas. Cada vez hay más publicaciones que proponen el sentido de la bondad, su importancia, el valor de la compasión y, si es posible, la diferencia de la felicidad y la dicha. ¿Cómo se alcanza ese estado en el que uno es bueno por naturaleza sin preocuparse de nada más?

La mayoría de las personas podemos reconocer todo aquello que no funciona dentro de nosotros, podemos incluso tratarnos con crueldad, rumiar nuestras peores ideas y acabar destruyendo nuestra paz interior. También la mayoría podemos reconocer que la bondad tiene sentido en la vida. ¿Qué características tienen las personas que reconocen la bondad como algo válido en la vida?

El sentido de la bondad en la vida se puede reconocer a través de cinco características. La primera es la significación bondadosa, es decir, el sentido de que hacer algo bueno es importante y marca la diferencia con respecto a no hacerlo. La segunda característica es la pertenencia, el sentimiento de que, creando actos bondadosos, estamos contribuyendo a que este mundo sea mejor, y por tanto que pertenecemos constitutivamente a él. La tercera característica es la coherencia entre lo que se dice y lo que se hace en la vida: ser bondadoso es ser armónico, hermoso y congruente, lo que otorga una gran calma mental y un sentido de plenitud. La cuarta característica es la ética, saber los objetivos y los valores que uno tiene y defenderlos; aunque eso implique «perder», es ser bondadoso. La última característica es la significación en sí de ser bondadoso, lo que da sentido a la vida por la suma de las cuatro características anteriores.

2

Sin conciencia no hay bondad

La bondad, ser bueno y obrar bien son tres cosas diferentes. «Haz el bien sin mirar a quién» es una frase muy extendida, pero a la hora de generar buenas obras debemos rescatar un concepto denominado «legado intergeneracional». Nosotros tenemos descendencia y hacemos realmente una gran inversión en todos los sentidos —tiempo, recursos, energía— sabiendo que los hijos nunca la retornarán, pues el retorno social lo darán los nietos. El concepto de bondad tiene mucho que ver con la evolución de nuestros genes.

Los seres humanos tenemos la capacidad de crear productos, servicios, proyectos que pueden resultar beneficiosos no solo para nosotros sino para muchas generaciones futuras. Por ejemplo, un docente que enseña a veinticinco estudiantes nunca puede saber si, en su clase habrá un futuro presidente, un premio nobel o un artista. Sin lugar a dudas, aquel que transmite el conocimiento que tiene es un ser bondadoso. El gobernante que cuida de sus ciudadanos y procura que tengan todo lo que necesitan también es un ser bondadoso. Hay muchas maneras de expresar la bondad y, probablemente, lo más acertado sea preguntarnos entonces si realmente tenemos consciencia de ser buenos o no. ¿Cuándo adquirimos esa consciencia? ¿Nacemos con ella?

El principio de consciencia de bondad se puede aplicar a todas las culturas. En 2014 Jan Holler, de la Universidad de Tréveris, investigó qué le daba sentido a la vida de las personas de entre sesenta y noventa años de diferentes países (Camerún; República Checa; Hong Kong, en China, o Alemania). Entre las respuestas surgió la necesidad de ser bueno y preocuparse por los demás como el factor número uno, seguido de la espiritualidad, la búsqueda de armonía, el deseo de desarrollarse o el éxito.

A lo largo de los siglos nos hemos preguntado si como humanos tenemos inclinaciones innatas, como la bondad o la maldad. Es una de las grandes cuestiones en la filosofía, pero también en la ciencia, pues a partir del planteamiento derivado tenemos mundos posibles o imposibles de habitar. ¿Nace el ser humano bueno y luego se transforma en malo, o ya nacemos malos? Si es así, ¿cómo y cuándo sucede esto?

Hay muchas posturas en relación con esta cuestión y, como toda buena cuestión, lleva en sí misma otras más. Por ejemplo, tendríamos que definir qué es la naturaleza humana: ¿es lo mismo que la naturaleza de la mente o la de la conciencia? Aún no nos hemos puesto tampoco de acuerdo, hay que seguir pensando e investigando sobre ello. A veces escuchamos que un progenitor ha asesinado a su hijo y que eso es antinatural, o que una persona tiene diferentes hábitos sexuales o alimenticios, y por eso lo calificamos también de antinatural. Pero ¿qué es antinatural y quién decide su naturaleza?

Tendríamos que encontrar a una persona que fuera el ideal de naturaleza bondadosa innata y poder medir cuáles son sus componentes, cómo se expresa, actúa o piensa. Sería un ser precivilizado, pero entonces dejaría de ser social. Tendríamos además que ponernos todos de acuerdo en el término de ser bondadoso.

3

«El hombre es un lobo para el hombre»

En la historia de la ciencia y de la filosofía se han formulado varios caminos en torno a esta pregunta y se han seguido otros con diferentes derivadas. Tres filósofos dieron tres posiciones diferentes a esta pregunta: Hobbes, Rousseau y Marx. De la respuesta de este último no vamos a hablar porque se aparta de los intereses de este libro. No fueron los primeros que se preguntaron si la bondad era innata, pero sus respuestas sí marcaron fuertemente a nuestra sociedad, incluso hasta el día de hoy.

Thomas Hobbes fue un filósofo inglés, nacido en 1588, que dijo sobre la bondad que cada ser humano piensa y siente de manera diferente. Esta forma de pensar es fruto de su individualismo, y planteaba así que Aristóteles se equivocaba al decir que el hombre es un animal social. El hombre no sería como las hormigas, las abejas u otros animales que trabajan en equipo, sino que más bien nace egoísta por naturaleza y se orienta a tener el máximo provecho de las cosas y de los objetos.

Según este autor, si volviésemos a un estado de naturaleza primitiva, viviríamos en un eterno conflicto los unos con los otros. Cada ser humano se convertiría en enemigo del otro, y de ahí surge su famosa frase de Plauto: «El hombre es un lobo para el hombre». En su pensamiento es evidente la influencia de Maquiavelo, Aristóteles y Platón, tal y como muestra su obra *Leviatán* —un libro sobre el nuevo individualismo que rechazaba de plano el concepto de bondad—. Hobbes afirma que los hombres son bestias egoístas a quienes solo les importa su comodidad, y es posible ver cómo su influencia ha llegado hasta nuestros días.

El zoólogo Richard Dawkins publicó en 1976 su teoría sobre los genes en la obra *El gen egoísta*, donde describe claramente que el ADN es nuestro dueño y que nos domina y lleva de la mano a un universo de competitividad, abuso, explotación y trampas biológicas con un único propósito: sobrevivir. Más de cuarenta años después de su publicación, este sigue siendo uno de los libros más leídos del planeta y es posible preguntarse por qué tenemos tanto interés en el egoísmo, considerando que es un libro que solo habla de genes y evolución.

Dawkins parte de un supuesto: imagina que un alienígena llega a la Tierra y, queriendo probar la madurez intelectual de la civilización, pregunta si hemos descubierto ya la evolución. Cuando escribió ese libro, no podía imaginar siendo tan joven que sería importante. Era entonces demasiado joven ¿Cómo puede ser que los genes busquen la inmortalidad? ¿Y si nosotros fuésemos vehículos de esa ambición genética, y nuestras familias, trabajos, pasiones y sueños en realidad escondieran la trampa evolutiva? Si esto fuese así, querría decir que los genes tienen conciencia.

El gen egoísta es un libro que hay que leer, aunque resulte chocante. Es hermoso entrar en conflicto y observar qué hay de cierto en esa perspectiva de la evolución que nos propone Dawkins. Theodosius Dobzhansky dijo: «Nada en biología tiene sentido excepto a la luz de la evolución», y eso es lo que pretendemos hacer, permitir que evolucione aquí nuestro concepto de bondad, sin dejar de buscar en todos lados.

Es posible que Hobbes tuviera razón y que el egoísmo sea la fuerza que mueve nuestras acciones. ¿Es la naturaleza humana buena y luego se transforma en mala por el contacto con la civilización? ¿O cómo funciona ese proceso? ¿Dónde está nuestra mente cuando actuamos mal? ¿Somos realmente conscientes de ello?

Philip Zimbardo, el autor del famoso experimento de la cárcel de Stanford (*Stanford Prison Experiment*) fue proscrito y considerado el psicólogo del lado oscuro. Parecía que Zimbardo quería promover la maldad, pero nada más lejos de la realidad. Hoy, a sus casi noventa años, ha tenido que volver a explicar que él mismo fue el primer sorprendido cuando vio los resultados. El experimento de la cárcel de Stanford es uno de los más importantes en la historia de la psicología social y tan solo duró unos días al observar lo que sucedía con los participantes. Las personas que habían sido escogidas al azar para desempeñar el papel de prisioneros o vigilantes se creyeron tanto su rol que llegaron a agredirse mutuamente.

¿Qué razones llevaron a esos jóvenes a convertirse, en tan solo cuatro días, en víctimas o verdugos? ¿Qué razones puede tener un científico para realizar un experimento semejante? ¿Qué quería probar este psicólogo?

Zimbardo es contemporáneo de la guerra de Vietnam y, aunque muchos no lo crean, este conflicto bélico marcó de forma rotunda a los estadounidenses. Él era pacifista y se planteó hacer algo muy sencillo en el aula: un trabajo donde proponía a los estudiantes diez preguntas de las que él mismo no tenía respuesta alguna. Una de ellas era qué sucedía con una persona que llega por vez primera a la cárcel. Los estudiantes pidieron al profesor crear un experimento, a lo largo de un fin de semana, donde se viviera esa misma situación.

Los resultados del experimento hablaron por sí solo: los estudiantes quedaron traumatizados, tanto las víctimas como los que ejercían como verdugos. El juego de simular la maldad o de sufrirla en las propias carnes los había marcado. Entonces, Zimbardo quiso ir más allá de ese conato de experimento y lo recreó en términos de psicología social con todos los detalles: humillación, indefensión aprendida, culpa, vergüenza y odio entre ambas partes, una por el abuso del poder y otra por la falta de libertad.

Hace algunos años coincidí con Philip Zimbardo en el Congreso de Psicología de La Habana, en Cuba, y le hice tan solo una pregunta: ¿Repetirías hoy ese experimento? Su respuesta fue un contundente: «No, no lo haría, y no creo que la ciencia sea realmente responsable de lo que significa explorar en el territorio de la maldad». Aquel día hablamos mucho sobre cómo veía él el mundo desde la guerra de Vietnam y cuál sería hoy su gran proyecto.

Philip Zimbardo acabó publicando una obra magistral, *El efecto Lucifer*, donde brinda una definición de la maldad. Esta consiste en «obrar deliberadamente de una forma que dañe, maltrate, humille, deshumanice o destruya a personas inocentes, o en hacer uso de la propia autoridad y el poder sistémico para alentar o permitir que otros obren de esa forma en nuestro nombre».

Este psicólogo quería comprender el porqué del mal, y cómo en contextos de conflictos como guerras o detenciones ilegales se puede llegar a la deshumanización. ¿Cómo es posible que jóvenes sin antecedentes clínicos, traumas emocionales o conflictos pudieran llegar a convertirse en torturadores? Se preguntó qué sucedía si colocábamos a buenas personas en lugares inapropiados; en ese caso, ¿qué triunfará, la bondad de la persona o el mal del contexto? Él demostró que el límite entre el bien y el mal es una línea muy fina, casi imperceptible para la mayoría de nosotros. En el experimento quedó documentado, de una forma brutal y atroz, cómo el poder de la situación toma la naturaleza humana y acaba atrapándonos por completo en el rol asignado.

El experimento de la cárcel de Stanford se interrumpió con la llegada de una psicóloga visitante que, al observarlos, experimentó un ataque de angustia cuando vio el sufrimiento que se les causaba a los estudiantes. «Estos chicos están siendo deshumanizados y humillados por otros que han perdido el norte moral», sentenció. También observó que tanto los organizadores como el propio director habían interiorizado los valores destructivos que pretendían observar.

Finalmente, la experiencia no solo tuvo valor desde la psicología social, sino también desde la educación, para arrojar luz sobre cómo construimos las relaciones. ¿Realmente están basadas en un contrato social? El vínculo del amo y el esclavo, los reclusos y los guardias, el sistema penitenciario, el maltrato, el poder, la percepción del tiempo y el espacio, los gritos, el cansancio: todos estos rasgos fueron sin duda elementos significativos.

Lo que Zimbardo nos enseñó es que hay que cuidar la bondad, porque si no desaparece. Si observamos cómo cambió la gente en una prisión donde el único poder lo tenían aquellos que desempeñaban el papel de carceleros, está claro que una buena persona que se ponga un uniforme puede llegar a actuar cruelmente. Pero ¿qué podemos hacer nosotros para cultivar la bondad innata? ¿Hay dentro en nuestro interior un verdugo o un héroe, podemos en realidad estar seguros de ello?

Heroic Imagination Project es un proyecto del mismo psicólogo que se desarrolla en Sicilia, Italia. Allí propone cómo activar un cambio positivo no solo en el transcurso de la vida de los estudiantes, sino también en el interior de la comunidad. El programa de Zimbardo, con una base científica robusta, aporta instrumentos psicológicos que permiten que los estudiantes desarrollen las competencias necesarias para afrontar, a medio y largo plazo, la confrontación con el mal. Algo que es muy evidente en nuestra época, desde el conformismo negativo, el prejuicio, la discriminación, el odio y el *bullying* hasta el autoritarismo. Es un gran programa curricular que le proporciona a la persona los recursos para comportarse con responsabilidad, integridad y para afrontar los dilemas de la vida.

Cuánto influye el ambiente en nuestra conducta también constituye un punto de reflexión a través de la historia de la filosofía y de la ciencia. ¿Qué poder sutil, penetrante, influye en nuestra voluntad para que acabemos resistiéndonos al mal? Parece, dice Zimbardo, que las personas buenas, cuando entran en contacto con el mal, pueden llegar a comportarse de manera patológica e incluso dañina, y en un estudio sobre la psicología del mal, el Heroic Imagination Project, afirma:

> No es para nada de extrañar que en nuestra época la neurociencia se haya cuestionado el bien y el mal. ¿Qué hace que una persona ponga en riesgo su vida para proteger la de otros? ¿Son estos cerebros normales? ¿Qué tiene de particular el cerebro de un asesino, un violador, un torturador o un secuestrador? Pensemos por un instante en un ser humano capaz de poner una bomba o de acribillar a unos niños en una escuela. Recordemos cómo la crueldad ha formado parte de la evolución de la humanidad. Somos capaces de realizar actos de maldad que nos deshumanizan.

Me pregunto qué es lo que hace que saquemos nuestros peores instintos, qué hace que un cerebro sea altruista y compasivo, y otro, psicópata. Si consideramos el instinto como una conducta innata inconsciente que se transmite genéticamente entre los seres vivos de la misma especie, ¿es la maldad parte del instinto? ¿Es un impulso natural interior de carácter irracional que provoca que llevemos a cabo una acción o sentimiento sin tener conciencia de lo que estamos haciendo? ¿Los instintos son innatos o se adquieren? Hay todo un mar de preguntas. Tanto las conductas psicópatas como las altruistas forman parte de nuestro pasado evolutivo. Tenemos capacidad para ser generosos, altruistas, sacrificados, amables, tiernos, seres conscientes. Y también de ser violentos, malvados, perversos y egoístas.

En los humanos, y también en otras especies, encontramos el deseo de estar juntos y de cuidarnos, de ayudarnos a sobrevivir, como un comportamiento adquirido a través de la evolución. La cooperación y la ternura son imprescindibles para nuestra supervivencia. Pero la vida no siempre es un lugar plácido y amable. Las batallas, las guerras, las disputas por el alimento, el agua, el fuego, el territorio y los recursos nos llevaron a desarrollar un sentido de protección basado en el deseo de apropiarse de los bienes ajenos, de lastimar al otro e incluso de llegar a matar por ello.

Somos cerebros sociales y también cerebros violentos, y los dos han sido importantes para llegar a convertirnos en lo que somos hoy en día. El debate del origen de la bondad no es nuevo; durante mucho tiempo hemos visto cómo la religión, la filosofía, el arte, la ciencia, la psicología, la sociología, la educación, y hoy la neurociencia, trataban de comprender cuáles son sus causas y condiciones, cuáles son sus componentes. La pregunta quizá no es si tenemos cerebros bondadosos o violentos, sino cuál es nuestra preferencia. Y esta es claramente la bondad, no solo en humanos, sino en otras especies

Desde mi comprensión —que es igual a decir mi ignorancia—, la clave reside en la empatía. La palabra proviene del griego y su raíz, *pathos*, hace referencia al mundo de las emociones, a la pasión, el sentimiento, la enfermedad o el padecimiento; mientras que el prefijo *en-* se traduce como «en el interior de». La empatía permite entrar en el mundo interior de otro desde el nuestro propio, intentar comprender a través de habilidades emocionales, mentales y relacionales. Eso implica ser capaz de reconocerse a uno mismo, de abstraerse de uno mismo y de comprender al otro sabiendo que no somos él.

La empatía no es solo la capacidad de experimentar lo que el otro está pensando, sintiendo o intuyendo, sino que también es el motor, la llama que enciende (o no) la conducta de la voluntad. Usamos la empatía para evaluar si una situación, una persona o una circunstancia merecen nuestra ayuda. Sin embargo, esta nunca es gratis, y nuestro cerebro tiene que evaluar dónde, cómo, por qué y para quién debemos ser altruistas.

Las investigaciones sobre la empatía en la psicología social se incrementaron de forma rotunda en los años ochenta, y la motivación de conocer dónde se encuentra la empatía en el cerebro, cómo funciona y de qué modo se articula fue una gran línea de investigación de la neurociencia. El cerebro de las personas que tienen conductas antisociales, violentas, perversas o malvadas se caracteriza por la ausencia de empatía. Parece que la empatía pudiera ser la solución a muchos problemas, pero la realidad es que es un arma de doble filo. Esta disposición para ayudar, ser generoso, también puede ser una fuente de problemas.

La empatía no es inocua; por ejemplo, somos más altruistas

con aquellos que pertenecen a nuestro mismo grupo social, y podemos llegar a marginar y restar valor a aquellos que no forman parte de nuestra propia familia, tribu o a los que no piensan como nosotros. La empatía también se equivoca, tiene una sombra profunda y alargada. En el caso de los psicópatas se observó que no carecen de empatía, sino que, por el contrario, tienen un hambre voraz de esta. Buscan que el otro sienta lo que ellos no pueden sentir y, así, viéndolo reflejado en el otro, pueden aspirar a poseerlo.

Si les pido ahora mismo que cierren los ojos y piensen en la imagen de un niño ahogado en una playa, abandonado a su suerte, rápidamente sus circuitos van a empezar a sentir dolor al percibir el sufrimiento ajeno. No podemos evitar esto, pero tampoco quiere decir que estemos en situación de ayudar a ese niño. El altruismo genuino existe, pero tiene laberintos propios para llegar a expresarse.

Daniel Batson es un excelente psicólogo de la Universidad de Kansas que llevó a cabo la demostración de la empatía en relación con el altruismo. Batson tomó una perspectiva original, no muy común en la ciencia occidental, en la que predominan las visiones egoístas: según esta, detrás de todo comportamiento altruista debe existir una razón oculta, un interés. Los incrédulos del altruismo dirán que si analizamos en profundidad descubriremos que cuando ayudamos, en realidad queremos algo a cambio.

Es cierto que muchas personas, consciente o inconscientemente, cuando reconocen mediante la empatía que el otro está en una situación de necesidad deciden adoptar un comportamiento altruista, ya sea por alcanzar una recompensa social o reconocimiento, evitar el aislamiento del grupo, huir de la culpa o la vergüenza, reducir el estrés o la angustia, o quizá, por qué no, hacer el bien. Pero Batson demostró que hay una tercera vía, una perspectiva diferente, en la cual tanto la motivación del acto como el comportamiento del mismo son totalmente altruistas. Definió la preocupación empática como un estado de la mente en el cual nos orientamos hacia la persona que sufre y estimamos, valoramos, lo mal o lo bien que está el otro, y tratamos de percibir qué ayuda necesita.

Este tipo de preocupación empática genera en sí mismo una motivación (un movimiento hacia la acción), que tiene como meta conseguir que el otro se sienta bien (estar bien o bienestar). Batson ha llevado a cabo casi cuarenta experimentos que prueban que la empatía y el altruismo están relacionados, y que ese vínculo es real. El psicólogo investiga desde hace más de cuarenta años esta relación, que lo ha llevado a definir el altruismo como «el deseo de beneficiar a alguien por su propio bien, en lugar de a uno mismo».

Estos descubrimientos están aportando más luz a la hora de comprender cómo entrenar y tratar al cerebro para aumentar la respuesta empática y reducir así la violencia. Pero lo cierto es que la ciencia está en pañales a la hora de comprender las competencias que nos hacen humanos. Por ejemplo, durante décadas se afirmaba y se enseñaba que los bebés no sentían empatía y que les daba igual su contexto, pero hoy sabemos que no es así: los bebés son seres superempáticos mucho antes de cumplir dieciocho meses.

Maayan Davidov, de la Universidad Ben-Gurión del Néguev y la Universidad Hebrea de Israel, demostró que los bebés muestran empatía por una víctima de acoso escolar desde los seis meses de edad. Los resultados de su investigación enseñaron que, incluso durante el primer año de vida, los humanos somos sensibles a los sentimientos y emociones de los demás y podemos sacar conclusiones sobre el contexto desplegando emociones particulares.

El bebé determina qué figuras merecen empatía y cuáles no, y cómo identificar la angustia del otro. En un primer experimento, los investigadores demostraron que los bebés entre cinco y nueve meses sienten una clara empatía por las víctimas. Les enseñaron a veintisiete bebés dos vídeos: el primero presentaba a una figura cuadrada subiendo una colina, que a mitad de camino se encontraba con una figura amistosa circular, y contentos bajaban juntos la colina mostrando sentimientos claros, positivos y neutrales. En el segundo vídeo, en la misma acción, al encontrarse ambas figuras, la redonda golpea y acosa a la cuadrada para bajar la colina, y esta última exhibe angustia y llanto.* Los investigadores hicieron que los bebés eligieran cuál de las figuras cuadradas que se les presentaban en la bandeja les gustaba más, y más del 80 por ciento escogieron la que había exhibido angustia, lo que evidenciaba una preferencia empática hacia la víctima o figura intimidada. Cuando les enseñaron las figuras de ánimo positivo, los bebés no mostraron preferencia por ninguna de las figuras.

* Los *Victim video* de Uzefovsky, Paz y Davidov (2019) están disponibles en YouTube: <http://www.youtube.com/watch?v=HmUdsfOdU3w&feature =em-share_video_user>; <http://www.youtube.com/watch?v=7Fwd3t3xTNQ &feature=em-share_video_user>.

4

La preocupación empática en bebés y niños

Es increíble pensar que los bebés responden a las expresiones faciales, en forma de interés o preocupación, y que otros se empeñan en dar consuelo o afecto inclinando las manos hacia delante, el cuerpo, para intentar ser de ayuda. Todo eso sucede antes del primer año. Cuando el bebé llega al año y medio, ya ha sido capaz de traducir qué puede hacer por el otro en forma de conductas prosociales, tales como una caricia, una sonrisa, un abrazo, lanzar besitos, dar su galleta o un juguete al niño que ha sufrido.

Pero no todo es un jardín de rosas: hay un porcentaje mínimo de niños que, a partir de los dieciocho meses, practican la indiferencia activa. La doctora Carolyn Zahn-Waxler, investigadora de la Universidad de Wisconsin-Madison, relata en el capítulo «El legado de la pérdida: la depresión como asunto familiar», del libro *Rompiendo el silencio*, lo que le sucedió a ella misma, la transmisión intergeneracional de la depresión, que desde una perspectiva psicológica sufrió desde la más tierna infancia.

El libro *Anna Karenina* de Tolstói comienza con una cita

que pregona que todas las familias felices son iguales, pero que las infelices lo son cada una a su manera. Eso quizá nos ayude a comprender cómo se observan más las emociones negativas en la primera infancia (culpa, ira, miedo, tristeza, vergüenza o disgusto) que las positivas. Zahn-Waxler afirma que el sesgo negativo se inicia en las etapas primarias. Todas las emociones existen por una razón evolutiva y persisten porque el individuo las necesita adaptativamente para la supervivencia, pero pueden caer con facilidad en la disfuncionalidad. Los estudios de las condiciones óptimas del aprendizaje y la preocupación por los demás observan a menudo a los bebés en el primer año de vida. El potencial existe en todos los niños, pero no todos tienen las causas y circunstancias para su expresión.

El trabajo de la doctora Zahn-Waxler comenzó con un estudio de bebés de aproximadamente un año a los que siguió durante dos años y medio utilizando un diseño de corte de edad ampliado. Realizó una observación naturalista muy cuidadosa, ya que la creación de situaciones necesarias para observar la empatía y la respuesta relacionada con esta no son frecuentes en contextos naturales: no se puede enviar observadores a los hogares, y por ello capacitaron cuidadosamente a las madres para que hiciesen observaciones detalladas de las respuestas de sus hijos a otras personas en peligro, que grabaron justo después de un incidente de angustia, dolor, tristeza, ira o fatiga. También las madres fingieron situaciones de miedo, dolor o tristeza para anotar las respuestas de sus hijos. Todas las reacciones de bebés y niños pequeños ante angustias o miedos dolorosos simulados fueron grabadas y posteriormente codificadas en todo un espectro de respuestas.

Estos estudios longitudinales que se iniciaron en la infancia temprana se continuaron con personas entre los dos y los veinte años. Si bien al principio se llevaban a cabo con niños «normales», más tarde incorporaron también a otros en riesgo (niños de preescolar con problemas de conducta o cuyos padres padecían trastorno bipolar o depresión). A partir de este material, Leon Cytryn pudo evaluar el proceso socioemocional de los niños en edad temprana y fue el primero en identificar cómo la depresión es una enfermedad que afecta tanto a los niños como a los adultos. Hoy nos parece una obviedad, pero no era así hace dos décadas.

La empatía es un término que, como ya hemos visto, carece de precisión científica en su definición. Algunos autores hablan de componentes cognitivos y afectivos de manera separada, y otros lo hacen de manera integrada. Quizá sería más interesante denominar la empatía como «preocupación por los demás»: estar preocupado no solo es un rasgo de los adultos, sino también de los niños y los bebés. Las características de la preocupación por el otro, es decir, de la empatía, responden a tres elementos básicos: emoción, comportamiento y cognición.

El primero de ellos implica al afecto y las emociones, y se evidencia en las expresiones faciales o vocales (emisión de los sonidos del bebé), la postura, la inclinación, la proximidad. El segundo elemento, el del comportamiento, aglutinaría todos los actos prosociales que realizamos en nombre del otro, como defender, ayudar, proteger, cuidar, consolar, compartir, etc. Y, por último, los actos puramente cognitivos, que reflejan nuestra autoconciencia y buscan la reducción del estrés y la angustia del otro a través de gestos como las emociones o los comportamientos. Los tres componentes (cognición, comportamiento y emoción) están íntimamente relacionados, pero en cada sujeto pueden presentarse de manera separada y se manifiestan de modo diferente en el desarrollo temprano.

La empatía afectiva en niños emocionalmente sanos ocurre

en la etapa temprana y se estabiliza a medida que crecen, mientras que la empatía conductual y cognitiva es baja en sus inicios y va aumentando con el tiempo. La emoción no está clara: puede complejizarse, matizarse, sesgarse, regularse o no, pero no se puede visualizar como una etapa o elemento predecible.

Cognición, comportamiento y emoción pueden entrar en escena de manera dependiente e independiente, e integran o desintegran los procesos empáticos. Watson y Clark, en 1992, escribieron un artículo denominado «Afecto separable e inseparable», donde concluían que la medición es siempre imperfecta y está sesgada hasta cierto punto. Hay millones de formas de observar la naturaleza y sus expresiones. Pero, aun así, las medidas han funcionado y nos han dado una buena guía para observar cómo funciona la preocupación empática.

De la misma manera en que existe la preocupación empática, también existe el término «angustia empática», que se refiere al niño que no tiene capacidad de regular las emociones y que cuando ve a sus papás o hermanos angustiados acaba también sintiéndose así. Se pueden evidenciar respuestas desadaptativas de los niños a la angustia de los demás, sea esta propia o personal (llanto, lloriqueo, gimoteos); respuestas de participación excesiva en la angustia del otro (tratando de consolar al padre angustiado, a la mamá enojada, hasta llegar a una inversión de los roles); o actos de falta de consideración o desprecio activo (ignorar o ser hostil con la víctima).

Tanto el desprecio activo como la falta de consideración por el otro forman parte del déficit de empatía, o empatía pasiva en contraposición o frente al déficit de empatía activa. Cada una de estas cuatro respuestas (angustia propia, participación excesiva, falta de consideración y desprecio activo) se pueden ver como un juego de opuestos frente a la preocupación empática. Las categorías no bailan solas: un bebé puede sentir preocupación por su madre y angustia personal, o sentir desprecio hacia la víctima y estar preocupado por el otro. Estas categorías nos llevan a observar patrones infantiles que se fusionan con estilos de aprendizaje, como el niño cariñoso, el niño indiferente o el niño acosador, que construyen rasgos particulares con el paso del tiempo.

Como acabamos de ver, la empatía es un proceso multidimensional compuesto de factores cognitivos, afectivos, perceptivos e intelectivos. En 1987 Martin L. Hoffman demostró que la empatía nos define desde la etapa primaria y el esquema de etapas en su desarrollo que propuso entonces sigue vigente hoy en día. La primera etapa, denominada «empatía global», alcanza hasta el primer año de vida, durante el que el niño es capaz de percibir a los otros de manera diferente a sí mismo y llega a sentir la angustia de los demás como si fuera algo que le estuviese sucediendo a él.

La segunda etapa abarca el segundo año de vida, y en ella surge el egocentrismo: el niño comprende qué es el otro y puede llegar a creer que todo que le sucede a él también le ocurre al otro.

Hacia el tercer año de vida aparecen los sentimientos hacia los demás y la conciencia de la diferencia en las emociones. Comprende que sus vivencias no tienen por qué ser las mismas y que tiene que dar respuestas de manera no egoísta.

A partir del tercer año, el niño experimenta la empatía hacia las causas y condiciones del otro. Se perciben los sentimientos ajenos, pero ya se regulan los impulsos, las expresiones, el dolor, la tristeza.

Hoffman describe bien cómo en cada etapa la angustia emocional ha de evolucionar camino hacia la madurez empática. Los dos sistemas (angustia empática y preocupación empática) están presentes en el bebé desde que nace: se angustia por los otros y a la vez muestra preocupación, pero la diferencia estriba en si se siente con capacidad para sostener esas emociones o si tiene la misma capacidad de ayudar.

Esto nos demuestra que, desde pequeños, nuestra capacidad de reconocer la empatía, la preocupación empática, la angustia empática y por tanto la bondad, tiene que ver con la conciencia. El que tiene preocupación posee la capacidad de prestar atención, y con esta última pone en marcha dos sistemas que son en su totalidad diferentes pero complementarios, tanto conceptual como funcionalmente, además de necesarios.

La indiferencia activa temprana por el sufrimiento de los demás es un rasgo predictor del comportamiento antisocial, perverso, malévolo o psicopático posterior, tanto en la adolescencia como en la edad adulta, y hace necesaria la reflexión —como padres y educadores— sobre una intervención pronta sin temor alguno. Permitir que un niño que manifiesta desprecio activo, crueldad o maldad siga con su patrón derivará en un sujeto con tendencias a hacer sufrir a los demás. Y hay que reforzar que el hecho de que se produzca en edades tempranas no quiere decir bajo ningún aspecto que sea innato.

Hasta aquí hemos comenzado a comprender que el término «empatía» como constructo no es solo filosófico, religioso, educativo o moral, sino también científico. Cuando la neurociencia empezó a estudiar la empatía, lo hizo como un constructo relacional, como la resonancia afectiva o el contagio emocional. Si los científicos eran capaces de mostrar mediante estudios de neuroimágenes dónde se encontraba la empatía, esta sería la prueba definitiva de su existencia.

5

Bondad conceptual y no conceptual

La bondad se ha vuelto sospechosa e incluso a veces se la define como un rasgo de vulnerabilidad: «De tan bueno era tonto», dice la expresión popular. Somos una sociedad con alergia a la bondad, pero promovemos comportamientos basados en ella sin estar ciertamente convencidos. Uno de los aspectos fundamentales para reflexionar es ese concepto del estado de naturaleza innata del que hablamos al inicio. ¿En qué consiste la bondad innata?

Hobbes y Rousseau pertenecían a la corriente contractualista, pero sus posiciones al respecto de la naturaleza humana eran opuestas por completo. Para Hobbes, como ya vimos, el hombre era un lobo para el hombre en los humanos preculturizados. Según este autor, en ese estado teníamos que luchar para preservar la vida, y el hombre era egoísta, agresivo e inhumano por naturaleza, pero ¿por qué? Porque él planteaba que si no había un Estado que controlara la situación (un contrato social) el hombre no tendría límites a su avaricia. Se trata de la lucha eterna del bien contra el mal, pero ¿Hobbes estaba exagerando o quizá tenía razón? A lo largo de la historia podemos comprender que lo prohibido alcanza un valor de deseo mucho más alto que lo que se encuentra disponible; nos sentimos fascinados por lo que no se puede hacer o tener y, si bien las redes sociales nos lo recuerdan a diario, los mitos más antiguos dan cuenta de que esta cuestión estuvo siempre presente en la humanidad.

Schopenhauer, Hobbes o Kant consideraban que el hombre necesitaba tener buenas leyes para poder ordenar esa tendencia al mal y preservar la justicia. Pero, quizá, apoyarse en que la institución política sea la encargada de hacer respetar las normas públicas y la moral de los hombres es un poco difícil.

A Schopenhauer se lo conoce como el filósofo del pesimismo, en contraste a las teorías de corte positivista de su época. Su interés por el pensamiento se produjo al leer a Platón, Spinoza y Kant, en sus diálogos con Goethe, e influido por la filosofía oriental —budismo y el hinduismo— desarrolló una particular visión del pensamiento. Su frase más destacada es «El mundo es el autoconocimiento de la voluntad». Para Schopenhauer la vida era sufrimiento y este constituía una parte integral del ser humano, que, cansado de este dolor, se mueve a buscar soluciones y actúa para encontrar mejores mundos posibles. En su obra más destacada, *El mundo como voluntad y representación*, el filósofo alemán plantea el universo entero como una lucha de voluntades, aquella cosa que es en sí misma la esencia de todas las cosas. Así, el mal tiene un origen y somos nosotros mismos: está presente en nuestra naturaleza igual que la alegría, el amor o el deseo. Desde esta perspectiva, ya que la condición humana puede albergar todo, el hombre puede ser lo más grande y también lo más pequeño, lo más bondadoso y también lo más ruin.

La maldad tiene laberintos y, para Schopenhauer, los motivos de las acciones humanas son tres. El primero es el egoísmo, cuyo *leitmotiv* es perseguir el bien de uno mismo sin tener en cuenta los intereses ajenos. Esta motivación sería la más común entre los humanos. El segundo de los motivos es la piedad —hablaremos de ella más adelante—, que no tiene un interés propio, sino que trabaja por el interés del otro y se expresa en la ayuda a quien lo necesita, el cuidado del otro, el aprecio genuino por el desvalido. La piedad, en este contexto, podría ser entendida como una hija de la compasión. El tercer motivo es la maldad, que no persigue el bien propio, sino que lo que más desea es el mal del otro. La diferencia entre el egoísmo y la maldad es muy clara: el primero está pensando en el bien propio y, de ser necesario, usará a los demás para conseguir sus propios objetivos (los otros pueden ser un medio positivo o un obstáculo), pero en la maldad el otro no es un medio sino un fin y hay goce en hacer daño.

La maldad no existe en otras especies, solo entre los humanos, y podemos llegar a entenderla como una desvirtuación del egoísmo. Según Schopenhauer, cuando el mal se pone en marcha es capaz de crear incluso el mal propio con tal de dañar al otro, con lo que así supera al egoísmo. Un ejemplo de esto son los casos de los ataques suicidas, un acto que implica la aniquilación de la vida propia con tal de perpetrar el mal y la venganza en el otro. La maldad será la forma más horrible y perversa posible desde el punto de vista de la moral, hasta llegar a producir daño y delito de toda especie. En el caso del egoísmo este también puede producir daño, pero su fin es alcanzar el bien de uno mismo, mientras que en la maldad se desea producir el mal al otro, aunque esto lleve a dañarse a uno mismo.

Así, para el filósofo alemán la maldad surge del odio y se origina en pequeños sentimientos a los que normalmente no les damos importancia. Por ejemplo, la envidia, los celos, el regocijo en el mal ajeno, el sadismo, el ensañamiento, el racismo, todos ellos antesala del odio. La violencia también podría considerarse una forma de egoísmo, como golpear a alguien para robarle algo, o incluso agredir con ensañamiento porque hay odio y se le desea el mal. La crueldad aparece entonces en escena.

El egoísmo no siempre produce actos antisociales, de la misma manera que la bondad no siempre produce actos bondadosos. Por ejemplo, en una dictadura, donde se tortura a una persona con la finalidad de obtener información, una confesión o un bien de la víctima, el regocijo no estriba en conseguirlos, sino más bien en producir dolor. Al regocijarse en el dolor del otro como una forma de placer, entran otros componentes, como la humillación, el asco o el desprecio. No se busca que la víctima confiese, sino su vejación y humillación.

Visto en frío, esto puede resultar aterrador, pero considerando el devenir del siglo XXI, creo imprescindible leer a Schopenhauer para entender por qué, si no cultivamos actos de bondad, el mal es inevitable. Él planteó algo que ya hemos visto en otros filósofos y científicos (los dos grandes sentidos de la vida: el sentido del goce y el del sufrimiento) y definió la vida como un «brebaje agridulce», una afirmación quizá fruto de la época en una Europa que se debatía en tremendas guerras y crueldades. Por ello dedicó toda su vida y su obra a una única pregunta: ¿por qué existe el mal? Y en sus primeros aforismos sobre la felicidad afirmó que el error más común de los seres humanos es creer que hemos nacido para ser felices.

Volviendo a la neurociencia, encontramos muchas respuestas a la pregunta de Schopenhauer. Podemos ver cómo aquellos niños, preadolescentes y jóvenes que carecen de sensibilidad y tienen dificultades para expresarse emocionalmente son más proclives a no sentir remordimientos cuando han tenido conductas egoístas o malvadas.

Los que puntúan alto en factores de insensibilidad afectiva, dureza o crueldad tienen tendencia a presentar problemas afectivos, de conducta y de relación, ya sean expresados mediante una agresividad extrema (como los delitos, las peleas o los actos dañinos) o actos que sean fruto de la maldad (incitar a otros al odio, a la envidia, a los celos, a discriminar). Los niños con estas características, además, suelen tener más tendencia a convertirse en psicópatas, personas de corazón duro, calculadoras, frías, que son capaces de maquinar el mal. Hay que considerar que la mayoría de las personas con rasgos psicopáticos son varones, así que luego hablaremos de la diferencia de géneros en materia de empatía.

Si la empatía es la madre del cordero, si es la clave de la cual derivan las conductas de maldad o psicopáticas, y si se puede identificar claramente antes de los tres años de vida, entonces ¿la maldad es un elemento innato o adquirido? ¿Está en nuestro ADN o es algo que aprendemos?

Adam Smith, otro pensador inglés, diferencia entre «empatía» y «simpatía». Esta última se comprende como un proceso de empatía emocional donde nos podemos poner en la piel del otro. Ese proceso forma parte de un tránsito de subjetivación que implica cierta madurez en la perspectiva del otro con respecto a la relación y preocupación empática: a través de nuestros afectos construimos la simpatía o la negación de esta, la antipatía.

La simpatía, en oposición a la empatía o la antipatía, se compone de elementos cognitivos, emocionales y físicos que se pueden apreciar de forma empírica. La neurociencia ha demostrado que el cerebro y el cuerpo poseen autopistas de interconexiones que se fundamentan en una simbiosis empática. El neurocientífico Jean Decety ha realizado cientos de estudios de imágenes a niños de diferentes edades y países, y ha ayudado a profundizar el conocimiento de un ámbito denominado «bondad compasiva», del cual hablaré más adelante.

Decety, en su obra más significativa, *El cerebro moral*, plantea cuál es la equívoca relación que existe entre la moral y la empatía. La falta de empatía, asociada a la ausencia de culpa, vergüenza o remordimiento sobre el daño causado, podría ser consecuencia de la carencia de preocupación empática en las etapas primarias.

¿La empatía es suficiente? La respuesta es no, pues no siempre induce a un comportamiento moral positivo y puede llegar a ser inmoral e incluso deshonesta. Como vimos antes, a veces induce al sesgo grupal: a mostrar generosidad con el grupo de referencia y segregar a los otros. La empatía y la justicia social no siempre van de la mano e incluso pueden llegar a entrar en conflicto.

Ampliando el espectro de términos, la moral abarca campos como los derechos humanos, el respeto a las normas y leyes, la justicia social y la igualdad, delimitando cómo nos comportamos con los demás y cómo debemos tratarlos. Pero también abarca otras líneas inconscientes que están presentes en el patrimonio moral del hombre a través del legado intergeneracional o de la cultura. La moral debería arrojar luz a algo muy simple: qué es lo correcto y qué es lo incorrecto, qué es un comportamiento que causa daño a otros y qué comportamiento produce el bien a otros. Sin esa percepción no hay madurez moral.

La moral tiene esas dos acepciones: la que estudia el comportamiento del humano y la que conoce los límites del bien y del mal y considera socialmente qué es correcto hacer en un contexto, con una comunidad y con un sujeto completo. La moral se diferencia de la ética en que esta última está más allá de las culturas y es un valor universal.

En la filosofía de la moral, estas dos perspectivas han sido opuestas. El punto de vista de maximizar el bien común frente al particular, y la perspectiva deontológica que considera las cosas en su contexto de acuerdo con sus circunstancias, hicieron que se llevara este principio al laboratorio para concluir al fin que existen dos sistemas en nuestro cerebro, el cognitivo y el afectivo, y que ambos aportan a la construcción de nuestra validación moral.

Kiley Hamlin, en sus investigaciones sobre desarrollo moral, mostró que los niños de menos de un año de vida ya tienen la capacidad de discernir si los otros tienen un comportamiento moral o no, a través de las percepciones de los adultos y al observar cómo estos llevan a cabo sus juicios morales.

Aquí hemos llegado al punto donde podemos presentar la neurociencia de la moral. En experimentos realizados mediante neuroimágenes funcionales en los que se observó a individuos con lesiones, el juicio moral se expresaba en la integración de los sistemas cognitivos y afectivos (surco temporal superior posterior, amígdala, ínsula, córtex prefrontal; Buckholtz y Marois, 2012).

Decety ha evidenciado que estos sistemas no se encuentran en un área específica, sino que más bien dan apoyo a otras cualidades registradas, como la atención, la comprensión de las intenciones del otro, la toma de decisiones o la traducción de los afectos. No hay un centro moral en el cerebro. La repugnancia, el asco, el daño al otro y la humillación se pueden observar en diferentes sistemas neurales (Parkinson, 2011). Entonces, nuestro juicio moral es un constructo formado de bases neurales, comportamientos adquiridos en la etapa del desarrollo temprano, interacción de sistemas y redes que radican en el control atencional y ejecutivo, toma de perspectiva positiva, toma de decisiones libre de juicio y el procesamiento de nuestras sensopercepciones y emociones.

Retomemos ahora los tres grandes componentes de la empatía desde la mirada de la neurociencia afectiva y social. En el componente afectivo (que denota nuestra capacidad de cooperar, compartir y ayudar a los demás, al implicarnos con las emociones de lo que le está sucediendo en el otro), coincidimos afectivamente, nos contagiamos de sus emociones y respondemos. El segundo componente, la preocupación empática o motivación que predispone a salir en la ayuda del otro, se reproduce mediante el cuidado del bienestar del otro. Y el tercer componente, la habilidad para tomar perspectiva de la situación, se manifiesta al ser conscientes de evaluar dónde nos estamos metiendo si ayudamos, al conocer no solo las emociones del otro ni su sufrimiento, sino la mente y los contenidos mentales del otro.

La empatía, entonces, no es suficiente para actuar, ni siquiera para establecer juicios morales. Y en esta instancia es imprescindible resaltar el trabajo llevado a cabo por el doctor Richard J. Davidson desde el Center for Healthy Minds en la Universidad de Wisconsin-Madison, quien propone un concepto que será clave para comprender no solo la empatía, sino también la bondad.

Davidson, en sus estudios de neuroimagen, relacionó un concepto capital, la compasión, definiéndola como la conciencia profunda del sufrimiento del otro, el deseo de aliviar este último y el hecho de no causarse daño a uno mismo. Personalmente, creo que es una definición absolutamente maravillosa y precisa. Este neurocientífico comparó, en sus estudios de neuroimagen, la actividad cerebral de adultos en prácticas de entrenamiento de la compasión, cuya finalidad era aumentar la bondad tanto hacia uno mismo como hacia la víctima.

Es un trabajo no solo poderoso, sino también absolutamente pionero. Cuando Davidson inició su trabajo en la compasión, hace ya más de tres décadas, no había referentes científicos en esta materia. No existían evidencias sobre ella ni tampoco trabajos publicados. Gracias a su osadía compasiva, hoy disponemos de un elenco de artículos y experimentos realizados, porque también ha servido de inspiración a muchos otros para investigar el valor de la compasión.

Preocuparse por los demás no siempre redunda en ayudarlos, y menos aún en hacerlo bien. Ayudar a los otros es una idea que compramos *a priori*, pero lo que tenemos que preguntarnos aquí es cómo hemos llegado a evolucionar en esa naturaleza del bien y del mal. ¿Es esa evolución propia de los humanos o está presente en otras especies? Y si es así, ¿de qué manera se manifiesta?

¿Tiene la bondad innata naturaleza de ser conciencia? ¿Qué sucede con el yo conciencia? Muchísimas preguntas afloran, y tuve el agrado de debatir algunas con el doctor Davidson; llegamos a la conclusión de que el cerebro nos engaña por su gran componente perceptivo de la realidad. Sin conciencia no podemos integrar mecanismos como la emoción, la atención, la cognición, la motivación o la intención. Todos esos componentes han esculpido nuestra evolución, nuestro desarrollo en este planeta, y también nuestra cultura, que es nuestra forma moral de expresarnos.

6

La empatía como antesala del cuidado del otro

Hemos avanzado mucho en el estudio de la empatía y parece que va en la dirección correcta, pero a la vez no hemos progresado en las grandes preguntas de fondo. Las investigaciones en materia neurocientífica, no solo con niños sino también con adultos y con otras especies, han ayudado a comprender cómo se articula el cuidado del otro y qué elementos son los que surgen en la sala de partos para que el niño tome vida —entendiendo en este caso la bondad como el niño.

Si tomamos ese concepto de preocupación por los demás, es evidente que no solo está presente en los humanos, sino también en otras especies. El proceso de compartir nuestros afectos y preocuparnos de los otros, que permite los contagios afectivos, no tiene raíces en lo humano —lo siento, pero es así—, sino en los pájaros y en los mamíferos en general. Preocuparse por el otro no tiene nada que ver con comprenderlo, leer su mente, alcanzar a ver sus contenidos o saber qué es lo que trama.

La preocupación empática se conecta con la emoción y con la intención, con la capacidad que tienen pájaros y mamíferos de sobrevivir, reproducirse y satisfacer sus necesidades básicas. Los circuitos de cuidados del otro están presentes en las aves: por ejemplo, un estudio realizado en la Universidad de Bristol, Reino Unido, demostró que las aves sienten empatía hacia el malestar de sus crías.

Los científicos demostraron que las gallinas domésticas muestran claras respuestas fisiológicas y de conducta frente a la ansiedad y angustia de sus crías. Cuando se exponía a los pollitos a un golpe de aire brusco, el latido cardiaco aumentaba y la temperatura de los ojos se reducía. A la par, la respuesta conductual de las gallinas también se manifestaba en acciones de mayor alerta: detenían sus tareas y aumentaban los sonidos dirigidos a sus crías. La doctora Jo Edgar, que condujo el estudio, concluyó que el malestar de las crías afecta a las madres, y eso es muy relevante cuando hablamos de maltrato animal o de crías inhumanas en las granjas. Las gallinas demostraron tener los componentes esenciales que encontramos en la empatía y se ven afectadas por lo que les sucede a sus crías, comparten su estado emocional y desean aliviarlo.

En el caso de los mamíferos sociales, que dependemos por completo de nuestra capacidad para leer la emoción del otro, este mecanismo es todavía más intenso. Cuidar al otro hace que se pongan en marcha un gran número de sistemas, desde el córtex al tronco cerebral, el hipotálamo, los ganglios o la amígdala. También implica a nuestro sistema autónomo, al endocrino y al hormonal —en especial la oxitocina, la vasopresina y la adrenalina—. Esos tres sistemas, que son imprescindibles en el proceso de apego, se activan de forma rotunda cuando percibimos el dolor del otro y cuando están en juego nuestros sistemas de recompensa, por ejemplo, si la relación con un ser amado está amenazada (Eisenberger, 2011).

Como nuestra evolución no está separada de otros seres en

el planeta, el mismo sufrimiento que experimentamos cuando observamos a un ser humano padeciendo dolor se percibe cuando vemos esto en los animales. Está muy demostrado que la capacidad de leer los sentimientos del otro no es algo solo propio de humanos. Se trata de ser empáticos, y muchas otras especies siguieron ese camino evolutivo. La empatía se inicia en nuestros iguales, aquellos con los que estamos emparentados genéticamente, y es algo muy común entre aves y mamíferos, porque nuestras crías necesitan cuidado los primeros años de vida y estar atentos a las señales de peligro o de ayuda que envían es imprescindible para la supervivencia.

En un estudio con ratas realizado en 2011 en la Universidad de Chicago, se demostró que estos animales son solidarios entre sí y tienen un grado tal de empatía que llegan a comprender la angustia de sus iguales e incluso los ayudan desinteresadamente si están en peligro, un comportamiento que nunca se había observado en un laboratorio. Inbal Ben-Ami Bartal, profesora del departamento de Psicología de la Universidad de Chicago, se dedicó a observar el comportamiento de las ratas solas en su jaula, y cuando estas veían a otra que estaba encerrada en una jaula más pequeña sin poder moverse, mostraban un contagio emocional por la que estaba presa: podían sentir el miedo, el estrés y el dolor. Después de varias sesiones aprendieron a abrir el contenedor y liberar a la otra rata presa. Abrir la jaula de la otra no solo denota preocupación empática, sino reconocimiento de la angustia, atención y calma, y conducta altruista. También los investigadores notaron que las ratas eran capaces de compartir la comida que tenían, aunque fuera poca.

Podríamos creer que la rata actúa para reducir el estrés o ansiedad de ver a su compañera atrapada, pero es más que eso. La rata muestra voluntad, intención, atención, generosidad en el compartir y capacidad de asumir riesgos por el otro. También se observó que las hembras eran mucho más empáticas que los machos. El experimento nos muestra que la empatía no es solo una cuestión de primates o aves, sino que surge antes en nuestra evolución.

La empatía entre animales también se manifiesta en el contagio emocional: si un gato doméstico se siente contento es probable que los otros que interactúen con él también lo estén. Por eso cuando tenemos dos animales y uno muere, el otro entra en depresión y llega a sentir la pérdida y el duelo profundamente. Cuanto más complejo es un animal, más complejas son sus lecturas empáticas —las neuronas espejo—. No quiere solo imitar, sino también comprender por qué el otro está triste o contento. Como seguro que saben, se conocen modelos de comunicación empática muy sofisticada entre primates, delfines o elefantes.

Cuanto más consciente es el animal de sí mismo, más nivel de sofisticación empática plantea. Pero ¿cómo adquiere consciencia de sí mismo un animal? Esto sucede si tiene un sistema nervioso organizado. Los vertebrados y muchos invertebrados son conscientes de sí mismos; entre ellos incluiríamos a los humanos, pero también a los pulpos o los calamares. Las últimas investigaciones apuntan a que los insectos, los crustáceos o las arañas también tienen consciencia de sí.

Ya sabemos que el hombre no es la única especie que es consciente de sí misma, y el experimento más conocido es el del espejo, donde nueve especies responden al reconocimiento: los chimpancés, que lo hacen a partir de cierta edad, como los humanos; los delfines, cuya conciencia e inteligencia ya se ha demostrado; los bonobos, parientes de los chimpancés; los elefantes, que no solo tienen conciencia de sí mismos, sino que son tremendamente inteligentes; las orcas, que han manifestado capacidades cognitivas y desarrollo de la conciencia; los gorilas, que hasta hace bien poco se creía que no tenían conciencia de sí mismos por no superar la prueba del espejo, pero se comprobó que lo que sucedía era que no podían soportar el contacto visual con la expresión de agresividad y tenían dificultades para aceptar el miedo que les devolvía su propia imagen; las urracas, que no solo son muy inteligentes, sino muy conscientes; los orangutanes y los humanos.

El físico Stephen Hawking, en su famosa «Declaración de Cambridge» en 2013, señaló que los humanos no somos los únicos con sustratos neurológicos capaces de producir conciencia. Para avanzar en esa línea de investigación será necesario reformular nuestro concepto de conciencia y de ser sintiente, y tomaré como punto de referencia el trabajo del neuropsicólogo António Damásio llamado *El orden extraño de las cosas*, donde define la conciencia como una experiencia subjetiva que el individuo tiene del entorno, su cuerpo y sus conocimientos, y que le otorga capacidad de percibir el mundo y resolver problemas.

7

Cómo se valida la bondad

«El hombre es bueno por naturaleza» es quizá la frase más famosa de Jean-Jacques Rousseau, pero ¿qué significa? Cualquier persona que se adentre en el estudio de la bondad acaba, tarde o temprano, llegando a Rousseau y a Johann Heinrich Pestalozzi, tanto para comprender el saber científico en torno a la bondad como los estudios sobre cómo pensar la educación. El siglo XVIII fue más conocido como el Siglo de las Luces porque arrojó luz sobre aspectos pedagógicos, filosóficos, científicos y políticos que dieron paso a lo que hoy conocemos como «modernidad».

A continuación, aunque sea en pequeña medida, vamos a reflexionar sobre la contribución de Rousseau a la bondad: desde cómo inspiró las formas primarias de reconocerla a través de una modalidad científica hasta su obra más famosa *Emilio o De la educación*.

Rousseau, referente del Siglo de las Luces, fue coetáneo de Diderot, Voltaire y D'Alembert, a quienes conocemos como los padres del enciclopedismo, y adoptó una posición crítica en relación con sus colegas, ya que dijo de sí mismo: «Prefiero ser un hombre de paradojas que un hombre de prejuicios», y desde luego que lo cumplió. El autor francés planteó las paradojas más evidentes de la educación y rápidamente comprendió y rompió todos los prejuicios racionalistas, tales como la razón en tanto que elemento predominante y el progreso mal entendido, entre otros. «El progreso y las ciencias están bien, pero no es eso lo que va a hacer que el hombre sea más bondadoso», dijo, porque para él la bondad no dependía de la ciencia, así que fue un iniciador de la ética ecológica, de la necesidad de poner límite al progreso sin conciencia y del riesgo de dejarse llevar por los tecnócratas. Es decir, Rousseau fue un descubridor de nuevas vías.

Releer las obras de los pensadores del siglo XVIII es muy importante para el siglo XXI, ya que vivimos en una sociedad mediada por los infómatas y el dataísmo, por la tecnología y la deshumanización, por las redes sociales, internet, donde lo local es ya casi inexistente en los brazos de la globalización desmesurada que nos atenaza. Si el siglo XVIII fue considerado el Siglo de las Luces, el nuestro quizá debería ser conocido como el Siglo del Dataísmo.

Rousseau, en su discurso más famoso a la Academia de las Artes y la Ciencia, tomó como referencia las cartas a Lucilio de Séneca e hizo una lectura sobre los estoicos que indujo a una profunda reflexión. El pensador cordobés plantea varias cosas interesantes, pero sobre todo la idea del tiempo para uno mismo, de cuál es el valor que le damos a nuestra vida, cómo la usamos —en el concepto de productividad y a costa de qué: si es solo para trabajar, para los negocios, para la vida social o para dedicarnos al perfeccionamiento de la virtud y aspirar a la sabiduría—. En esta reflexión filosófica ya aparecen los límites del cuidado de sí mismo y la relación que guarda esto con la bondad innata y la vida en común.

La filosofía griega tenía un concepto denominado «*epime-*

leia heautou», que se refiere a la inquietud de uno mismo o al arte de ocuparse de uno mismo, de pre-ocuparse de uno mismo. Rousseau y Foucault hablaron de ese concepto y el peligro de perder el sentido original de la vida. El hecho de ocuparse de uno mismo no tiene nada que ver con tener una casa linda, un buen trabajo, ganar mucho dinero, estar en un puesto alto o ascender en la escala social, y tampoco guarda relación con la fama o el buen nombre. Más bien es todo lo opuesto. Sócrates, en el discurso de la *Apología*, se defiende de quienes lo critican diciendo que él solamente anda por Atenas —un peripatético *avant la lettre*— y que invita a los jóvenes diciéndoles: «Cuídate de ti mismo, ocúpate de ti mismo para ser bondadoso». ¿Qué mal podía existir en esa invitación?

El progreso de las artes y las ciencias no provoca la bondad y la felicidad en el hombre, sino que eso se alcanza a través de la filosofía y el ocuparse de uno mismo. Rousseau no inventa este concepto, es algo claramente proveniente de los estoicos, pero es uno de sus argumentos críticos contra la Ilustración. Él se erige como crítico de los críticos, y de ahí nacen y derivan los fundamentos del origen de las escuelas y la educación contemporánea. Los escritos de Rousseau no se pensaron para la pedagogía; sin embargo, su valor en este terreno es absolutamente indiscutible. Toda pedagogía, sin excepción, habla del valor de la psicología evolutiva —incluso antes de que esta existiera—, considera que la psicología es hija de la filosofía y es fuente de inspiración para pedagogos como Howard Gardner, Pestalozzi, Jean Piaget o Maria Montessori.

Las escuelas del siglo XVIII surgieron con tres o cuatro principios fundamentales; uno de ellos —lamentablemente— es el nacionalismo, porque pretendían formar y adoctrinar ciudadanos de cada país (en ese contexto histórico se estaba consolidando la idea de Estado-nación). Rousseau se opuso a ello y propuso la necesidad de abrir la mente y ocuparse de uno mismo para ocuparse del mundo, el universalismo.

El segundo principio es que las escuelas y las instituciones educativas deben obedecer al desarrollo económico y social. Aquí Rousseau incide en que, aunque las ciencias y las artes progresen, no servirán para nada sin el progreso de la virtud, que es un argumento ya planteado en la Grecia clásica.

El tercero es que la Ilustración era un catecismo sobre el poder de la educación y el de la escuela, y planteaba que lo que llegaría a salvar a la humanidad era la Ilustración en sí. Rousseau llevó esto al límite colocando al protagonista de su obra, Emilio, no en una escuela, sino con un preceptor —exactamente igual que proponían los griegos— para que tomara clases particulares.

Rousseau, que nunca había estudiado y era autodidacta, propuso la figura del genio que no ha necesitado entrar en el proceso de educación formal para poder pensar y cuidarse de sí mismo. Quizá ni siquiera él habría llegado a ser lo que fue si hubiese ido a la escuela. Lo que Rousseau plantea como ejes fundamentales (el universalismo, el desarrollo económico y social, y el valor de la educación) son plenamente contemporáneos.

La falta de fe en la escuela como institución, el descrédito de los maestros, la pérdida de virtudes, el crecimiento de la tecnología, la brecha entre clases, la violencia en las aulas, el déficit de atención, la pérdida del pensamiento crítico, el declive de la democracia, el dilema de la libertad... Todos esos indicadores son los mismos que Rousseau adjudicó a la Ilustración. La escuela no enseña, o lo hace muy poquito, lo que realmente necesitamos saber, si entendemos los saberes desde la perspectiva de Edgar Morín: saber ser, saber estar y saber influir. Todo eso ya lo enunció Rousseau, gran filósofo y precursor del devenir de los tiempos.

Y su originalidad no estriba solo en materia de educación, ya que no se puede definir a Rousseau sin hablar de libertad, del valor de ser libres. La potencia de su propuesta radica en plantear sin pudor que cuando el pedagogo educa también le arrebata la virtud y la bondad al niño: al civilizarlo lo hace alejarse de un estado natural, lo transforma en parte de un contrato social que se opone al ocuparse de uno mismo y que busca más bien el culto a uno mismo, el narcisismo y el consumismo.

Visto en perspectiva, Rousseau aborda los orígenes de las sociedades narcisistas: o proponemos una educación que hable de la virtud y la libertad, o dejamos que los niños caigan en manos de la tecnología, del nacionalismo y de la globalización. La reflexión versa sobre la paradoja de la educación y el dilema de la libertad y la bondad. El gesto de Rousseau es el signo y la fuerza de la paradoja: cómo gestionar la libertad del niño y los límites y las restricciones de la sociedad.

El hombre nace libre, pero no se trata de un salvaje irresponsable, sino más bien de alguien que va construyendo su libertad para llegar a ser una persona autónoma —*auto* («de sí mismo o por sí mismo, libre») y *nomos* («ley»)— que necesita ocuparse de sí mismo. La educación tendría que dar al niño los instrumentos y las habilidades para que pueda saber hacer y estar en el mundo. *Emilio* plantea esos instrumentos, pero también un constructo filosófico basado en la filosofía de la bondad para alcanzar la libertad.

Cuando vemos en perspectiva cómo fue el siglo XVIII y cómo incidió en la sociedad moderna y contemporánea, podemos llegar a inferir que tiene una gran similitud con la actualidad. Quizá un día miremos desde el siglo XXII al siglo XXI y digamos «allí fue donde se plantó la semilla de estos hechos». En este siglo estamos viviendo también muchas paradojas, no solo en la educación, sino también en la ciencia y en la ética de la civilización. ¿Cuáles son las preguntas fundamentales que deberían hacerse los padres y los pedagogos hoy, atendiendo a la trascendencia de la paradoja en la educación?

La mayoría de las veces se habla de Rousseau sin haberlo leído, sin entrar en profundidad y malentendiéndolo. Él nunca propuso que sus ideas se tomasen al pie de la letra, pero aun a pesar suyo su pensamiento ha tomado dos vertientes. Una primera tendencia, que encontramos en la educación de las nuevas escuelas (pedagogías como las de Gardner, Montessori y Freinet, entre otros), parte de la idea de que el niño tiene que ser libre para preservar la virtud de la bondad; y si llevamos esta tendencia al extremo, podemos caer en el exceso de dejar al niño completamente libre.

La otra tendencia derivada del pensamiento de Rousseau es el autoritarismo, que da al preceptor o al padre que ejerce la figura de autoridad del niño un poder que llega hasta el punto de que lo escoge todo por él —en el caso de Emilio, el preceptor elige hasta a la esposa del protagonista—. Pero Rousseau propone una posición de ecuanimidad: el preceptor o el padre deben tener cierta autoridad para liberar al niño, pero por el bien del niño, y debe ser este el que aprenda a gestionar su libertad, a conquistarla, haciendo uso de la virtud —la bondad—. El niño tiene que aspirar a hacerse protagonista de su propia educación porque es el centro del proceso educativo. «Vivir es el oficio que yo quiero enseñarle —dice Rousseau—; no será magistrado, ni soldado ni sacerdote; antes que nada, será hombre». Enseñar a los niños el valor de la libertad es imposible sin el desarrollo de la bondad innata. Aprender a gestionar esta libertad y sus limitaciones en un mundo que rompe ya las barreras de lo posible es también ocuparse de uno mismo, cultivarse y cuidarse.

LA BONDAD ES UN CONTRATO SOCIAL

La bondad es un contrato social que podemos leer desde una perspectiva filosófica y educativa, pero también científica. Rousseau trabajó a la vez sus dos grandes obras, *Emilio* y *El contrato social*; la una formaba parte de la otra y al final extrajo *Emilio* para publicarlo aparte. Eso nos da una idea de en qué medida la educación era para él el auténtico contrato.

El contrato social también ofrece la misma paradoja: por un lado, tenemos que estar sometidos al poder del Estado que nos dirige y nos protege, a la vez que también somos libres. El poder del Estado o el liberalismo plantea las dos fuerzas de una democracia casi imposible de realizar. Hay que gestionar las contradicciones y, con el fin de que Emilio las aprenda, su preceptor lo manda a viajar a diferentes países para que vea cómo las diferentes instituciones ejecutan la paradoja. Emilio toma conciencia de que la sociedad está movida por el egoísmo, la envidia, los celos, el odio y la violencia, y no por el idealismo infantil que él había imaginado. Aun así, el preceptor insiste en que el contrato social no tiene que hacerse a través de las instituciones, sino de los individuos, porque las primeras son limitadas.

El contrato social consiste en ocuparse de uno mismo y la verdadera libertad se consigue al cultivar la bondad. Si nos movemos desde la moral hacia la ética, podemos decir entonces que la bondad es una pedagogía para un nuevo contrato social. Rousseau propuso una idea nueva a partir de algo antiguo y, a la vez, se anticipó a nuestro tiempo. La naturaleza de la libertad contiene la potencia y el acto de ser bueno o malo. Pero ¿de qué depende entonces?

Los niños son buenos por naturaleza y la educación es la responsable de la activación de las fuerzas internas innatas que harán que prevalezca la bondad. La visión sería la de un niño que crece en un útero con una bondad intrínseca y con todas las facultades para desarrollar la libertad desde la bondad. Podemos visualizar la metáfora de la larva y la crisálida. La larva, el embrión, tiene la bondad en potencia, y la crisálida desarrolla esa libertad en su vuelo social. Son las instituciones (familia, escuela, sociedad) las que deben velar para que el niño desarrolle su curiosidad, su generosidad, altruismo y bondad, educándolo para que la competencia, los celos, la envidia, el odio y la violencia no generen la pérdida de la virtud.

«El proyecto más importante de todos es el arte de formar a los hombres», afirma Rousseau. Y en todo proyecto deben considerarse dos cosas: la bondad absoluta del proyecto y la facilidad de su ejecución. «A las plantas las endereza el cultivo, y a los hombres, la educación», sostiene el autor. La educación es un hábito que hay que cultivar, y además debemos ser conscientes de cómo hacerlo. Qué camino o visión vamos a tomar: se debe escoger con decisión, en cada instante, y seguirlo, aunque se planteen obstáculos o esfuerzos. Esto nos remonta a *La República* de Platón y a William James a la hora de destacar la importancia de la atención en materia de educación: «Si hay una educación por excelencia, esa será la educación de la atención», sostiene el pensador estadounidense.

El concepto de educación para la bondad en Platón o Aristóteles se dividía en dos: en un extremo, la importancia de la educación moral, y en el otro, la educación académica. El proceso de educar consistía en hacerse un hombre, en socializarse, ya que al educarnos podemos ser buenos, asimilar, aprender conocimientos y vivir bien con los demás. La educación para Aristóteles se dedica al carácter, ya que el hombre tiene que socializarse y no se puede llegar a ser un buen ciudadano sin ser una buena persona.

La *paideia* (en griego, «educación» o «formación») es el ideal de educación, y también significaba «país» y «niño», porque el proceso de criar a un hijo se entendía como algo profundo en cuanto a la transmisión del saber ser y el saber hacer de la sociedad. No era solamente la crianza física de un hijo, sino el cultivo del más alto ideal de la cultura griega (honor, respeto, cualidades éticas y morales, la vida espiritual y la democracia).

La palabra «educación» no significaba exactamente lo mismo en latín. Viene del término *educare*, que significa «guiar, orientar, conducir», y también «sacar hacia fuera». *Educare* y *educere* son palabras diferentes: la primera cría, amamanta, nutre y cultiva la dotación de conocimientos y experiencias desde el exterior hacia el interior, y en ella el padre o el docente se convierten en los protagonistas del proceso. *Educere*, en cambio, es guiar al estudiante hacia su realización interna. Estos dos constructos tienen diferentes connotaciones en relación con la bondad.

Si la bondad tiene que ver con la libertad, y es una paradoja por la que merece la pena velar y trabajar, ¿cómo puede cambiar el comportamiento de una persona, una emocion, un gesto, un contexto para crear un nuevo contrato social?

Aquí me gustaría introducir el trabajo de Frans de Waal, un psicólogo, primatólogo y etólogo admirable que estudia la empatía en chimpancés y otras especies. Los comportamientos de consolación —tal como los denomina De Waal— se dan en muchas especies, y uno de los graves errores de la visión etnocentrista de la ciencia es quedarnos apresados en el concepto de que la naturaleza humana es superior: el comportamiento de los humanos tiene la potencia de crear el bien y el mal, y si creemos que el contrato social solo existe entre nosotros, que es propio de una época o de un tipo concreto de filosofía o religión, vamos mal encaminados. Los descubrimientos de Frans de Waal, de E. O. Wilson o de Jane Goodall demostraron que la preocupación por el otro, la conducta altruista, el cuidado de sí mismo y el concepto de bien común no se dan solo entre humanos.

En *The Bonobo and the Atheist* («El bonobo y el ateo»), Frans de Waal va mucho más lejos de lo que nunca hubiera imaginado Rousseau. En esta obra el autor sostiene que la moralidad está incorporada en nuestra especie, que no viene de arriba abajo, ni de Dios ni de ninguna otra fuente externa, sino más bien de todo lo contrario: se construye de abajo arriba y es parte de los pilares de las sociedades animales.

Leer a De Waal no solo me abrió los ojos, sino también el corazón, porque demuestra cómo los humanos nos deshumanizamos a nosotros mismos. Me hizo reflexionar, por ejemplo, sobre el origen de nuestra visión de la organización social, la empatía o la ternura. Su postura es tan radical que afirma: «No fue Dios quien nos introdujo en la moralidad, más bien fue al revés. Dios fue puesto en su lugar para ayudarnos a vivir de la manera en que deberíamos vivir».

Frans de Waal justifica esta tesis con múltiples ejemplos, donde muestra que los animales sienten empatía y como consecuencia de ese sentimiento actúan con bondad, a la que De Waal denomina «simpatía»: la empatía encarnada, hecha carne, y eso habla de una ciencia que reconoce el valor de la evolución. Nuestro cerebro no es nuestro, ni tampoco lo es nuestra biología; hemos sido diseñados para generar la línea entre uno mismo y el otro, y eso se encuentra presente en circuitos neuronales muy antiguos y en mamíferos tan diversos como el elefante, el delfín o el ratón.

De Waal no iguala la bondad animal con la moralidad; no hay muchas evidencias de que los animales juzguen la idoneidad de las acciones que les afectan directamente. Los humanos tenemos capacidades abstractas, y eso implica el gesto de «darnos cuenta». Nuestro sistema universal evolucionó creando la justificación de la culpa, la vergüenza, la vigilancia y el castigo, y en ese punto de la historia entró la religión.

Al contrario que Richard Dawkins, que equipara la religión con torpeza, De Waal afirma que «el enemigo de la ciencia no es la religión, son formas y formas... El verdadero enemigo es la sustitución del pensamiento, la reflexión y la curiosidad por el dogma».

Los humanos, como otros animales, estamos diseñados para cuidar a los demás en cuerpo y mente, para criar a nuestros hijos y los hijos de otro, y tan preparados estamos que no nos sentamos a pensar en el coste de ese cuidado y el porqué de hacerlo. Si reflexionáramos sobre eso quizá nos daríamos cuenta de que es un esfuerzo grandísimo. Si quieren hacer la prueba, entonces acérquense a un padre o una madre soltera que trabaja y tiene hijos, o a una familia con varios hijos menores de cinco años en casa, ¿cuántos esfuerzos creen ustedes que tienen que hacer cada día? Pues ahora piensen que eso mismo también lo hacen los animales, así que ¿no es absolutamente admirable nuestro comportamiento de ayudar a los demás? El corazón de todo eso son los afectos, y claramente los animales también sienten; no tienen la capacidad de hacer abstracciones como para preguntarse a qué universidad mandarán a su hijo ni qué hacer si llega tarde a casa, pero poseen unas raíces de la moral que da lugar a la moralidad humana. La bondad es parte de la evolución en el planeta, un modelo de comportamiento socialmente integrado e incuestionable. Al menos hasta ahora, en el que parece que se va sustituyendo por la crueldad, la violencia y el narcisismo en evolución. Nuestras preocupaciones morales, centradas en emociones y motivos, también se dan en otras especies.

¿Cómo podemos medir la bondad?

El psicólogo norteamericano Lawrence Kohlberg, de la Universidad de Harvard, diferencia tres niveles de desarrollo moral: preconvencional, convencional y posconvencional. En la primera etapa, la preconvencional, el sentido de la moral en el niño se regula de manera externa, las normas vienen de las figuras de autoridad (docentes y cuidadores primarios) y este aprende a juzgar en función de lo que observa. En el segundo nivel, el convencional, la moralidad se vincula a las áreas relacionales y sociales: el niño acepta las reglas de la figura de autoridad, pero comprende que hay un orden social más allá de los padres —es decir, infiere el contrato social al que se refería Rousseau—. En el último nivel, el posconvencional, el sentido y significado de la moralidad varía y se transforma en algo más abstracto: la persona puede considerar qué es bueno o malo, qué es injusto o justo, y sobre todo qué hay que hacer para abolir o transformar esas situaciones.

Pero ¿cómo podemos medir la bondad? Kohlberg propone el valor del razonamiento moral como base de la ética social. Mediante una serie de dilemas que se plantean a la persona, se observa cuál es el razonamiento que infiere detrás de cada uno de los juicios sobre estos dilemas.

Uno de los más famosos es el dilema de Heinz. La señora Heinz sufre cáncer y va a morir; solo hay un fármaco que podría ayudarla, una forma de radio que ha descubierto un farmacéutico. La medicina es muy cara, y además el farmacéutico está cobrando cinco veces más de lo que le cuesta el producto: él compra el producto por mil dólares y lo vende a cinco mil. El señor Heinz recurre a toda la gente que conoce para pedirles el dinero prestado, pero solo consigue dos mil quinientos dólares (exactamente la mitad de lo que cuesta la dosis) y acude al farmacéutico suplicándole que por favor le venda el medicamento más barato en ese momento y luego terminará de pagárselo. El farmacéutico se niega: «Yo lo he descubierto y voy a ganar dinero con él». Heinz, desesperado, no ve otra opción que atracar el establecimiento y robar el medicamento. La pregunta es: ¿qué debería hacer Heinz: robar la medicina o dejar que su esposa muera? ¿Cambiaría la decisión de Heinz si no amase a su esposa? ¿Qué pasaría si la persona a la que le está sucediendo esto fuese un extraño? ¿Debería la policía intervenir y arrestar al farmacéutico por el asesinato de la señora Heinz si esta muere?

A Kohlberg no le interesa un sí o un no, sino entender el cómo del razonamiento de los participantes y sus etapas. Dependiendo de estas etapas, de cómo se razona en diferentes edades y de cómo evoluciona este razonamiento a medida que crecemos, el experimento de los diez dilemas morales, realizado en tan solo dos horas a los niños, permite observar cuál es el nivel de razonamiento de estos.

La neurociencia se ha interesado en conocer por qué las personas se comportan con amabilidad entre sí; sin embargo, aún hoy en día se carece de un instrumento sólido consensuado a nivel internacional. Donna E. Youngs llevó a cabo un estudio exploratorio preliminar y demostró con un cuestionario de cuarenta ítems, rellenado por ciento sesenta y cinco personas, algunos aspectos de la bondad que merece la pena observar.

Cuando el cuestionario se aplicó a la población británica —a 1.039 personas en concreto— en una segunda vuelta, se confirmaron algunas hipótesis relevantes. La bondad tiene dos facetas o caras: la primera es su rol como principio y fuente psicológica de la acción en cuestión (aquí entrarían la empatía, la simpatía o la antipatía). La segunda forma de expresión es la bondad como constructo psicológico o prescripción social, donde entra en juego la acción.

También reveló dos maneras de administrar la bondad en ambos casos. La vía afectiva prescriptiva —donde sentimos al otro y se prescribe o recomienda iniciar una acción bondadosa—, y la vía afectiva proactiva —donde claramente hemos establecido una inversión social en el acto mismo.

Rowland (2018) midió los beneficios de ser amable y cómo esto alivia los niveles de ansiedad, la gripe e incluso la presión arterial. Además, la bondad tiene una recompensa social, dado que promueve las interacciones sociales saludables (Demmons y Crumpler, 2000), aumenta la percepción de ser más feliz y hace que tengamos una vida más plena (Lyubomirsky, 2005). Aun a pesar de todas las evidencias derivadas científicamente, sobre todo después del año 2000, seguimos sin tener una evaluación validada de qué es la bondad.

Estamos empezando a investigar los beneficios de la bondad, aun a pesar de que llevemos siglos practicándola. Parte de la línea de investigación se ha centrado en determinar por qué hacemos actos de bondad y cómo estos afectan no solo a quienes los encarnamos, sino a quienes los reciben (Exline, 2012), por ejemplo, regalar cosas en Navidad.

El neurocientífico Richard J. Davidson ha ayudado a comprender la vida emocional de nuestro cerebro y a unir cosas que creíamos disociadas, como mente y emoción o cuerpo y genética. Su exploración sobre la profundización de las cualidades generativas del carácter en la vida y en las aulas ha apuntado a dos elementos cruciales: la bondad y el amor. Él se define como un científico que no teme hablar de amor, y afirma que esta será la próxima frontera para la ciencia y la neurociencia.

Quizá merezca la pena recordar una idea fundamental en neurociencia, y es que el cerebro no conoce diferencia anacrónica entre emociones y pensamientos, pues están unidos en él. No hay una parte donde pensamos si nos conviene ayudar y otra donde sentimos la necesidad de hacerlo. Somos interconectividad. Cuando una persona está pidiendo en la calle, es humillada, vejada y víctima de la pobreza; esa situación de dolor y adversidad se introyecta, y no solo nos destruye emocionalmente, sino también cognitivamente.

Lo que sabemos ahora es que las emociones son tan importantes como los pensamientos, pero ¿qué sucede cuando pensamos que algo realmente es muy muy importante? Por ejemplo, si vamos a tener un hijo, nos mudamos de país o dejamos el trabajo; estas son decisiones que no tomamos nunca desde la razón. Es interesante porque a priori creemos que sí, pero no es así, dado que no se basan en la cognición. Nos dejamos llevar por nuestras emociones: si un día tenemos un problema emocional, entonces quizá no podamos tomar las decisiones con tanta claridad como debiéramos. La emoción tiene la capacidad no solo de asociarse con nuestras funciones cognitivas, sino también de interrumpirlas y de hacernos entrar en zonas donde nos introduciríamos desde la razón.

Sabemos entonces, recapitulando, que nacemos con una tendencia a ser bondadosos. Sabemos también que esa tendencia biológica no es exclusiva de los humanos y que no es suficiente *per se*. Igual que tenemos tendencia a caminar, a hablar o a interrelacionarnos, vamos a necesitar una prosodia compartida, una comunidad que nos muestre que ese valor de la bondad es validable.

Somos naturalmente bondadosos, pero requerimos una

prosodia común, al igual que no basta con plantar una semilla para que crezca un gran árbol, sino que este necesita cuidados. Así, la bondad también. Si nacemos en una familia, en un contexto o en una época donde priman la ternura, la amabilidad, la empatía, será más probable que por neuroplasticidad absorbamos esa bondad del medio, que, junto con nuestra bondad innata, sumará más puntos.

Si esto lo validamos no solo para las familias, sino que también lo llevamos a las instituciones, sobre todo a la escuela, y les proponemos a los maestros que no hablen de la bondad, sino que sean bondad, que la encarnen, entonces sumamos más al marcador. La bondad no es una unidad didáctica en un programa curricular, supone algo tan poderoso que es el capital intangible más fuerte del que disponemos, junto con el amor.

Cuando un estudiante está con un docente que encarna la bondad, lo copia consciente e inconscientemente. Cuando los maestros ejercen este papel, no solo se sienten mejor con ellos mismos, sino que están transformando los circuitos neuroplásticos de sus estudiantes. Esos cambios no son solo emocionales o cognitivos, sino también estructurales y funcionales.

La bondad tiene la capacidad de cambiar el cerebro y la mente de los otros, e incide en transformaciones que afectan a la expresión somática de nuestro cuerpo. Cada día estamos siendo modificados, voluntaria o involuntariamente, en nuestras interacciones. Cualquier tipo de interacción interpersonal, e incluso su negación sostenida o coyuntural en el tiempo, nos cambia.

El hecho de que un día un desconocido nos ayude en un momento en que lo necesitamos mucho, tanto como lo haría una persona que amamos, nos puede cambiar de la misma manera, con la misma fuerza. No es solo el impacto sostenido lo que nos modifica, sino también la fuerza de la emoción con la que se ejecutó el acto.

8

Factores mentales de la bondad

La bondad es mucho más que conducta, comportamiento, emoción o pensamiento; es en sí misma todo un arte que acoge desde el espíritu del reconocimiento de que el otro necesita ayuda, y la posibilidad por mínima que sea de poder dársela, hasta el acto mismo de la generosidad sin esperar nada a cambio. Podríamos definir la bondad como un constructo de factores y cualidades que, vistos desde fuera, parecen fáciles, incluso simples o gratuitos, pero esta descripción no podría hallarse más lejos de la realidad.

Los factores mentales de la bondad se inician en el día a día: considerando a todos los seres como iguales, siendo generoso y paciente. A través de la propia bondad se invita a la mente a expresarla no solo como una serie de factores internos, sino como aspectos de la vida, una práctica cotidiana, como veremos en la cuarta parte del libro.

De acuerdo con muchas tradiciones orientales, la «mente» es mera claridad y es también darse cuenta de manera individual subjetiva de que estamos experimentando las cosas. La «claridad» es también observar cómo surgen las apariencias de las cosas, sean estas cognitivas o metacognitivas. Darse cuenta es el acto de involucrarse cognitivamente con ellas. El primer factor de la bondad es darse cuenta de que nos estamos dando cuenta. El segundo factor es la claridad, observar cómo surgen las apariencias de las cosas y no dejarse arrastrar por ellas. Por lo tanto, darse cuenta de la bondad implica observar que esta ocurre sin un yo fijo, separado de los otros; sin un yo que esté observando la realidad o la actividad bondadosa en sí. El yo existe, pero es tan solo una designación de la mente basada en una línea de momentos alternados, donde nosotros experimentamos un mundo cambiante. El cuarto factor de la bondad es que esta ocurre, más allá de que nosotros nos demos cuenta o no, más allá de que nos dejemos arrastrar por ella o no.

Podemos darnos cuenta de la bondad desde muchos tipos de actividades mentales. Por ejemplo, de una forma primaria o secundaria, o reflexiva (dándonos cuenta de que nos estamos dando cuenta). Es ese «darse cuenta de que nos estamos dando cuenta de que la bondad está sucediendo» el que más nos interesa, porque acompaña momento a momento al viaje desde la cognición del concepto al no concepto del objeto. Aunque parece que existen dos formas de abordar el fenómeno de la bondad, conceptual y no conceptual, en realidad siempre es la segunda. El quinto factor es que la bondad es un constructo de pequeños momentos, un viaje del concepto al no concepto.

La bondad se focaliza y sale al encuentro del saber de otras conciencias de la cognición a través de factores primarios y secundarios. No es que conozca estos factores, sino que plantea una abstracción de una impresión y conoce desde allí. Entonces recuerda que ya conoce la presencia mental de la bondad. El sexto factor es que la bondad se construye de factores primarios y secundarios para llegar a plantear una abstracción.

El séptimo factor es que se manifiesta a través de la conciencia primaria: sea visual, auditiva, olfativa, gustativa, táctil o mental. Así, la bondad no es una facultad general de darse cuenta de los objetos sensoriales y mentales, sino un campo sensorial o campo mental múltiple.

El octavo factor radica en que la bondad tiene también capacidad de darse cuenta del engaño, siendo a la vez la base que todo lo abarca. Por esto la bondad es una conciencia individual que está presente en todos los momentos de cognición, que conoce y reconoce los objetos que observa.

El noveno factor es que la bondad tiene múltiples formas secundarias de darse cuenta, pero sin interpelar, rechazar, negar ni pretender modificar nada. Estas múltiples funciones pueden ayudar a la bondad primaria a tomar conciencia de objetos, situaciones o momentos, o puede ser que otras tiñan de un color particular el momento.

Estas formas múltiples de bondad son cada momento de nuestra conciencia. Recordar la bondad es uno de los factores, recordar que está sucediendo siempre, y que esta cognición conceptual de un aspecto mental se parece a algo conocido que podemos categorizar, que mentalmente relacionamos con un objeto o con un sujeto, pero en realidad es más que eso. Es darse cuenta, de modo reflexivo, de que la bondad está sucediendo. El décimo factor es que, aunque tengamos la ilusión de categorizar e incluso de recordar que nos estamos dando cuenta, se trata de mucho más que eso.

9

Cómo la bondad se relaciona con los objetos y los sujetos

Es muy fácil observar cómo en el día a día las noticias de los medios masivos de comunicación prestan mucha atención a todo lo terrible que sucede en el mundo, pero si atendemos profundamente a la bondad cotidiana, oiremos historias de personas que siempre han querido y desean hacer del mundo un lugar mejor.

Podemos iniciar una práctica bondadosa tan solo dirigida hacia una persona, hacia un único sujeto, y ese sujeto somos nosotros mismos. Si prestamos atención, recordaremos que la bondad es el único factor que se duplica cuando lo compartimos. Dirigiendo la bondad hacia nosotros mismos podemos, de hecho, sentirnos mejor y estar listos para mostrarnos bondadosos con otros seres. Eso es exactamente lo que nos ha demostrado la neurociencia: si llevas a cabo pequeños actos de bondad hacia ti mismo, reduces el estrés, la ansiedad, la depresión y el trauma. Y no solo eso, sino que, si además de practicar la bondad contigo mismo lo haces con los demás, duplicas la felicidad, el sentimiento de bondad y la serotonina.

La serotonina es una sustancia química que nuestro organismo produce de modo natural, imprescindible para que nuestro cuerpo y mente funcionen bien. Está relacionada con la regulación de las emociones y con nuestros patrones anímicos (porque normaliza hormonas como la melatonina, una proteína responsable de los ritmos circadianos y el sueño), y muchos la conocen de manera popular como «la hormona de la felicidad» por su efecto en relación con el bienestar, la satisfacción, la concentración, la autoestima y el placer. Junto con otros neurotransmisores como la dopamina y la noradrenalina, la serotonina contribuye a los mecanismos que regulan el miedo, la angustia, la ansiedad o la agresividad.

Podemos aumentar la generación de esta sustancia química no solo con alimentos determinados, sino también con prácticas como el yoga, el taichí, ejercicios de relajación, viajar, iniciar nuevos proyectos y mantener una mente abierta. Se ha podido observar que los hombres producen un 50 por ciento más de serotonina que las mujeres, y eso hace que cuando se producen picos de subidas y bajadas, estos sean más agudos. Es importante recordar que la caída de la serotonina se puede producir por el estrés, la diabetes, la depresión o cambios hormonales. El hecho de que los niveles de esta hormona estén por debajo de la media puede predisponer a las enfermedades mentales y a trastornos como la hiperactividad, la depresión, el trastorno obsesivo compulsivo, el insomnio, las crisis maniacodepresivas y la esquizofrenia.

Considerando el papel destacado que tiene la serotonina, asociado a las prácticas de la bondad, podemos también apreciar que esta última lleva de la mano las características relacionadas con la conciencia que las acompaña. Cuando la bondad se sustenta en la congruencia entre el objeto y el sujeto, su valor es infinitamente más alto. Vamos a ver cuáles son estas características que la hacen más congruente entre el objeto y el sujeto.

La primera característica es el soporte en el que se fundamenta, es decir, que seamos capaces de reconocer que estamos identificando el soporte (cuál de los sentidos es el dominante en el hecho del reconocimiento).

La segunda característica es adónde estamos dirigiendo el objeto de nuestra atención. La atención es una especie de preciso instrumento sensible en equilibrio permanente, que va abriéndonos puertas a dimensiones de mayor sensibilidad. Esas puertas tienen mucho que ver con cómo prestamos atención. Debemos reconocer entonces que la bondad tiene que ver también con prestar atención e identificar cómo respondemos a esas situaciones y qué efecto causa en nosotros mismos.

La tercera característica de la bondad es la capacidad de dirigirse hacia una intencionalidad. La bondad podría ser considerada también como un estado mental, en el que nos comprometemos en el desempeño de una acción bondadosa, y evaluamos el valor de llevarla a cabo (considerando los pros y contras).

La cuarta característica de la bondad es que no necesita respuesta para ser dada. Nos hace falta poder ejercer la bondad y sus causas, tanto como necesitamos aquietar nuestra mente sobre cualquier tipo de sesgo, preconcepciones, emociones o estrés que vaya surgiendo. La bondad responde sin ser correspondida y, para ello, necesita un aquietamiento sereno y se expresa de manera adecuada sin aferramiento.

La quinta característica de la bondad es incorporar la actitud correcta, considerar al otro como un ser sintiente, no solo a los humanos, sino también a otras especies que habitan el planeta; considerar así que los árboles, las plantas o los animales también sienten, se lastiman y sufren como nosotros. Tenemos una relación de interdependencia con ellos; y si ninguno —ellos o nosotros, no importa en qué situación— se da cuenta de forma bondadosa, si ni siquiera nos molestamos en atender al otro, no podemos desplegar la bondad. Esta se sustenta en dos alas: una mente tranquila y pacífica, y otra considerada con la actitud de lo correcto. Así se construye la sensibilidad apropiada.

La sexta característica de la bondad es el alejamiento de nuestra mente de los contenidos negativos. Cuando podemos distinguir entre la mente y sus contenidos, cuando podemos desarrollar ese fino discernimiento, dejamos de engañarnos. No podemos pretender desarrollar acciones de bondad ni exigirla si seguimos aferrándonos a pensamientos, hábitos y emociones negativos. Desde este nivel más profundo podemos acceder a los componentes básicos de la bondad innata. Podemos imaginar la bondad como un patrón, como un holograma, un cuadro que surge, e incluso podría ser una forma, un sonido, una emoción, un pensamiento. Ver cómo en ese surgimiento no hay un yo está separado de los contenidos que surgen. No hay que controlar la bondad, ni siquiera pretender alejar los pensamientos negativos, porque cuando se está en la bondad, esta hace visible lo que está sucediendo.

La séptima característica de la bondad es su capacidad de comunicarse con todos los seres en un nivel metacognitivo de sensibilidad innata. Se desplaza más allá de la apariencia engañosa, más allá de la respuesta a lo que sucede. La bondad cambia la manera en que nos comunicamos con nosotros mismos y con los demás. Se modifica el concepto y el contenido, en especial si tenemos pensamientos recurrentes, rumiaciones, si no tenemos ganas de comunicar más que basura o si no acabamos de encontrar el tono para escribir incluso un mensaje de texto. Podemos invitar, en esta fase, a la bondad para que sea nuestro estilo de comunicación, que sea realmente el trato y el contrato; el uso, el medio y el mensaje, y que cuando pensemos en algo o en alguien, lo hagamos desde la bondad, sin alterar ninguna de las partes.

La octava característica de la bondad es que se trata de un impulso. Este forma parte de la naturaleza de los factores mentales, nos sirve para enfocar una situación, objeto o sujeto determinado, y nos impele a actuar. La bondad es magnética: si entramos en ese campo, podemos observar que nos atrae hacia la siguiente acción. Por ejemplo, podemos sentir esto claramente cuando nos relacionamos con alguien y, en lugar de despreciar o eliminarlo de nuestra agenda, somos bondadosos, montamos el impulso de la bondad y lo dirigimos a la escucha de qué está sucediendo. Así, la bondad se educa en la transformación de impulsos positivos.

La novena característica de la bondad es que es discriminatoria: distingue la forma en la que tratamos a otros seres y creamos campos de conciencia. Por ejemplo, si observamos cómo esta nuestro cuerpo, recogemos ciertas características y nos pensamos más allá de los campos cotidianos hacia perspectivas más sensibles o sutiles. No tenemos que nombrar la bondad para que esta exista. Esta es no conceptual, no tenemos que darle significado porque es simbólica.

Cuando somos capaces de integrar estas nueve características, podemos mirar lo visible y lo invisible del campo sensorial de la bondad, escuchar su sonido, podemos distinguir ciertas características y simplemente darnos cuenta de que está allí.

10

Razonamiento y memoria bondadosa implícita y explícita

Sabemos que presenciar actos de bondad, ejecutarlos, ver que otros los ponen en práctica e incluso evocarlos tiene un impacto en el cerebro. Evocar actos altruistas induce, en quienes lo practican, una tremenda calma y claridad, y esto puede grabarse en nuestro sistema de memoria convirtiendo este acto en un hecho perdurable.

Nos preguntamos qué beneficios puede tener evocar actos de bondad, reconocer el obrar generoso de otros; recordar hechos que puedan parecer nimios, por ejemplo, un pájaro que alimenta a sus crías o un bebé que acaricia su muñeca quedan en nuestra memoria y pueden ser fuente de refugio en situaciones concretas.

La bondad se graba generando experiencias clímax, esos momentos que denominamos «aha», con un profundo sentido de que estamos en el lugar apropiado, con las personas adecuadas y haciendo lo correcto. Cuando sentimos una tremenda plenitud por estar simplemente en este planeta, esos sentimientos se pueden grabar y podemos acudir a ellos en caso de necesidad.

Jonathan David Haidt habla en su libro *La hipótesis de la felicidad* sobre la necesidad de explorar en las tradiciones y filosofías antiguas junto con la ciencia más contemporánea. Establece el concepto de bondad moral, enmarcada en un razonamiento emocional e intuitivo. Un razonamiento en equilibrio que solo pueden realizar aquellos individuos que tienen equilibrio bondadoso.

La bondad no solo es una manifestación o un acto, sino una construcción deliberada proactiva de esperanza y resiliencia en el desasosiego de la vida cotidiana. Tenemos en nuestra memoria implícita y explícita un sentido de interconexión que trasciende la noción que poseemos de nosotros mismos —tan solo como humanos— porque todos nosotros, en un nivel profundo, somos conciencia de la bondad innata.

Tenemos diferentes tipos de memoria: a corto plazo, a medio plazo, a largo plazo o intergeneracional. Cuando hablamos de memorias a largo plazo, apelamos a un modelo que consiste en múltiples almacenes (modelo de Atkinson-Shiffrin), en el cual se alternan la retención de la información y las habilidades para acceder a ellas. La memoria a largo plazo es la más efectiva cuando hablamos del razonamiento de la bondad, y se puede dividir en dos grandes bloques: la explícita o declarativa y la implícita o no declarativa. Dentro de la primera encontramos la memoria episódica, con la cual somos capaces de experimentar eventos; y la memoria semántica, con la que elaboramos conocimiento y conceptos. En la memoria implícita o no declarativa tenemos dos grandes divisiones: la procedimental, donde elaboramos habilidades y acciones, y la emocional.

Este esquema que acabo de presentar lo organizó en 1972 Endel Tulving, uno de los teóricos más influyentes en las distinciones de la memoria a largo plazo. Pero ¿qué tienen que ver todas estas memorias con la bondad y con el razonamiento bondadoso? Vamos a verlo más al detalle.

La memoria de procedimiento es en sí misma una parte de la memoria implícita y se encarga de saber cómo tenemos que hacer las cosas e incluye habilidades somáticas y motoras. No es consciente ni tampoco declarativa, es decir, que es inconsciente e incluye, por ejemplo, la memoria de abrazar, de oler y de acariciar. La bondad innata es procedimental y se instala a nivel prosódico incluso antes de nuestro nacimiento.

La memoria semántica forma parte también de la explícita a largo plazo y almacena información sobre cómo funciona la realidad, desde los conceptos, símbolos y significados hasta informaciones de carácter general. Los conocimientos que adquirimos en la escuela, si se alcanzaran de manera bondadosa, podrían tener mayor incidencia en la memoria semántica: saber que se sabe algo de manera amable.

La memoria episódica forma parte de la memoria explícita y se encarga de almacenar eventos que hemos ido experimentando y acumulando a lo largo de los años. Abarca las áreas conscientes y se puede evocar. Si nos entrenamos en evocar los actos de bondad, podemos hacer crecer la memoria explícita de una manera asombrosa.

En 1980 los científicos Neal J. Cohen y Larry R. Squire hicieron una distinción fina y apreciativa entre lo que era el conocimiento procedimental (saber cómo se hacen las cosas: por ejemplo, escribir, lavarse los dientes, etc.) y el conocimiento declarativo que abarca el saber qué: por ejemplo, conocer que hoy tengo un examen. La memoria declarativa trae al consciente la información de manera continua y, así, decimos que se está declarando. Es evidente que la bondad es declarativa y procedimental, tal y como se explica en la literatura científica.

11

Cómo se entrena la bondad
(diferentes abordajes neurocientíficos de la bondad)

La bondad puede entrenarse desde actos sencillos de un solo minuto hasta programas de un mes o incluso un año. Actividades simples que pueden medirse en su impacto mental y físico han hecho llegar a la conclusión de que la bondad puede ser entrenable de la misma manera que entrenamos un músculo cualquiera.

La bondad se puede entrenar en soledad o también en familia, con amigos o con un grupo. Amabilidad, ternura y bondad son elementos que se encuentran enlazados de forma intrínseca en el espíritu humano y en muchas otras especies. Se construye como un proceso de generosidad y consideración hacia el otro, así como hacia uno mismo. Ser bondadoso no cuesta nada, es algo poderoso, positivo y sano.

La neurociencia ha demostrado que «la bondad se puede entrenar» —tal como afirma Richard J. Davidson—, y también que la bondad aumenta los circuitos de la atención, la autoestima, la empatía y la compasión; llega a disminuir el estrés y el sesgo cognitivo, y mejora el estado anímico y nuestros sistemas relacionales. Así, la bondad se puede entrenar y extender a múltiples aspectos de la vida, por ejemplo, a nuestros compañeros de trabajo, los seres queridos, la comunidad, la familia, los vecinos, las instituciones o empresas en las que trabajamos, y sobre todo hacia nosotros mismos.

Para entrenarla, un ejercicio de tan solo un minuto sería, por ejemplo, recordar una vez que alguien fue bondadoso con nosotros, cuando hemos sido bondadosos con los demás o un momento en que vimos un acto de bondad. Tan solo nos supondrá un minuto.

También podemos embarcarnos en un programa de bondad de tan solo un mes u ocho sesiones, y realizar una serie de actividades (pueden ser cien o doscientas) prestando atención a que las estamos desarrollando en diferentes contextos (familia, comunidad, medio ambiente, etc.).

Llevar un registro de actos bondadosos nos predispone a apreciarlos más y a incorporar la bondad dentro de nuestras memorias. También suma observar a otros que la practican, con sorpresa, con mente de principiante y ternura.

Es posible también medir la bondad por su ausencia, como muestra el increíble informe que realizó Robert Francis en su análisis del Mid Staffordshire Trust, una institución que permitía que los pacientes fueran atendidos de manera negligente durante periodos prolongados (no podían alcanzar el agua para beber o no les cambiaban las sábanas sucias). Francis demostró que el personal que trataba así a los pacientes y a sus allegados manifestaba indiferencia e insensibilidad a la bondad. Sus conclusiones fueron que los pacientes no solo debían recibir una buena atención médica, sino también un trato bondadoso, atento y comprometido. Su trabajo se fundamentó en la importancia de la amabilidad en las consultas médicas y en cómo los pacientes de médicos que son amables sanan antes.

Aunque nosotros creemos que sabemos qué es la bondad o la amabilidad, al enterarnos de situaciones como la del párrafo anterior, podemos ver que su ausencia también nos golpea. Cole-King y Gilbert definieron la bondad amable como la sensibilidad a la angustia de otro, con el compromiso de hacer algo al respecto. El punto crítico de todo este asunto radica en la posibilidad de ser amable: no alcanza con ser sensibles, sino que podemos dar una respuesta constructiva a estas circunstancias. La bondad es proactiva, uno no necesita pensar mucho si va a ayudar a otro o no.

Los orígenes históricos de la neurociencia de la bondad se han ido construyendo a lo largo de los siglos y, a través de ellos, han adquirido significado, camino y propósito a la hora de expresarse de múltiples formas. Darwin, en *El origen del hombre*, apuntó que la cooperación, la empatía y la simpatía eran imprescindibles e innatas para la evolución de las especies, e insistió mucho en la importancia de enseñar a los niños la generosidad, la bondad o el altruismo.

También Rousseau afirmó que el hombre nace bueno y que la sociedad lo corrompe, y apuntó que el ser humano nace dentro de una estructura de hábitos morales que va adquiriendo según vive en la sociedad hasta llegar así a perder la pureza en tanto que crece. Freud, por su parte, habló de la bondad como un elemento seductivo que solo se practicaba con motivos ocultos para obtener un fin determinado.

12

A modo de conclusión

La bondad ha formado parte de nuestro viaje neuroevolutivo: hemos podido constatar su presencia desde la antigua concepción griega hasta la ciencia más contemporánea. En todas sus formas hemos podido observar su virtud y su vulnerabilidad, y cómo esta se expresa con mayor o menor fortuna dependiendo del contexto. Esta primera parte del libro recupera la dimensión central de la ética de la bondad en sus aspectos más sobresalientes, en especial dando continuidad a las obras filosóficas y científicas, a las preguntas y respuestas que representan y ofrecen las tragedias del mal.

La bondad tiene una historia particular asociada a la humanidad, una historia que hemos vinculado a través de la inteligencia y la ética; desde la idea de la bondad como base del cerebro hasta como medicina humana; desde la esencia ética griega y occidental hasta el modelo neurocientífico contemporáneo. La fragilidad de ignorar la bondad nos hace vulnerables, nos aleja de la buena vida, de la felicidad verdadera, de la danza que une la representación de los seres humanos en el curso de su vida. El objetivo es superar los límites del buenismo y el relativismo bondadoso, enfocarnos en la bondad como una capacidad y darle importancia al tomar la decisión de ser buenos, de desarrollar una ética de la bondad desde una perspectiva abierta y dialogante, abierta en canal al contenido de una forma cambiante con la historia.

Segunda parte

GÉNESIS DE LA BONDAD INNATA

1

Introducción

En esta parte presento algunos aspectos neurocientíficos, neuropedagógicos y neuropsicológicos de la familia y la parentalidad, con el objetivo de que los lectores y las lectoras puedan aprehender conceptos básicos que los impulsen hacia una nueva comprensión del camino de la parentalidad —desde el embarazo hasta los jóvenes adultos— con una mirada transdisciplinar.

La neurociencia para padres se basa en el enfoque neurocognitivo afectivo y conductual, y básicamente estudia cómo funciona el cerebro y el impacto que tiene en el comportamiento humano y las emociones. Todos sabemos que la crianza de los hijos puede ser difícil a veces: hay que tener en cuenta que los niños no son adultos y que su cerebro es diferente, reacciona de otra manera y necesita cosas distintas.

Si bien la preeminencia del contexto familiar en la vida de las personas, tanto a nivel socioemocional como cognitivo, es innegable, los niños y sus padres no están aislados. Es importante tener presente que la familia es un sistema en interacción permanente con múltiples contextos interrelacionados (la escuela, el trabajo, el barrio, entre otros).

Por eso, es nuestra responsabilidad como padres y madres aprender a reconocer qué partes del cerebro de nuestro hijo están activadas en cada momento para adaptar nuestra comunicación en respuesta a esto.

2

Neurociencia, familia y parentalidad

NEUROCIENCIAS DE LA PARENTALIDAD

¿Por qué la neurociencia es importante para los padres? Obviamente, los hijos y las hijas tienen cerebro y, aunque esté en formación durante el embarazo o no haya alcanzado la madurez máxima del neocórtex durante sus primeros meses, cada año se descubren nuevos conocimientos del cerebro que pueden ayudar a la crianza de nuestra descendencia.

El cerebro de un niño es algo maravilloso porque lo graba todo, incluso antes de nacer. Si todos fuéramos conscientes de esto y formáramos desde el inicio una relación con el entorno del niño teniendo en cuenta este saber, seguro que tendríamos hijos más saludables y sociedades más sanas.

La interacción con el medio ambiente en la etapa primaria, con la mamá, el papá y las relaciones entre los cuidadores primarios, desde que han nacido hasta la adolescencia, tiene un gran impacto en el pasaje a la adultez: cómo se relacionarán con los demás, con el poder, con la autoridad; cuán exitosos serán en términos académicos; cuánto amarán, criticarán y confiarán en los demás: todo ello dependerá de cómo los trataron desde su concepción. Todo tiene que ver con el desarrollo de la persona, que es también el desarrollo del cerebro.

El desarrollo temprano del cerebro ha sido muy estudiado en las últimas tres décadas y ha modificado el concepto de parentalidad y lo que significa ser un bebé en el siglo XXI. Se ha descubierto que estudiando el cerebro de un bebé es posible predecir un 77 por ciento de su comportamiento futuro. Por eso hay que prestar mucha atención a cómo se cuida a los hijos, sobre todo desde el embarazo hasta los tres años y medio de vida.

Me animo a decir que tenemos una doble responsabilidad como padres y educadores: somos los responsables, por un lado, del desarrollo temprano del cerebro de los niños y, por otro, también del 50 por ciento de su reserva genética. Esos genes van a interactuar con un contexto en el que el niño se va a sentir más o menos seguro y, como padres, debemos cuidar tanto el contexto como que esos genes se activen o no.

Les pregunto entonces: ¿cómo están tratando a sus hijos en términos de desarrollo cerebral?

Si están esperando un hijo, seguramente ya han comprado la cuna o el ajuar; si es un niño mayor, quizá le han regalado alguna vez un balón o una bicicleta; y si es adolescente, tal vez algo para el estudio. Nos preocupamos por proveer cuestiones que consideramos básicas, pero ¿cuántas veces nos hemos preguntado por el cerebro de nuestro hijo o hija?

En estudios comparativos de niños pequeños de aproximadamente tres años, se ha visto que en quienes se criaron en entornos de negligencia con respecto a su desarrollo cerebral existen áreas que corresponden a la etapa primaria que no se están desarrollando o informaciones que no se están procesando. ¿A qué me refiero con «negligencia»? Por ejemplo, el grito o la palmadita que los adultos llamamos «estate quieto» y que puede estar creando desde atrofias corticales extremas en el cerebro hasta traumas más profundos.

Pero no se preocupen: si tenemos esta incidencia, en la que un grito o una palmada puede cambiar el desarrollo del cerebro, lo opuesto también es verdad, y de eso trata esta parte, de la posibilidad como padres de acompañar el desarrollo cerebral de los hijos.

Somos artífices de los cambios neuroplásticos de nuestro hijo y, dada la bidireccionalidad del caso, también nuestros hijos tienen un gran impacto en nuestro cerebro. Sabemos que ser madre o padre nos cambia por completo el cerebro, y esto es así a causa de la neurogénesis: la creación de nuevas células cerebrales.

Los padres sometidos al estrés de la parentalidad —ya sean biológicos o adoptivos— tienen todas las células revolucionadas, y ese estrés es significativamente importante en términos de neurogénesis, en comparación con aquellos adultos que no tienen hijos.

La neurogénesis es relevante en la adultez para mantener el cerebro sano, y una de las pruebas que lo certifica son los cambios en el cerebro de una mujer antes del embarazo, durante la gestación y después de dar a luz. La madre ejerce la neuroplasticidad con el futuro hijo, pero también este cambia la neuroplasticidad de su madre. Las mujeres embarazadas empiezan a contraer ciertas áreas de su cerebro relacionadas con el estrés o las relaciones, y esto es así porque están centradas en un proceso interno. Esas áreas se normalizan luego del parto e inciden en la personalidad de la madre.

Otra de las afecciones de la parentalidad en el cerebro está relacionada con la oxitocina. El profesor Walter J. Freeman, de la Universidad de California en Berkeley, descubrió que se producía una reorganización masiva del cerebro cuando empezamos a ser padres. La oxitocina, conocida como «la hormona del amor (o de la compasión)», se activa en las mujeres durante el embarazo, y sobre todo en el parto y la lactancia. El contrapunto de la oxitocina en los hombres es la vasopresina. Por eso cuando somos padres estamos en una especie de nube de amor y somos capaces de hacer cosas que nunca habíamos hecho en nuestra vida: estamos bajo el efecto de esas hormonas que nos ayudan a vincularnos con el bebé.

Estas hormonas también se conocen como «las hormonas de la amnesia», porque gracias a ellas podemos eliminar conexiones racionales preexistentes y el conocimiento aprendido, con lo cual somos capaces de abrir nuevas oportunidades y generar nuevos vínculos y patrones de comportamiento con nuestros hijos, que, aunque sean del mismo padre y madre, también son distintos entre sí. Por eso es importante ser conscientes de estos cambios para la parentalidad, conscientes de que cada hijo produce amnesia en nuestra historia.

Así, el cerebro nos da la oportunidad de aprender y limpia ciertas áreas para que allí se alojen nuevas experiencias y aprendizajes. Estos recursos se establecen gracias a las nuevas sinapsis que conectamos como padres y cuidadores, pero fundamentalmente nos preparan para funcionar en el estrés que supone ser madres y padres. Por ejemplo, llorar, sentir desesperación, falta de sueño, miedo e indefensión son situaciones características de la parentalidad.

Es importante insistir en que todos estos cambios que vivimos como padres son indisociables de lo que pasa con nuestros hijos: nos afectamos mutuamente en todas nuestras acciones. Podríamos decir que nosotros influimos en nuestros hijos tanto como ellos en nosotros, y a la vez somos la influencia de otras personas. La parentalidad es un balanceo evolutivo sin principio ni fin, con millones de variables.

FAMILIA Y PARENTALIDAD: CONCEPTOS CLAVE

Familia

Según la Declaración Universal de los Derechos Humanos (ONU, 1948. Artículo 16.3): «La familia es el elemento natural y fundamental de la sociedad» y es posible decir que el ámbito en el cual el ser humano puede nacer y desarrollar sus potencialidades de forma óptima es la familia. «El niño, para el pleno y armonioso desarrollo de su personalidad, debe crecer en el seno de la familia, en un ambiente de felicidad, amor y comprensión» (Convención de los Derechos de los Niños, 1989 - Preámbulo).

Hoy en día, y teniendo en cuenta estas definiciones oficiales, la familia no se define por su composición (monoparental, homoparental, reconstituida, extensa, adoptiva, de acogida, etc.) ni trata solo de factores ontogenéticos, sino que remite al «contexto más deseable para criar y educar niños y adolescentes, quien mejor puede promover su desarrollo personal, social e intelectual, y, también a menudo, quien mejor puede protegerlos de situaciones de riesgo», como dice Palacios.

La familia es una sociedad natural y es mucho más que una idea jurídica, social y económica. Muchas investigaciones demuestran que la familia estable arroja los mejores resultados en los más diversos indicadores relacionados con la educación, la salud física y psíquica, la economía, la seguridad física, las relaciones sociales, etc. Es la primera educadora, donde se aprende a armonizar los derechos individuales con las demás exigencias de la vida social.

Tal como dicen Sallés y Ger, «el concepto de familia es dinámico, ya que va cambiando con el paso del tiempo a medida que avanza su ciclo vital (pasamos de ser hijos a ser pareja, de ser pareja a ser padres, de ser padres a ser abuelos, etc.)». Así, aprendemos a convivir con padres, niños y ancianos, y este es un factor de humanización indispensable para la vida social.

Parentalidad

Según Sallés y Ger:

> El concepto de parentalidad hace referencia a las actividades desarrolladas por los padres y madres para cuidar y educar a sus hijos, al tiempo que promover su socialización. La parentalidad no depende de la estructura o composición familiar, sino que tiene que ver con las actitudes y la forma de interaccionar en las relaciones paterno/maternofiliales.

Existen dos tipos de parentalidad: la biológica, que tiene que ver con la procreación, y la social, relacionada con la existencia de capacidades para cuidar, proteger, educar y socializar a los hijos. Este segundo tipo de parentalidad se desarrolla sobre todo de acuerdo con nuestras historias de vida y el contexto en que crecimos y nos desarrollamos, y las capacidades desplegadas a través de ella son lo que usualmente se llama «competencias parentales», que desarrollaré en un apartado próximo.

Nuestra capacidad para tener hijos biológicos nos convierte en progenitores, mas lo que nos convierte en padres es la capacidad de parentalizar a otro. Podemos ser padres de miles de seres y progenitores de tan solo unos cuantos.

El ejercicio de la parentalidad implica la satisfacción de las necesidades acorde con los cambios en el desarrollo de los hijos y las hijas, así como con las demandas cambiantes del ciclo vital de las familias, del contexto social, la época y nuestro propio proceso interno.

SOCIALIZACIÓN Y NECESIDADES COGNITIVAS

En lo que respecta a la transmisión familiar del aprendizaje, se ha destacado la función de crianza o parentalidad social, que se lleva a cabo a través de un complejo proceso definido como «socialización».

En la primera etapa de la vida, la estimulación de la salud, la nutrición, la importancia de los ambientes físico y social, y las oportunidades de estimulación y aprendizaje de los hijos están claramente ligadas a la satisfacción de las necesidades físicas y acompañadas de los estímulos necesarios para el desarrollo de las capacidades sensoriomotrices, las percepciones, la atención y la memoria.

Luego se empiezan a agregar estímulos para el desarrollo del lenguaje verbal y la capacidad de pensamiento, la reflexión y las funciones ejecutivas.

Para que las necesidades cognitivas de nuestros hijos e hijas se satisfagan de manera adecuada, es necesario que seamos madres y padres capaces de brindarles experiencias de estimulación, experimentación y refuerzos oportunos durante las primeras etapas de aprendizaje.

Las principales necesidades cognitivas de los niños y las niñas son:

- La atención prenatal: Aproximadamente en la semana dieciséis de vida se forman circuitos en nuestro cerebro que son fundamentales para nuestra salud mental y bienestar. Sin el bienestar de las madres, sin la conciencia del proceso, la calma, la seguridad y el afecto, el bebé nace con un temperamento más estresado, ansioso e inseguro.

- La estimulación temprana apropiada: Por parte de un adulto con un importante vínculo afectivo con el niño o la niña, ya que sin afecto el aprendizaje no se produce de una manera adecuada y constructiva. El niño necesita sentirse seguro, amado y protegido para poder explorar el mundo.

- La experimentación: El cerebro, durante los primeros años, está programado para explorar; la curiosidad es muestra de este proceso y es intensa y visible desde los primeros meses de vida. El apoyo de la madre y el padre a esta necesidad de los niños, las respuestas a sus preguntas, por ejemplo, son esenciales para la satisfacción de esta necesidad.

- El refuerzo positivo: Los niños y las niñas requieren de forma especial que sus madres, padres o cuidadores manifiesten el reconocimiento de sus esfuerzos y los logros alcanzados durante su desarrollo. El refuerzo positivo de los padres y madres es el que permite que los niños y las niñas tengan indicadores visibles del impacto de sus conductas, corrijan sus errores y fortalezcan los comportamientos apropiados.

Competencias parentales

Las competencias y habilidades parentales están compuestas por varios aspectos interrelacionados: las competencias parentales, que se refieren a los recursos emotivos, cognitivos y conductuales de los que disponen los progenitores y que les permiten vincularse correctamente a sus hijos; las habilidades parentales, que hacen referencia a la plasticidad de los progenitores o padres para dar respuestas adecuadas y adaptarlas a las diferentes etapas de desarrollo; las habilidades metacognitivas de hacer *insight* sobre qué les está pasando como padres, cómo se sienten y si tienen recursos para gestionarlo; y, por último, las habilidades resilientes frente a las adversidades de la vida en general, y en particular los cambios que produce ser padres.

En la formación de competencias parentales están involucradas las posibilidades innatas de cada persona por factores hereditarios, los procesos de aprendizaje, las experiencias de buen trato o mal trato que hemos tenido los padres, sobre todo en la infancia y en la adolescencia.

Las principales competencias parentales son:

- El apego: Es la capacidad de los padres para crear vínculos con nuestros hijos respondiendo a sus necesidades. Depende de los potenciales biológicos de los cuidadores, de nuestras propias experiencias de vinculación y de factores ambientales que faciliten u obstaculicen las vinculaciones con nuestros hijos. Las experiencias de apego seguro proporcionan una seguridad de base y una personalidad sana, y permitirán también en la vida adulta desarrollar relaciones basadas en la confianza y la seguridad y, por consiguiente, capacitan para una parentalidad competente.
- La resiliencia: Es la capacidad para reconocer la importancia de volver a levantarse después de un acontecimiento duro. Implica reconocer que un hijo no viene con un manual de instrucciones y que, aunque el medio nos ayude, cada hijo entraña en sí mismo un gran reto.

- La empatía: Es la capacidad para percibir las necesidades del otro y sintonizar con ellas. Está en estrecha relación con la vinculación afectiva. Los padres debemos sintonizar con el mundo interno de nuestros hijos, reconociendo las manifestaciones emocionales y gestuales, así como sus necesidades.

- Patrones de crianza: Son formas culturales resultantes de los aprendizajes sociales y familiares que se transmiten como fenómenos a escala inter y transgeneracional. Estos se aprenden sobre todo en el núcleo de la familia de origen, mediante la transmisión de modelos familiares y por mecanismos de aprendizaje: imitación, identificación y aprendizaje social. Podemos observar también los patrones de crianza incluso en términos de inferencia epigenética, en niños adoptados o acogidos, o en familias reconstruidas.

- Participación en redes físicas, sociales y uso de recursos comunitarios: Dado que la parentalidad es una práctica social, requiere crear redes de apoyo que fortalezcan y proporcionen recursos para la vida familiar. Este aspecto hace referencia al apoyo familiar y social, y también a la capacidad de participar y buscar apoyo en las instituciones y en los profesionales que velan por la infancia. A veces el apoyo puede venir de personas cercanas; en otras ocasiones muy lejanas, el uso de las redes sociales puede permitir que los padres reciban ayuda incluso de miles de kilómetros de distancia.

- Capacidad de crear impacto en otros padres y cuidadores: Los padres podemos también ayudar a otros padres a resolver dudas, problemas o inseguridades. Es un gran apoyo contar con redes de abuelas, madres, abuelos o padres que presten ayuda a nuevos padres. Otra posibilidad incluso es que adultos mayores reciban en acogida a padres recientes y los parentalicen, mostrando así su capacidad de cuidar de otros seres.

• Capacidad de internalizar y subjetivizar los procesos internos: Comprender qué nos está pasando, saber reconocer nuestros límites, poder pedir ayuda, detenerse, respirar, estar en calma y mantener el balance del bienestar.

Hay diferentes formas de intervención que permiten fomentar, modificar o adquirir estas competencias. En suma, las competencias parentales nos permiten a los progenitores y cuidadores satisfacer las necesidades cognitivas de los niños y las niñas de manera flexible, oportuna y ajustada a cada fase evolutiva.

Capacidades parentales en el desarrollo cognitivo del niño

El conocimiento parental sobre el desarrollo infantil es un factor clave del desempeño cognitivo de los niños y las niñas, que trata de comprender los procesos, pautas y creencias acerca de la crianza. Los cuidadores con un alto nivel de conocimiento responden con más sensibilidad y eficacia a las necesidades de sus hijos e hijas. En este sentido, la comprensión parental hace posible la anticipación y adaptación a los cambios evolutivos, y también la regulación de las expectativas sobre las capacidades de los hijos y las hijas, que se relacionan con mayores competencias cognitivas: los padres que tienen expectativas inadecuadas en relación con sus hijos tienen afectado su comportamiento parental, lo que a su vez provoca un impacto en la competencia de los niños.

Respecto del apego o la capacidad de vincularse a los hijos, se sabe que la relación afectiva segura influye positivamente en el desarrollo cerebral del niño, y los cuidados, la estimulación y los buenos tratos parentales desempeñan un papel esencial en la organización, el desarrollo y el funcionamiento cerebral temprano. Como dije en el primer apartado de este capítulo, las funciones cognitivas, motoras y socioemocionales se constituyen en la interacción mantenida con los cuidadores primarios, que estimulan las sinapsis entre neuronas en las diversas regiones cerebrales. Así, los estímulos afectivos recibidos tempranamente en el entorno familiar y social tienen un papel activo en la configuración cerebral y su funcionamiento.

Las actitudes y conductas parentales equilibradas y receptivas, y la existencia de competencias parentales adecuadas, se han asociado en forma positiva con el éxito y la competencia académica de los niños y las niñas en edad escolar. Así, las puntuaciones más elevadas las han obtenido aquellos que perciben a su padre y a su madre como autoridad; y los padres y madres protectores y con bajo autoritarismo propician hijos con mayores puntuaciones en capacidad verbal e inteligencia. También se ha comprobado que existe una correlación positiva entre la alta aceptación y el adecuado control parental, y la capacidad de creatividad infantil.

Dado que la familia es la primera educadora, es importante el contexto educativo de los niños: los materiales, la organización y la calidad de las actividades, los espacios y la relación con sus padres. Y se ha podido comprobar que la cantidad de objetos no es tan importante como la variedad y la adecuación a las características e intereses del niño en cada etapa evolutiva. En cuanto a la información, puede resultar tan negativa la baja estimulación como la sobreestimulación, o la estimulación desorganizada por parte de los padres y madres: lo más importante es que las actividades de aprendizaje se apoyen en relaciones o interacciones positivas y reforzadoras del vínculo, en especial con los padres, madres o cuidadores.

La calidad del ambiente familiar se relaciona con el nivel de desarrollo cognitivo del niño en muchos aspectos. Por ejemplo, quienes reciben afecto y protección y estimulación cognitiva por parte de la madre muestran mayor rendimiento escolar en el área de lenguaje. Los ámbitos familiares en los que prima la comunicación, las relaciones positivas, la coherencia y consistencia disciplinarias y la estimulación son predictores de la actividad lúdica en la niñez intermedia.

Por todo lo dicho, es necesario reflexionar e inventar nuevas dinámicas de familia que apunten al grupo familiar como medio afectivo, educativo y social para el desarrollo de los hijos y las hijas, pero también de los padres, madres y cuidadores primarios. Les propongo seguir profundizando en todo lo que la neurociencia tiene que decirnos de nuestros hijos e hijas.

3

Cerebro, comportamiento y parentalidad

EL CEREBRO

Cuando tenemos un bebé somos responsables de atender sus necesidades, ya que aún depende por completo de nosotros y su cerebro no se ha desarrollado lo suficiente para resolver problemas, como, por ejemplo, cuando se frustra al no alcanzar un sonajero y se pone a llorar sin consuelo.

El cerebro humano pesa entre 1,3 y 1,5 kilos, y, aunque es muy poco en comparación con el resto del cuerpo, es necesario para vivir. Nacemos con una reserva importante de neuronas y, durante el desarrollo, se van creando las conexiones entre ellas —también conocidas como «sinapsis»—, un proceso impresionante sobre todo durante los dos primeros años de vida.

36 semanas de gestación	Recién nacido	3 meses	6 meses	2 años	4 años	6 años

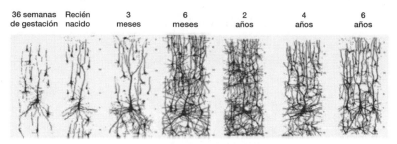

Sinapsis según edad. Formación sináptica o sinaptogénesis
Chechik, G.; Meilijson, Pinós, K.; Ruppin, E. (1998). «Poda sináptica en desarrollo: una cuenta computacional». *Computación neuronal*

El humano es el único ser del planeta que es capaz de razonar, reflexionar y pensar sobre cómo hacemos eso: el concepto de metacognición se refiere a la capacidad de las personas para reflexionar sobre sus procesos de pensamiento y la forma en que aprenden. Por ejemplo, si sentimos que nos ruge el estómago y vamos repetidamente a la nevera en busca de un tentempié, puede que a la segunda o tercera vez nos preguntemos: «¿Puedo controlarme para no estar picoteando continuamente y llevar una alimentación más saludable?». Sin embargo, si la mascota que tenemos en casa tiene la misma sensación de hambre, irá a buscar el plato donde sabe que está su alimento y se lo comerá sin más, satisfaciendo simplemente su necesidad.

Una de las teorías que explican esta característica del ser humano, y que ayuda a comprender cómo funciona el cerebro de los niños, es la teoría del cerebro triuno, presentada en 1970 por el médico y neurocientífico norteamericano Paul D. MacLean.

Este autor propone que la mente humana está construida a partir de la superposición evolutiva de tres cerebros, uno sobre otro, que además coinciden con el orden de su aparición en el mundo natural. Así, podemos entender que nuestro cerebro de *Homo sapiens* está formado por estos tres al mismo tiempo:

CEREBRO TRIUNO

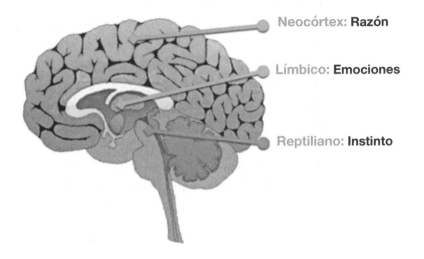

Neocórtex: **Razón**

Límbico: **Emociones**

Reptiliano: **Instinto**

1. El cerebro reptiliano: Es el más primitivo y es responsable de los instintos básicos de la supervivencia (el latido del corazón, la respiración). Se encarga de intervenir en los comportamientos característicos de la especie, como la adopción de posturas, la homeostasis, los actos instintivos simples y los reconocimientos de señales que implican la supervivencia.

2. El cerebro límbico, mamífero o emocional: También llamado «hipocampo» (por su similitud con un caballito de mar) o «cerebro medio», está situado encima del reptiliano e inmediatamente debajo de la corteza cerebral. Permite que los procesos de supervivencia básicos del cerebro reptiliano interactúen con elementos del mundo externo, lo que resulta de la expresión de la emoción general. Por ejemplo, el instinto de reproducción inte-

ractuaría con la presencia de un miembro atractivo del sexo opuesto, lo que genera sentimientos de deseo sexual. Aquí se procesan las emociones: pena, angustia, enojo, miedo, alegrías intensas, etc.

3. El cerebro racional o corteza cerebral: También llamado «neomamífero» o «neocórtex», está formado por los dos grandes hemisferios y, sobre todo, por los lóbulos prefrontales (izquierdo y derecho), y regula emociones específicas basadas en las percepciones e interpretaciones del mundo inmediato, a la vez que posibilita las funciones de aprendizaje, abstracción mental, regulación de emociones, planificación a largo plazo y pensamiento racional y lógico. Por ejemplo, es el responsable de los sentimientos de amor hacia un individuo particular.

EL CEREBRO DEL NIÑO Y LOS COMPORTAMIENTOS

Hace aproximadamente cien millones de años aparecieron los primeros mamíferos superiores y la evolución del cerebro dio un salto espectacular: por encima del bulbo raquídeo y del sistema límbico, la naturaleza puso un cerebro adicional racional, el que piensa. Mucho después nació el *Homo sapiens*, con su capacidad de pensar de forma abstracta más allá de la inmediatez del momento presente, de comprender las relaciones globales existentes y de desarrollar un «yo» consciente y una vida compleja.

Cada una de las partes del cerebro que se vieron en el apartado anterior se ocupa de determinadas dimensiones de nuestra vida, y eso explica que en ocasiones actuemos siguiendo nuestro instinto y otras veces nos comportemos de una forma mucho más meditada. Por ejemplo, no actuamos igual cuando tenemos un «hambre voraz», en una relación sexual, al dar a luz o durante un debate con compañeros en la universidad.

Así, es necesario comprender que durante los primeros meses de vida de los niños prevalece el cerebro reptiliano, que reclama las necesidades básicas para vivir. Pero también, cuando nuestros hijos van creciendo o incluso cuando somos adultos, determinadas situaciones de estrés pueden propulsar el cerebro inferior hasta provocar que se nos «abra la tapa» y tengamos una explosión de ira mostrándonos incapaces de manejar nuestras emociones por unos momentos (pues el cerebro racional deja de ejercer su función de regulación). En estas situaciones, además, las neuronas espejo no juegan a nuestro favor, ya que tienden a reconocer el estado emocional de la otra persona y a copiarlo. Por eso, cuando estamos ante una «rabieta» o explosión emocional de nuestros peques, o en una discusión con nuestra pareja o un familiar allegado, no es fácil parar. A continuación, profundizaré en el cerebro de los niños y algunas herramientas para acompañar su desarrollo.

El cerebro del niño

Cuando un niño nace, su cerebro no es una hoja en blanco; por el contrario, tiene mucha más información que un adulto. Durante los primeros tres meses de vida, el 90 por ciento de las conexiones neuronales de las áreas límbicas se eliminan de forma selectiva en función de las interacciones que el bebé tiene con el contexto: por ejemplo, cómo se lleva con los padres y con sus hermanos. Si bien en esta etapa el cerebro no está desarrollado en su totalidad, al nacer el cerebro reptiliano está completamente operativo.

Para el bebé, que en efecto puede desaparecer ante el mínimo peligro, todo es una amenaza potencial y por eso su cerebro reptiliano es más sensible. También hay que tener en cuenta que la única forma que tiene de comunicarse es a través del llanto, y eso no significa que se sienta mal, triste o desamparado: el hecho de que llore significa que está tratando de procesar algo que está sucediendo y que no conoce o no puede resolver; imaginen el estrés de esa situación.

Hay tres reacciones reptilianas: huir, luchar y paralizarse. En el caso de los bebés, estas estrategias se traducen en gritos y, al llorar, les dicen a sus cuidadores «sácame de esta situación», ya sea que tengan hambre, o miedo, u otra sensación. Cuando oímos a alguien llorar, sea adulto o bebé, la primera reacción es intentar dar consuelo, pero no sirve de nada consolar a un bebé mojado: necesita un cambio de pañal y no una canción de cuna.

Para que el bebé se calme, es importante observarlo y no ceder a todo lo que él quiere ni dejarlo en el berrinche: de alguna manera, en su comportamiento impulsivo se parecen a los adolescentes. La relación entre el cerebro reptiliano de un bebé y el cerebro adolescente es que ambos están en un gran maremoto de sinapsis, intentando comprender una realidad que no les es propia. Muchos adolescentes se sienten desamparados en las estructuras del cerebro primario y el límbico y paleolímbico cuando sienten que los compañeros no los quieren o que los padres no pasan tiempo con ellos, y empiezan a sentirse mal igual que los bebés.

Hay correlaciones en el cerebro reptiliano de un bebé y un adolescente en materia de trauma ante eventos significativos en los que no recibió cuidado: por ejemplo, la desaparición de un progenitor, la muerte de alguien importante de la familia, un cambio de casa o de país. Aunque el niño lo supere, en la adolescencia va a vivir de nuevo esa indefensión porque el cerebro reptiliano del bebé marcará las estructuras de nuestro «estilo de pelea». El modelo de indefensión aprendida en los primeros dos años en los bebés —que luchan contra el estrés y no sienten que haya manera de que se pueda aplacar, sin nadie que les calme esa sensación de indefensión y los quiera— desempeñará un papel muy importante en el cerebro reptiliano a la hora de definir los patrones relacionales de los jóvenes adultos, y luego de los adultos. Muchos de los traumas de los jóvenes y adultos provienen de la etapa primaria. Las personas en quienes nos convertiremos en términos de personalidad y motivación tienen que ver con el bebé que fuimos.

El cerebro reptiliano es la base de nuestras emociones y desempeña un papel muy importante porque todos nuestros instintos están ahí, e incluso cuando no sentimos peligro de muerte, pero nos vemos abandonados, amenazados o humillados; todo eso acaba grabándose en la base de las estructuras del cerebro.

Sumado a esta situación de peligros potenciales, imagínense que el 90 por ciento de su sinapsis va a desaparecer, ¿no es entendible entonces que los bebés y los jóvenes experimenten estrés? No se trata de un estrés por demandas externas que cumplir, como las tareas pendientes o la provisión de dinero, sino que es mucho peor: se preocupan por una serie de cosas que ni siquiera pueden comprender, pero contra las que deben seguir luchando para sobrevivir.

El estrés es una reacción física a un peligro percibido que puede ser algo grave, pero también puede ser más trivial, como un cambio de perfume de la madre, o cuando son mayores, que les quiten un juguete y se lo rompan, o en la adolescencia, que un compañero no le responda por redes sociales. El dolor emocional en los seres humanos se plantea desde niños, y el dolor de que no nos quieran se vive como una catástrofe —sobre todo si en la niñez experimentamos el abandono— porque la capacidad de poner las cosas en perspectiva responde al reino del cerebro prefrontal y es lo último que se madura (a partir de los diecisiete y hasta los veinticinco años, aproximadamente).

Si el cerebro está lo bastante bien desarrollado, y no ha sido traumatizado ni humillado, y no tiene experiencias relacionadas con el abandono, entonces podemos hablar de un cerebro de bebé reptiliano sano, que dará lugar a un cerebro de un joven adulto sano y, más tarde, de un adulto sano.

La madurez tardía del cerebro que los niños suelen experimentar se asocia con una madurez emocional tardía. Puede ser incluso que sean muy inteligentes y su madurez emocional resulte muy baja, cosa que también pasa en los adultos. Si ese es el caso, los niños pueden llegar a lastimarse o traumatizarse, ya que aún no tienen las claves necesarias en términos de neocórtex para comprender todo lo que está sucediendo.

El cerebro reptiliano usa la lucha, con reacciones que intentan movimientos para evitar el daño, pues los niños están tratando de defenderse con lo que pueden. Cuando toman la estrategia de luchar, dominar y ganar, la tensión se acumula en ellos y muestran mucha tensión en las mandíbulas, en los brazos y en las piernas. Algunas veces oímos el rechinar de los dientes o vemos patadas en los niños, o bebés que agitan las manos y las piernas. Si reconocen esos gestos, bien: es la lucha contra el estrés. En la estrategia del congelamiento lo que hacen es buscar contención con otros niños, que pueden ser mayores que ellos, maestros de la escuela u otros padres. Otro indicador de la reacción paralizante del reptiliano es la total apatía: cuando le preguntas a un niño cómo está o qué quiere hacer y responde «nada».

¿Cómo lidiar con el estrés de los hijos?

El estrés puede manifestarse en cualquier ser humano a cualquier edad. Incluso los fetos padecen estrés. Preocupación por la supervivencia, ansiedad por el devenir, miedo al futuro, incapacidad para estar presente, no soportar la oscuridad, aferrarse a un amigo que no nos quiere, no querer dejar la escuela...: el estrés en la niñez y adolescencia adopta miles de formas.

Lo más importante es que los chicos se sientan respaldados y perciban que tienen opciones: si nuestro hijo tiene ganas de pelea o se queda encerrado en su habitación, no hay que pensar «se siente solo» o «está mal», sino «está utilizando una estrategia intentando liberarse del estrés». No hay que vivir el comportamiento de los hijos como algo personal. Por supuesto que a veces nos enfadan sus actitudes, pero debemos comprender que estar enojado con un niño que tiene estrés no le va a ayudar.

Si el bebé, el niño o el joven está enfadado por algo que reconoció, sea consciente o inconscientemente, debemos ayudarlo a poner en palabras lo inconsciente, diciendo, por ejemplo: «Tienes todo el derecho del mundo a sentirte enfadado y querer darle una patada a la puerta, pero eso no significa que lo hagas». Ellos necesitan el apoyo, no tanta charla, solo que estemos ahí, que seamos lo bastante buenos, que sientan que pueden llevar a cabo estas estrategias sencillas para aliviar el estrés. Incluso es necesario hablarles a los bebés: ellos comprenden la prosodia (el tono de voz); por ejemplo, cuando decimos: «No pasa nada, mamá ya está aquí para cambiarte el pañal», ellos entienden que algo estamos haciendo para aliviar su sufrimiento. Hablar va realmente bien. Pero lo que mejor funciona de todo es detenerte y enseñarles sencillos ejercicios que los ayuden a reconocer qué está pasando en su cuerpo antes de que se desborde. Prestar atención, dar afecto y poner sentido del humor cuando la cosa es sencilla. Pasar más tiempo juntos si son pequeñitos, hasta llevarlos al psicólogo si vemos que no podemos ayudarlos.

Si identifican que sus hijos tienen estas reacciones, intenten estar con ellos. Solo hacerles compañía ya es lo bastante bueno. Es difícil porque a veces, si el niño está enfadado, nosotros también nos enfadamos, o si está triste nos entristecemos, o si se va queremos ir detrás de él.

Los padres podemos sentir intuitivamente las emociones de los hijos, y por eso es muy importante que seamos capaces de identificar nuestras propias emociones cuando los niños están en modo de lucha, de huida o de parálisis: no quiere decir que estén huyendo «de nosotros», sino que experimentan eso. No debemos sentir que no somos buenos padres.

La respuesta del abrazo

Una experiencia personal que me gustaría compartir aquí es lo que llamo «la respuesta del abrazo». Cuando mis hijos estaban enfadados, en huida o congelados, les abría los brazos y les decía «¿Quién te quiere a ti?», y en segundos se reían y me abrazaban y me decían «Sí, lo sé, pero me pasó esto...». Es algo bonito usar el abrazo contra la congelación, la huida y la lucha. Otras veces estaban tan enfadados que no respondían o no se acercaban, y entonces les decía: «Bueno, si quieres más tarde, sabes que mamá estará aquí queriéndote; aunque tardes una hora, un día, un año, una década, yo estaré aquí».

Esta acción es muy difícil cuando están enfadados con nosotros, porque el instinto —debido a las neuronas «espejo»— es contraatacar, no empezar a abrazar. Así que hay que sorprenderse a uno mismo y decir: «Voy a abrazarte, aunque sé que me has insultado». Primero el abrazo, luego la charla.

En nuestra evolución hemos necesitado que nos abrazaran, nos vieran y nos tocaran. Los abrazos forman parte de nuestro paquete evolutivo y aceleran la producción de neurotransmisores como la oxitocina, que nos inunda de afecto y cariño. Esta hormona nos otorga fuerza y tranquilidad (haciendo que surjan las endorfinas y la dopamina).

Abrazar ayuda a nuestro sistema inmunológico a fortalecerse, reduce el estrés y es tan fácil que podemos darlo en cualquier momento, incluso a nosotros mismos, incluso de manera virtual; todo vale en materia de abrazos.

Este cambio de perspectiva en relación con el abrazo es importante, porque el cerebro reptiliano es un espacio sin opción. Si ponemos delante la emoción y luego la cognición, eso es exactamente lo que está haciendo nuestro cerebro, lo que hicimos en materia evolutiva durante toda nuestra existencia.

Con el tiempo verán que entre la pelea y el abrazo se reduce el tiempo de respuesta, y a la larga notarán que ya casi ni se pelean porque no dan tiempo a que esto surja, o incluso si sucede, antes de que llegue el punto culmen, llega el abrazo. Es una excelente manera de lidiar con las pequeñas frustraciones de la vida.

Cada vez que abrazamos reducimos la presión del cerebro reptiliano y aumentamos la descompresión de las áreas límbicas. Abrazar libera oxitocina, que está en grandes cantidades en nuestro cuerpo y a veces se desregula cuando estamos enfadados. Esta hormona —de la que ya he hablado en páginas anteriores— facilita el desarrollo del apego entre las personas porque hace que nos vinculemos en un tipo de relación determinada como mucho más segura, reduce la frecuencia cardiaca y disminuye la presión arterial.

Recuerden: primero el abrazo, para reducir el impulso del

cerebro reptiliano porque este se enciende ante el peligro percibido, y si nuestros hijos ven que no hay peligro (porque hay un abrazo), no pondrá en marcha los mecanismos de defensa.

LA AUTORREGULACIÓN DE EMOCIONES EN NIÑOS: CONOCER Y HACER

Como dice Erin Clabough, tanto los niños como los adultos debemos aprender cómo crece y se desarrolla nuestro cerebro. Pero los adultos solo podemos enseñar lo que entendemos y hemos aprendido. Dado que, como dije antes, el cerebro está íntimamente vinculado a nuestro comportamiento, conocerlo nos ayuda a practicar con atención el arte de la parentalidad y, así, a ser capaces de lograr una mente feliz y llena de alegría para nosotros y para nuestros hijos.

Es posible explicar a los niños de una forma muy sencilla el funcionamiento del cerebro y la importancia de la integración de las tres capas utilizando una representación con nuestra propia mano:

- Cerebro reptil: palma de la mano.
- Cerebro mamífero: dedo pulgar.
- Cerebro racional: dedos plegados.

Al plegar la mano, una parte de nuestro cerebro racional está conectada con el límbico y el reptiliano, y nos ayuda a ser conscientes de nuestra forma de actuar y regular nuestras emociones: la parte más humana controla la más animal. Pero cuando esta capa superior se desconecta, entonces se desata la tempestad; por tanto, si tomamos conciencia a tiempo, podemos reconducir la situación.

Imaginemos el siguiente escenario: a un niño de ocho años su compañero de clase en la escuela lo golpea repetidamente con un lápiz. ¿Cómo responde? Podría soportar los golpes sin quejarse usando la fuerza de voluntad o podría permanecer en silencio, sucumbiendo a sentimientos de miedo o impotencia. Podría perder el autocontrol y atacar verbal o físicamente a su compañero. ¿O se «autorregulará», considerando sus opciones y recursos, haciendo un balance de sus sentimientos y fortalezas, reflexionando sobre experiencias pasadas y respondiendo deliberadamente?

La autorregulación es una habilidad necesaria para tomar una buena decisión o trabajar hacia una meta, sobre todo cuando hay sentimientos fuertes involucrados, en nosotros mismos o en los demás. Y si bien puede parecer una tarea difícil, también es la mejor opción, tal como asegura Erin Clabough, neurocientífica, madre y autora del libro *Second Nature: How Parents Can Use Neuroscience to Help Kids Develop Empathy, Creativity, and Self-Control*.

Diversos estudios han dado cuenta de que, por desgracia, las cualidades que apoyan la autorregulación (autocontrol, empatía, creatividad y pensamiento crítico) están disminuyendo entre los niños. Si queremos vivir en una sociedad civil pacífica y productiva, es imperativo interrumpir esas tendencias. En su libro, Clabough explica cómo los padres pueden ayudar a sus hijos a cultivar estas cualidades y, lo que es más importante, por qué deberían hacerlo: estas promueven la capacidad del niño para autorregularse de manera equilibrada, lo que lo lleva a una mayor realización personal, mejores relaciones y mayor éxito en la vida.

Existen muchas actividades que podemos realizar para ayudarlos a autorregularse. Desde crear su propio diccionario de emociones hasta hacer un teatro de emociones con los dedos, pintar, escuchar música y ver películas que nos hagan sentir emociones. Dibujar las emociones y leer cuentos de emociones nos ayuda a ampliar nuestra capacidad de percibir cuáles son las emociones que están en juego, qué conducta y qué sentido vamos a darles, cómo nos vamos a relacionar con ellas. Todo ese entramado forma parte de nuestras habilidades sociales, y todas se empiezan a aprender en la más tierna infancia.

Autorregulación frente a autocontrol

La autorregulación emocional no es lo mismo que el autocontrol; a menudo lo confundimos, pues hay muchos niños muy controlados pero nada regulados. El autocontrol ha recibido mucha atención después de la famosa «prueba de la golosina», que se ha citado durante décadas. En este estudio clásico de 1970, mil niños de cuatro a seis años recibieron una pequeña recompensa (una golosina, un pretzel o una galleta), y podían optar por no comerla para recibir, más tarde, una recompensa mayor (más golosinas). Los estudios longitudinales mostraron que los niños que podían retrasar la gratificación tenían puntuaciones más altas en el examen de acceso a la universidad estadounidense, el SAT, en la adolescencia, además de mejor salud, ingresos más altos y tasas de criminalidad más bajas cuarenta años después. La capacidad de retrasar la gratificación en la primera infancia fue un mejor predictor del éxito posterior que la inteligencia o la clase social.

Pero los resultados del experimento de la golosina pueden tener otras interpretaciones. Como escribe Clabough, en realidad podría haber probado la obediencia de los niños, cómo se sentían acerca de las figuras de autoridad o si confiaban en los adultos. O podría haber probado cuánto les gustaban las golosinas a los niños, si querían esperar o si incluso habían desarrollado la capacidad para hacerlo (por ejemplo, los niños mayores esperaban mejor que los más pequeños).

Para la autora, el autocontrol es un objetivo incompleto porque en última instancia se trata de no actuar, algo que los padres y los maestros pueden encontrar deseable en los niños, pero definitivamente no constituye la única clave para el éxito en la vida. La autorregulación, por otro lado, consiste en tomar medidas y, en ese sentido, enseñarla debe ser una meta de los padres.

Las personas con una buena autorregulación tienen autocontrol y pueden, por ejemplo, reprimir una reacción instintiva inicial cuando sea necesario, pero también utilizan la creatividad y la empatía para considerar vías alternativas que puedan ayudarlos a lograr sus objetivos; consideran las reglas, pero pueden reformularlas de manera creativa o inventar otras nuevas; y para decidir una acción, tienen en cuenta sus propios sentimientos y preocupaciones, pero también son empáticos y consideran las perspectivas de otras personas en situaciones sociales complejas.

Si volvemos al ejemplo del niño molestado insistentemente, si este está desarrollando la autorregulación, puede que primero lea las motivaciones del otro niño: ¿bromear es una diversión y una continuación del juego en el recreo, es una llamada de auxilio angustiada o es una burla y parte de un patrón de intimidación? Y luego será posible ver cuáles son las metas del niño: ¿Quiere seguir divirtiéndose, está tratando de concentrarse o necesita ayuda? La creatividad le permitirá la libertad y la flexibilidad de responder con una broma, establecer un límite o involucrar a un adulto; y el autocontrol le permitirá tomar esa decisión con cuidado, en lugar de reaccionar de manera instintiva.

Los niños con una buena autorregulación son conscientes,

flexibles y creativos, y, lo que es más importante, están capacitados para razonar por sí mismos. En palabras de Clabough: «La autorregulación es mucho más importante que el simple autocontrol. [...] No se trata solo de la capacidad de pausar el comportamiento, sino de tener la flexibilidad de cambiar el comportamiento [...], la capacidad de abrir un camino hacia una meta, sin dejar de preservar la confianza y la reciprocidad en quienes te rodean».

Con una mayor autorregulación, los niños no solo serán más saludables psicológicamente, sino que también serán más altruistas, amables y conectados con su comunidad. Y, escribe Clabough, también pueden esperar un mayor éxito académico, un «impulso profesional» y «mayor competitividad en una economía global».

Autorregulación en el cerebro

En el libro *Second Nature*, la autora describe las etapas del desarrollo del cerebro para ayudar a los padres a tener expectativas acordes al desarrollo de su hijo: ¿de qué son capaces los niños, neurológicamente, a diferentes edades? ¿Qué limitaciones se pueden flexibilizar y dónde necesitan apoyo adicional los niños? Por ejemplo, expone que, si bien el juego en la primera infancia es importante para la creatividad, los niños de hoy tienen menos oportunidades de jugar en las aulas de la primera infancia, una tendencia que debería revertirse.

La autora ofrece una descripción simple pero completa de los procesos neurológicos fundamentales de la sinaptogénesis (la formación de conexiones sinápticas), la poda (la eliminación de las conexiones sinápticas) y la mielinización (el aislamiento de las conexiones para acelerar la transmisión). Es necesario que sepamos que, a través de las experiencias, los hábitos y las rutinas que ofrecemos a nuestros hijos, en realidad estamos reforzando las conexiones sinápticas y dando forma y remodelando los circuitos neuronales. Y debemos tener siempre en cuenta que, en este sentido, lo que no hacemos es tan importante como lo que hacemos.

El libro propone enfoques de crianza basados en la ciencia del desarrollo, como el andamiaje (que proporciona un marco para que los niños aprendan y practiquen nuevas habilidades) y el modelado (demostrando la autorregulación como padre), junto con el apoyo a la autonomía de los niños y la ayuda para que reflexionen sobre sus experiencias. En los capítulos instructivos hay trucos y atajos basados en la neurociencia específicos para padres, como, por ejemplo, cuando explica que las células cerebrales que trabajan para mantener el autocontrol usan la glucosa a un ritmo más rápido, por lo que aconseja «alimentar a la persona que tiene rabietas lo antes posible».

Clabough señala también cómo las estructuras de poder afectan a la autorregulación: los privilegios de larga duración pueden erosionar la empatía, lo que hace más difícil considerar el punto de vista de otra persona; mientras que las desventajas crónicas pueden ser perjudiciales para los niños. Por ello, encuentra formas de cambiar e igualar la dinámica de poder entre los hermanos, por ejemplo, dejando que el más joven reparta golosinas o hable primero, pidiéndole a un hermano mayor que le enseñe a uno más pequeño, exponiendo a sus hijos a diferentes culturas y fomentando las amistades entre edades y grupos.

A modo de cierre, quiero afirmar que la empatía, la creatividad y el autocontrol son fortalezas que se pueden aprender y, cuando se enseñan con respeto por la autonomía y la capacidad de toma de decisiones, pueden apoyar el bienestar de por vida.

4

Movimiento y alimentación: claves del desarrollo cerebral

EL CEREBRO PRIMARIO Y EL MOVIMIENTO

Ya hemos visto que el cerebro primario (también llamado «reptiliano») es el responsable de nuestros instintos y que responde de tres maneras ante el peligro: lucha, huida y parálisis. Aquí veremos que esta región del cerebro es mucho más que esos tres mecanismos de defensa; se trata de nuestra parte más antigua como humanos y de un suministro esencial del cerebro. Además, regula las funciones necesarias para la vida: el ritmo cardiaco, la respiración, la temperatura, la digestión, los movimientos, el sueño, la regulación sexual, entre otras.

También el cerebro primario se hace preguntas sobre nuestra existencia y deriva esas funciones —las posibles respuestas al interrogante— al neocórtex, donde en un estado más amplio de deliberación llega a una conclusión: el cerebro, como todo en la vida, está relacionado con el movimiento. Las plantas, los árboles, las flores no tienen cerebro y, sin embargo, son seres vivos que se mueven en el desarrollo de su existencia. El movimiento es una de las condiciones desde el principio de la vida y, en el cerebro, todo aquello que se mueve está vivo. Y dado que el objeto del cerebro es el movimiento —nuestra existencia—, desarrollamos el sistema nervioso, la coordinación del cerebro y los sentidos, y del cerebro del cuerpo.

Todo esto es nuestro cerebro primario, ubicado en la parte posterior de nuestro cráneo, donde está el cerebelo (que significa «cerebro pequeño»), que evolucionó hace cuatrocientos millones de años, o sea, que esa parte de nuestro cuerpo es previa al *Homo sapiens*. Somos realmente muy viejos y sin duda el fruto de una evolución significativa en el mundo. El cerebelo representa solo el 10 por ciento del volumen de nuestro cerebro, que contiene el 50 por ciento del capital neuronal. En otras palabras, la mitad de nuestras respuestas simpáticas y parasimpáticas y las de nuestros hijos datan de hace cuatrocientos millones de años.

El cerebelo equilibra la coordinación del tono muscular del movimiento y el aprendizaje del movimiento en los recién nacidos, y no es casual que sea la parte del cerebro que más crece en los primeros tres meses, así que es posible decir que crecemos gracias al movimiento. El movimiento coordinado es una de las claves más importantes para desarrollar un cerebro fuerte y sano como adultos.

Pero tanto en la escuela, en casa o en el coche, les decimos a los niños «estate quieto», «no te muevas»; les enseñamos a sentarse todo el día, a veces incluso los ponemos frente a las pantallas para que se queden en un solo lugar. Cuando en realidad, para que evolucionen bien, deberíamos enseñarles a estar en movimiento.

El problema es que nuestro estilo de vida moderno y las expectativas de nuestra sociedad hacia los niños no tienen nada que ver con la evolución del cerebro. Y el resultado es que muchos niños y jóvenes adultos no cumplen las expectativas, simplemente porque no es normal que se queden quietos, ya que el cerebelo necesita aprender en movimiento.

Debemos dejar que se muevan, que trepen a los árboles, que corran, enviarlos a un club, a un campamento o a aventuras en la naturaleza. Muchos padres dicen que sus hijos están estresados, y esto es así, entre otras cosas, porque no pueden dar salida a ese movimiento, que no es negociable. Una buena educación se basa en el movimiento, es el pilar del cerebro sano en el niño. Gracias a él hemos sobrevivido, a nuestras capacidades de cazar, de huir, de luchar, de jugar de interpelar a los otros.

Aire libre y encierro en niños y adolescentes

Pese a que cada vez tenemos más conocimiento sobre los beneficios del contacto con la naturaleza para el desarrollo infantil, los niños pasan cada vez menos tiempo en espacios abiertos.

Los defensores de una perspectiva evolutiva destacan la importancia de los paisajes para la supervivencia a lo largo de la historia de la humanidad: nuestros ancestros necesitaban agua, alimento, cobijo, y al mismo tiempo eran curiosos, deseaban comprender y descubrir. Así, según la hipótesis de la biofilia, las personas nacemos siendo afines hacia las formas de vida y los procesos naturales.

Por otro lado, las teorías explicativas socioculturales parten del supuesto de que la preferencia por determinados paisajes no se hereda, sino que se aprende, o sea, que es subjetiva y depende de la cultura. El psicólogo ambiental Harold M. Proshansky indicaba que las personas poseemos una identidad de lugar individual basada en nuestras experiencias con los sitios en los que hemos vivido. Esta determina, además, nuestro autoconcepto, nuestra narrativa y la forma en que percibimos la realidad. En muchos experimentos realizados en la vida diaria se ha demostrado que nuestra percepción de los hechos, los fenómenos y aquello que llamamos realidad son cosas completamente distintas. A nivel de escalas nanométricas, no existen hechos objetivos, sino que todo depende de nuestra percepción.

Si el observador es capaz de influir en la forma en que ese fenómeno o hecho se percibe, nunca se verá de la misma manera para los observadores. Si además consideramos que somos parte de la naturaleza y que nuestra percepción de esta es subjetiva, alejarnos de ella nos negaría todavía más como seres.

En nuestra vida ya no tenemos perspectivas ni horizonte e internalizamos unas dimensiones cada vez más pequeñas, hasta enfermarnos mental y emocionalmente. Cuanto más egoístas e ignorantes somos, más perdemos el sentido y el propósito de nuestra vida. Podríamos reconocer el valor de la naturaleza y su impacto en nuestra vida comunitaria.

Desde el abordaje integrador de la neurociencia, que conjuga el estudio del cerebro con el del comportamiento, no hay dudas de que el contacto con la naturaleza puede mejorar el bienestar, la autoestima y la capacidad de concentración, además de beneficiar también la conducta social. Desde esa mirada no podemos olvidar que la vida empezó en la Tierra hace miles de años con la acidez de los océanos y más tarde con las plantas liberando oxígeno —el mismo que hoy respiramos—. Los humanos hemos ido habitando y gestionando paisajes (bosques, selvas, sabanas y demás) en los últimos 45.000 años.

Si admitimos nuestra conexión con la naturaleza y no que somos superiores, si admitimos que nuestro estilo de vida está destruyendo el planeta, es hora de pensar en que somos una civilización que ha fracasado porque no ha sido capaz de vivir en armonía.

Factores como el sobrepeso, la obesidad, el déficit nutricional en la alimentación, la falta de actividad física y el hecho de que los niños dispongan de televisor, ordenador o videojuegos en su habitación son los principales obstáculos para el movimiento y, por ende, para el desarrollo pleno del cerebro de nuestros hijos pequeños y adolescentes y de su comportamiento. Y sobre estos factores, como cuidadores, tenemos mucha responsabilidad. La tecnología se ha convertido en la cuidadora digital: un niño en un país desarrollado pasa una media de seis horas delante de una pantalla en un periodo donde está en pleno desarrollo neurológico.

Los padres de hoy en día somos menos permisivos que los de antes a la hora de dejar que nuestros hijos exploren la naturaleza sin supervisión, sobre todo porque disponemos de menos tiempo para el cuidado y acompañamiento en estos descubrimientos. Pero estas experiencias de aprendizaje son importantes para los niños y, aunque por supuesto debemos evitar las actividades que supongan un peligro para la vida, el alcanzar la rama más alta de un árbol o seguir el curso de un arroyo libera en el cerebro opioides endógenos, los cuales generan una sensación de entusiasmo en los niños.

El arte de trepar a los árboles es central para desarrollar ciertas funciones: es una actividad que hemos hecho durante miles de años porque los seres humanos hemos vivido en los árboles como los monos y nuestro cerebro tiene mucha memoria para estas acciones. Hay diversos estudios sobre el desarrollo de la memoria y la atención de niños que se cuelgan de los árboles en contraste con aquellos que no lo hacen. Los que se cuelgan de los árboles al menos cinco minutos a la semana tienen un 50 por ciento más de concentración que aquellos que no. El ejercicio de trepar, de estar atentos al movimiento y al equilibrio, hace que estemos sin tregua, que funcionen todas las partes del cerebelo por la concatenación de acciones: mantener el equilibrio, estar en movimiento, sortear el obstáculo.

Lo que vamos a experimentar en la vida es impredecible, y para que nuestros hijos puedan adaptarse a ello, no solo en la mente sino también en el cuerpo, en el movimiento, es posible proponer a los niños actividades que requieran armonía entre movimiento, equilibrio y fuerza. Esto aumentará la memoria, la atención y la concentración en un 50 por ciento. El equilibrio externo tiene que ver con el interno, y su desarrollo impulsa la memoria, la atención y la concentración.

En el capítulo anterior he hablado de la importancia de la autorregulación, y aquí veremos que esta también está relacionada con la relación de nuestros hijos con la naturaleza. En 2002 un grupo de investigadores analizó la relación entre el entorno del hogar y la autodisciplina de los niños. Si bien realizó un estudio similar a la cuestionada «prueba de la golosina», anunciaron que las niñas que vivían en pisos con vistas a la naturaleza se mostraron más dispuestas a esperar para obtener los dulces que las que no disponían de esa posibilidad. Esta diferencia no se halló en los participantes de sexo masculino, que, acostumbrados a jugar mucho más lejos de su casa, tenían una menor relación con el entorno que podían observar desde su hogar.

Además de esta propensión a la autorregulación, el contacto con la naturaleza estimula todos los sentidos: la vista, el olfato, el tacto, la audición y el gusto. Y permite la exposición a una intensidad lumínica mayor, lo cual fomenta la síntesis de vitamina D, que refuerza el sistema inmunitario y la mineralización de los huesos.

También, por el solo hecho de que los terrenos naturales acostumbran a ser más complejos que los artificiales (piedras de distintos tamaños, raíces de árbol que sobresalen del suelo o gruesas ramas colgantes), proporcionan numerosos retos motrices. Los niños juegan de manera más creativa y compleja, interaccionan con otros niños y en grupos más amplios, y pasan más tiempo implicados en el juego.

Otro beneficio descubierto es que, en el juego en la naturaleza, los niños utilizan más la fantasía, dado que cuanto más ambiguo es un objeto, más creativa se torna la interacción con él: un palo puede ser un bastón para andar, un arma, un cetro, una barrera o un cocodrilo. Por el contrario, una figura de plástico de la última película de dibujos animados solo puede ser eso. Así, la estancia en espacios naturales mejora las habilidades lingüísticas de los niños porque afrontan situaciones distintas y poco predecibles y juegan más a menudo junto con otros niños, desarrollan un mayor vocabulario y adjudican nombres originales a cosas que desconocen.

EN LA ESCUELA

Los niños pasan mucho tiempo en los patios de las escuelas: en la mayoría de los países la duración de la escolarización obligatoria es de por lo menos de diez a trece años. Por este motivo estos lugares constituyen el lugar perfecto para que experimenten con la naturaleza. Algunos estudios pusieron de manifiesto que, sobre todo los niños más pequeños, juegan y se alborotan con sus amigos en esos espacios. La probabilidad de que un alumno de primero o segundo de primaria se entretenga en esas zonas del patio es nueve veces mayor en comparación con un alumno de tercero o cuarto de secundaria. Además, los niños de primaria muestran un 44 por ciento más de probabilidades de entretenerse con la naturaleza (por ejemplo, recolectando hojas) que un alumno de tercer o cuarto curso de secundaria.

Los patios ajardinados resultan más adecuados y prácticos en la etapa educativa de primaria, ya que permiten a los niños descubrir por sí mismos la naturaleza. Por otro lado, los datos también revelan que las preferencias de los equipamientos varían según la edad. Los escolares más jóvenes muestran un mayor interés por explorar y observar la naturaleza o jugar con hojas, ramas o piedras allí donde hay caminos, agua o la posibilidad de trepar, u otros elementos que fomenten actividades similares. Por el contrario, los escolares de más edad prefieren los espacios tranquilos y que ofrecen la oportunidad de refugiarse, como los escondites naturales.

Un estudio realizado en 2015 demostró que el contacto con la naturaleza favorece el desarrollo cognitivo. Durante quince meses se analizaron las funciones cognitivas de 2.600 alumnos con edades comprendidas entre los siete y los diez años. Según comprobaron, en las escuelas que contaban con espacios verdes en el exterior y plantas en el interior, los niños manifestaban una mejora en la memoria operativa, así como en la capacidad de atención. En los espacios de recreo ordinarios, el escenario era otro: rara vez los niños jugaban durante tanto tiempo con sus compañeros, eran interrumpidos a menudo por otros o las educadoras debían intervenir para acabar con las riñas.

Por último, un estudio realizado en Taiwán reveló que en las aulas en las que los profesores habían colgado grandes macetas con plantas, necesitaban tomar menos medidas disciplinarias en comparación con los alumnos que recibían la lección en clases desprovistas de plantas; además, en las aulas decoradas con macetas, los niños se sentían mejor. Por otro lado, los niños que se ocupaban del mantenimiento de las plantas informaban de que se sentían menos estresados.

Adicción a los videojuegos y uso responsable de la tecnología

La pandemia desatada por el covid-19 trastocó las dinámicas sociales en todo el mundo debido al aislamiento impuesto como medida sanitaria, y es probable que desde entonces muchos adolescentes pasen más horas de lo habitual jugando a los videojuegos. En oposición a los beneficios recién presentados sobre la vida en la naturaleza, esta conducta de largas horas frente a la pantalla del ordenador puede terminar siendo perjudicial, por ejemplo, ya que una exposición baja a la luz natural es la causa principal de la miopía, la falta de atención y el estrés.

La Organización Mundial de la Salud (OMS) incluye en su última revisión de la Clasificación Internacional de Enfermedades —que entrará en vigor el 1 de enero de 2022— la adicción a los videojuegos como una enfermedad con entidad propia, aunque este diagnóstico genera controversias entre los expertos porque no abundan los estudios sobre este tipo de adicción. Pero sí parece haber acuerdo en que existen dos predictores principales de la adicción a los juegos de ordenador entre los adolescentes: ser varón y mostrar una baja conducta prosocial.

Recientemente, algunos investigadores de Estados Unidos han acompañado a 385 jóvenes en su transición de la adolescencia a la edad adulta. Durante un periodo de seis años se evaluó el comportamiento y el bienestar psicológico de los participantes, que tenían unos quince años al comienzo del estudio y eran aficionados a los videojuegos. El análisis de los datos reveló que alrededor del 10 por ciento de los participantes mostraban un comportamiento patológico de juego; así, pasaban mucho tiempo frente a los videojuegos, tenían dificultades para mantenerse alejados del ordenador y de la consola, y descuidaban otras áreas de la vida hasta el punto de que su salud y vida social se veían afectadas. También tendían a manifestar signos de depresión, agresión o timidez y ansiedad, y más horas de conexión al teléfono.

Otro grupo de jóvenes, que comprendía alrededor de un 18 por ciento de la muestra, manifestaba síntomas moderados de una conducta patológica, pero en contraste con los adolescentes y jóvenes adultos más afectados, no mostraron un empeoramiento de los síntomas a lo largo del tiempo. El 72 por ciento de los adolescentes restante tenía un nivel relativamente bajo de síntomas de adicción en los seis años de recopilación de datos.

Así, si sabemos que alrededor del 90 por ciento de los usuarios jóvenes de videojuegos los utiliza de manera no perjudicial para su salud y vida social, podemos pensar que un uso responsable de las tecnologías es posible.

¿Cómo conseguir que los niños y jóvenes se entusiasmen por la naturaleza? Es un hecho que cada vez más hay dispositivos electrónicos y que prohibirlos o negarlos no ayudará. Ante esta tendencia tan extendida, los estudios sugieren que los aparatos electrónicos podrían mejorar las relaciones con la naturaleza.

Una salida al campo disponiendo de mapas e instrucciones en el teléfono móvil permite un mayor conocimiento y generación de saberes en la naturaleza. A los niños les gusta alternar la realidad con el mundo virtual, los entretiene, y aprenden cosas nuevas que refuerzan su conexión con la naturaleza y con los otros niños o adultos.

Muchos pedagogos consideran que el placer por la naturaleza es decisivo, puesto que esta fomenta la motivación intrínseca, es decir, nos empuja a descubrir y a aprender por nosotros mismos. Los nuevos dispositivos electrónicos pueden ayudarnos a ello.

El cerebro primario y la alimentación

La alimentación, como el movimiento y el entorno, es clave en el desarrollo cerebral de nuestros hijos. Hemos visto la implicación entre naturaleza y movimiento, y es importante sumar a esto la alimentación: la salud y el peso de los niños están íntimamente ligados a su vivienda, el contexto familiar y el entorno en el que viven. Los niños de barrios con acceso a la naturaleza, donde pueden correr y encontrarse con otros niños, presentan menos adiposidad y menor riesgo de padecer sobrepeso que los demás.

Como dije al inicio, una de las actividades del cerebro primario es la digestión, y el cerebelo, del que estuvimos hablando, trabaja con el estómago y los intestinos. Estos últimos se consideran hoy el cuarto cerebro, porque están llenos de neuronas, pero sus funciones se regulan desde el cerebelo. El hipotálamo es el que controla el apetito y la ingesta de alimentos: si su hijo o hija tienen anorexia, bulimia o dificultades en el control del hambre, esto está relacionado con el hipotálamo.

La sensación de hambre y el tipo de sensación de hambre tienen que ver con las relaciones entre el hipotálamo y el neocórtex. El acto de comer se vincula de forma primaria con la supervivencia, y la sensación de hambre y de sed es un recordatorio de que podemos morir o de que no tenemos lo suficiente para vivir. Es el hipotálamo el que opera en las personas y los niños que sufren ansiedad y sufren atracones nocturnos o se llevan comida a la cama porque eso les da seguridad. No hay que regañar a esas personas porque no son responsables de lo que les pide su cerebro, este solo les está asegurando que tienen lo necesario para vivir.

El 20 por ciento del gasto de energía de nuestro cerebro tiene que ver con comer: lo que comemos, cómo lo comemos, si lo disfrutamos, ocupa ese porcentaje de nuestra energía cerebral. Comer no solo consiste en la ingesta de alimentos, sino también de agua. Esta le hace bien al cerebro, ya que entre el 73 y el 75 por ciento del cuerpo descansa sobre el líquido, y se dice que un adulto debe consumir al menos 2,4 litros de agua por día para estar bien, y el niño al menos un litro y medio, dependiendo de las actividades y la edad.

La comida le proporciona al cerebro componentes básicos de los cuales extraemos hidratación y nutrientes. Nuestro cerebro consiste en un 60 por ciento de grasa, y la de más alta calidad se llama «omega-3». Es común escuchar decir que las personas con falta de omega-3, 6 o 9 pueden tener ciertas dificultades en el cerebro, por eso hay muchas campañas de marketing de productos con leyendas que destacan eso, pero no por consumir esta grasa el cerebro generará más omega-3 y, además, al incorporarla artificialmente incitamos al cerebro a no producirla.

El omega-3 es esencial para todas las dietas, y sobre todo para niños y adolescentes, y tanto esta como la omega 6 y 9 se extraen del pescado más bien graso (salmón, sardinas, arenques), las nueces, las almendras y las avellanas. También se encuentra en la leche y en los huevos solo de animales de pastoreo libre (si estos estuvieron encerrados y alimentados industrialmente, no producirán omega-3). Cuanto más corran los animales y coman alimentos naturales, mejor calidad tendrán los alimentos que derivan de ellos.

Sin una dieta equilibrada, no sirve de mucho hacer ejercicio, correr en la naturaleza ni leer sobre neurociencia. Hay muchas dietas en todo el mundo que varían de acuerdo al entorno de cada etnia. Por ejemplo, la conocida dieta mediterránea tiene componentes más que ricos en omega-3: aceite de oliva y frutas y verduras frescas.

Hacer un modelo de dieta es clave para acompañar el desarrollo del cerebro de nuestros hijos. Si las situaciones diarias de la vida impiden tener siempre una comida sana, porque los padres trabajan mucho, tienen muchas actividades y comen en la calle, es necesario procurar que al menos el 40 por ciento de las comidas diarias incluya alimentos sanos, sobre todo en el caso de niños y adolescentes, donde el omega-3 es fundamental para el control de los impulsos.

En el caso de los bebés que no quieren comer verduras —a los que no les gustan las nueces y el brócoli, y lo verde, cuanto más lejos mejor— se debe evaluar cuál fue desde la concepción la alimentación de la madre, porque si hubo consumo de verduras, si se hicieron funciones de clorofila, aquellos que consumieron clorela, tuvieron buena circulación de oxígeno y estuvieron creando neuronas y células cerebrales a un ritmo muy bueno, el bebé aprendió esto; para eso se deben comer cosas sanas y tomar mucho líquido, porque están construyendo su cerebro.

Si no les garantizamos oportunidades de movimiento ni una comida adecuada, nuestros hijos se van a ralentizar, y si esto sucede en las etapas primarias, les costará progresar en otras etapas.

El cerebro crece a alrededor de 2.500.000 células nerviosas por minuto durante el embarazo y los primeros años de vida. El cerebro de un bebé recién nacido crece del 35 al 55 por ciento del tamaño de un adulto en solo tres meses. Si la mamá no come bien y lo está amamantando, o si la leche de sustitución no es la apropiada, no se desarrollará bien. Las nuevas células cerebrales que necesita un ser para el desarrollo evolutivo se nutren de componentes básicos: el omega-3, el agua, la fruta, los alimentos verdes, el huevo de animales que vivieron en libertad.

En el caso de las madres que prefieren no amamantar a su hijo, antes de decidir esto, es necesario investigar, hablar con su médico y tener en cuenta algunas consideraciones. La leche materna tiene una gran cantidad de omega-3 por el activo, el calostro, la prolactina, la oxitocina, y es el predictor más fuerte del rendimiento académico y la salud mental. La dieta de la madre debe ser muy equilibrada durante el embarazo y la lactancia, y hay que asegurarse de que en los alimentos se incorporen las fuentes de omega-3.

Además, hay que evitar las sustancias nocivas. El alcohol daña gravemente el desarrollo de los órganos internos, por lo que no se debe tomar alcohol durante el embarazo, y el consumo en adolescentes daña el desarrollo del neocórtex. El consumo de alcohol en estas etapas tiene una gran incidencia en el deterioro cognitivo. El azúcar también es nocivo, por eso se sugiere que no tomen refrescos con azúcar ni tampoco azúcar blanco. Es comórbido de causas de depresión, ralentiza la neurogénesis e inhibe la creación de nuevas neuronas. Tiene efectos similares a las drogas en los circuitos de recompensa del cerebro, porque produce dopamina. Un exceso de consumo de azúcar conduce a deficiencias de la memoria y cognitivas, y, más importante aún, está relacionado con el control de los impulsos, con la falta de regulación de lo que estamos sintiendo.

Prestar atención a una dieta equilibrada, rica en omega-3, pobre en azúcar y grasas saturadas es una de las acciones fundamentales para garantizar el desarrollo pleno del cerebro. Si queremos tener un cerebro saludable, la dieta tiene que ser sana y el cuerpo debe estar en movimiento.

5

Sueño y salud

Si bien dormir es una necesidad biológica, dormir bien es un hábito personal y social. Los seres humanos pasamos durmiendo más o menos un tercio de nuestras vidas, durante el cual ejecutamos todo tipo de tareas de mantenimiento cerebral: se parece a cuando el ordenador nos pide actualizar y reiniciarse. Durante el sueño se eliminan información y toxinas que no resultan útiles —sobre todo en los niños y jóvenes, que viven un proceso de maduración más intenso—, y a la vez mantenemos una serie de funciones de nuestro cerebro despiertas, porque debemos ser capaces de actuar si percibimos un peligro.

En la etapa en que los seres humanos eran nómadas, estos dormían solamente cuatro o cinco horas; conforme se fueron estableciendo modalidades de vida más seguras para la existencia, se fue aumentando el número de horas de sueño. Por eso el descanso es un proceso complejo que resulta de un equilibrio biopsicosocial dinámico, y su evolución y maduración dependen de la armonía de ese balance.

En el sistema nervioso central, la zona encargada de regular el sueño es el núcleo supraquiasmático, que constituye nuestro reloj biológico principal. Sus neuronas contienen un «reloj molecular», son capaces de variar su actividad en respuesta a la entrada de luz por la retina y aumentan su frecuencia de descarga proporcionalmente a la intensidad de la luz. El núcleo supraquiasmático también sincroniza los órganos periféricos mediante la secreción de unas hormonas determinadas (sobre todo la melatonina) y el sistema simpático.

En la sociedad contemporánea el sueño tiene mala prensa («este niño es muy dormilón», «mi hijo adolescente solo duerme») porque se opone a la idea de lo productivo y se asocia a la pereza. Algunas personas incluso se enorgullecen de que duermen poco y sus hijos también, pero esto no es precisamente un buen indicador por varias razones —la primera es que sobrecargamos al hipotálamo y hace que estemos siempre en alerta—: se han realizado muchos estudios sobre el impacto de la privación del sueño en el cerebro y los resultados son aterradores. El sueño no es ninguna pérdida de tiempo; al contrario, si realmente nos esforzáramos en cumplir las horas de sueño y dedicásemos otras ocho horas a enriquecernos personalmente (aprender cosas nuevas, jugar con nuestros hijos) sin duda las ocho horas de trabajo serían más productivas.

El sueño es el andamio de la construcción de nuestras vidas.

LA IMPORTANCIA DEL SUEÑO EN LOS NIÑOS Y JÓVENES

Sabemos que no dormir es un problema, y también que es algo inevitable en los padres de bebés: se acaba el sueño profundo porque estamos conectados con los pequeños, y por esa misma conexión en mitad de la noche, con solo oír su respiración, podemos saber si está bien, si siente alguna molestia o si necesita agua.

Nuestro cerebro regula y consolida casi todas las actividades, y por eso un sueño deficiente impacta en nuestra salud y bienestar. Muchas enfermedades degenerativas se originan en la falta de sueño a largo plazo, y esto también se relaciona con las enfermedades mentales: la ansiedad, la depresión, la agresión, el consumo de estupefacientes, la compulsión. La falta de sueño afecta a la amígdala haciéndola más grande y sensible (véase el capítulo 6 de la segunda parte, «El cerebro límbico y el desarrollo del vínculo seguro»), se transforma en un órgano perturbado y, como esta regula el miedo y la agresión, cuando no dormimos lo suficiente nos irritamos, nos estresamos y somos agresivos.

Desde que nacen, durante las horas de sueño, nuestros hijos están construyendo su cerebro y seguirán haciéndolo en los años venideros. Por eso, cuanto más pequeños son, más duermen, porque tienen que organizar lo que están aprendiendo, y necesitan también dormir una siesta, un espacio donde las cosas se pueden elaborar mucho mejor. El sueño es el proceso de consolidación de la memoria implícita y explícita, y sin él no haríamos bien la elaboración de lo vivido: hay momentos del sueño en que el cerebro trabaja más que cuando estamos despiertos.

Los adolescentes pasan por un proceso de maduración del cerebro mucho más intenso que el de los bebés, porque comienza por la parte posterior del cerebro y termina con los lóbulos prefrontales en la frente, en lo que podríamos llamar el nacimiento de un nuevo espacio en el cerebro. Y ese espacio es muy importante: se trata de la actualización de todo el cableado que hay en las conexiones existentes, sean rápidas o lentas. Los adolescentes, a partir de los doce años, hacen cada día un reseteo mayor que el de los bebés, y por eso necesitan estar tiempo en la cama. No son vagos porque duerman: están haciendo su actualización seria desde el neocórtex, que sube y baja por todo el cerebro; son horas extras de trabajo. Si no duermen como mínimo entre ocho y diez horas, es probable que se manifiesten problemas en el rendimiento escolar, dificultades de atención y de concentración.

Durante la evolución del ser humano los conceptos del cómo, dónde y cuánto deben dormir los niños se han ido transformando, en gran medida, por la acomodación del niño a un ambiente sociocultural cambiante. Gracias a la neurociencia, hoy sabemos que un buen descanso se inicia en el periodo prenatal y en las primeras fases de la vida, depende de la inserción del niño en el medio en el que crece y de su interacción con los padres a través del desarrollo del vínculo o apego.

En la actualidad, el concepto «dormir toda la noche» aplicado a un niño menor de dieciocho meses implica tres aspectos: un tiempo de sueño continuado variable para cada niño y etapa del desarrollo, un horario de sueño parecido al del resto de la familia y la capacidad del bebé para volverse a dormir de forma autónoma tras los despertares fisiológicos normales que acontecen durante el sueño.

Embarazo

Una serie de factores ambientales influyen en los patrones de sueño del bebé cuando todavía se encuentra en el útero materno, sobre todo durante el último trimestre del embarazo. Algunos estudios demuestran la influencia reguladora materna a través de tres señales: la alimentación, el ritmo de temperatura corporal (con sus variaciones de día y noche) y la secreción de melatonina, que se convierte en una señal indirecta del ciclo luz-oscuridad para el feto. Lo que suceda a la madre gestante en estos aspectos influye en las dificultades posteriores que puede presentar el bebé para establecer el ritmo circadiano de vigilia-sueño. Además, un sueño deficiente durante el embarazo predispone al nacimiento prematuro.

Conservar la exposición rítmica a la luz y la oscuridad de la madre gestante favorece el desarrollo posterior de los patrones de sueño del bebé. Evitar el estrés, sobre todo en el último trimestre, mejora la calidad del descanso del lactante. Asimismo, el respeto de los ritmos naturales de la alimentación en los primeros seis meses de vida constituye un factor determinante. Facilitar la autonomía motora del niño favorece la maduración cerebral y, con ello, el sueño.

Constitución del ritmo circadiano

Entre los primeros cuatro y seis meses de vida, el ciclo de vigilia-sueño se halla controlado, sobre todo, por el tronco del encéfalo y depende en gran medida del ritmo ultradiano de la alimentación (por lo general, cada tres horas). A partir de los seis meses, cuando la función del hipocampo se encuentra más desarrollada, las condiciones ambientales, el apego o el vínculo parental y el modelo educativo empiezan a tener más peso en la regulación del sueño. A esa edad se establece el ritmo circadiano de vigilia-sueño, que se caracteriza por un largo periodo de descanso nocturno continuado que dura entre cuatro y cinco horas.

Hacia el año de vida, el sueño diurno del bebé se concentra en la siesta. A esa edad, el niño también empieza a dar sus primeros pasos. Pero el ritmo sueño-vigilia no se completa hasta los cuatro y cinco años. Es entonces cuando el sueño diurno finaliza.

Cuantas más horas de vigilia transcurran previas al momento de acostarlo, menores son las dificultades para que el niño se duerma, según se desprende de la capacidad de autorregulación del sueño (homeostasis). Si se combinan medidas que se ajusten a este proceso (por ejemplo, se evitan las siestas muy tardías) con una hora circadiana de inicio del sueño apropiada, se facilita que el bebé se duerma con facilidad y que su descanso resulte fisiológicamente adecuado.

Sueño, *rutina y relación con el ambiente*

Por lo general, la melatonina, hormona que transmite la hora circadiana a todo el organismo, presenta una baja concentración durante el día. Con la llegada de la oscuridad nocturna, en cambio, aumenta, lo que favorece el sueño. A los niños la menor secreción de melatonina a causa de la presencia de luz antes de acostarse les afecta mucho más que a los adultos.

La salud es resultado de un equilibrio armónico; por ello, las conductas parentales que logran crear una situación de armonía entre la sensibilidad, la atención, el entrenamiento de la autonomía y la autorregulación de los hijos favorecen la evolución fisiológica del sueño. Algunos estudios han revelado incluso la relación entre la evolución del dormir y el ajuste de las expectativas de los padres sobre su continuidad y duración, que también forman parte del origen de un hábito saludable de sueño.

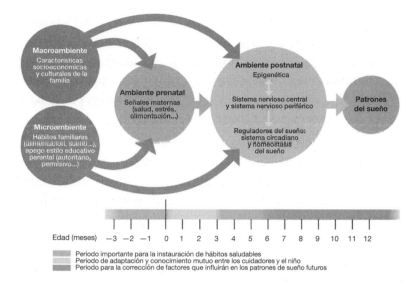

Edad (meses) −3 −2 −1 0 1 2 3 4 5 6 7 8 9 10 11 12

Periodo importante para la instauración de hábitos saludables
Periodo de adaptación y conocimiento mutuo entre los cuidadores y el niño
Periodo para la corrección de factores que influirán en los patrones de sueño futuros

Fuente: *Mente y Cerebro* (89, 2018)

Ya dije al comienzo que dormir es una necesidad biológica, pero dormir bien es un hábito personal y social. Y el desarrollo de cualquier hábito requiere rutinas. Por más que nos gustaría que durmieran mucho y bien, sabemos que no es fácil hacer dormir a un niño: piden que les contemos cuentos, que no apaguemos la luz, o que sea papá y no mamá el que los acueste. Hay una serie de cosas que podemos hacer para garantizar que nuestros hijos duerman bien, dependiendo su edad.

A grandes rasgos, las principales variables a tener en cuenta para un buen descanso son: un ambiente tranquilo y oscuro; una temperatura confortable (el exceso de calor o frío favorece los despertares nocturnos); reducir el ruido ambiental lo máximo posible; establecer una hora rutinaria para acostarse y despertarse; no dormir con hambre; evitar el exceso de líquidos un tiempo antes de acostarse.

La rutina de acostarse debe estar asociada a un hecho de relajación (leer, cantar, escuchar una canción), y es importante crear un ritual fijo para que el niño sepa que es la hora de dormir y el cerebro comience a prepararse para eso: es como si les pusiéramos el pijama a las neuronas. La disciplina del sueño va a marcar la diferencia. Las personas que tienen una rutina saludable no necesitan despertador y se levantan solas a una hora, porque tienen un cerebro regulado. Tan importante como la cantidad de horas que uno duerme es la hora a la que se levanta. La regularidad en sí misma marca la calidad de sueño. Si no somos autodisciplinados con el sueño, subyacentemente estamos diciendo que no nos cuidamos; por eso, enseñar autodisciplina a los hijos es también enseñarles a dormir, a que respeten sus horarios de sueño.

Si su hijo tiene berrinches, está siempre de mal humor o no presta atención, verifiquen cuántas horas duerme y la calidad del sueño: si la cama está en buenas condiciones, la almohada, si hay mucho ruido, si está muy cerca de la ventana. Si a su hijo adolescente le va mal en la escuela, verifiquen qué hace por la noche: no es bueno dormirse con aparatos (móvil, consolas, televisión) que disparan ondas electromagnéticas, porque el sueño es muy sensible a eso. Muchos adolescentes duermen poco durante la semana y luego lo compensan los fines de semana; por un lado está bien descansar lo que sea necesario pero, por otro, no es bueno, porque si variamos la cantidad de sueño no acabamos de acostumbrar al cerebro a una rutina de actualización y procesamiento.

El colecho

Dormir con los hijos no se relaciona sobre todo con tener una buena noche de sueño, al menos en los padres primerizos, porque uno está pendiente de no aplastarlo, de tener cuidado, en especial cuando son bebés.

No podría decir si el colecho es bueno o malo. Los seres humanos somos los únicos mamíferos que no dormimos con nuestros hijos, y además somos los mamíferos más inacabados: todos los animales duermen con sus crías durante el periodo que estos lo necesitan, no las ponen en una cuna ni en un espacio aparte. Según estudios científicos, los bebés y niños pequeños que duermen con sus padres tienen menos probabilidades de sufrir problemas de comportamiento, autoestima y adicción que aquellos que no lo hacen. Porque los niños que duermen con sus padres se aventuran al reino de la noche sabiendo que están en buenas manos.

La teoría del apego seguro sostiene que por la noche es cuando más vínculos se crean; durmiendo nos apegamos más que despiertos y la producción de oxitocina es mayor cuando estamos dormidos. Entonces dormir en colecho puede ayudar a los padres a confiar en su capacidad de sostener a sus hijos y a estos a sentir que están en un refugio seguro, que tienen confianza en sus papás, que van a estar allí, que los quieren y que los están arropando, que pueden regresar en cualquier momento. Dormir con los padres fortalece el espíritu de un niño, porque es parte de eso: cuando dormimos con otro hay un contacto de piel, sentimos la respiración y creamos un vínculo seguro.

Esto no quiere decir que el colecho esté bien o mal, solo que hay respaldo científico que sustenta unos resultados positivos, con independencia de que muchas personas lo desaprueben. Tampoco tiene sentido que alguien, dado que los estudios científicos lo avalan, fuerce a un niño, de golpe, a dormir con sus padres. Se trata de los hábitos de cada familia.

Una nota al margen respecto del colecho con bebés muy

pequeños. Un estudio británico demostró que los bebés que duermen con sus padres tienen un riesgo cinco veces mayor de morir de muerte súbita, porque mantenerlos cerca de la cama y que sientan que están con los padres es una cosa, pero tenerlos demasiado cerca parece que genera impresiones negativas que podrían inducir la muerte súbita.

Esto nos da unas pautas más respecto de cuándo y de qué manera hacer colecho. Sería muy importante intentar combinar la cotidianidad de poder dormir con nuestros hijos al menos unas veces a la semana, porque eso nos recuerda que venimos de una tribu. Hay que dejar fluir una regla sencilla: el niño no va a dormir para siempre con los padres; ya sea por su tamaño o por sus propios intereses, un día se irá. Es importante no hacer del sueño un infierno, no hay ninguna razón para echarlo o decirle que vaya a la cama.

La mayoría de los pediatras acuerdan en que el niño ya puede dejar la habitación de los padres entre los seis meses y el año, cuando ya no necesita tan seguido el pecho de la madre, pero eso dependerá de cada niño. También, además del desarrollo psíquico de los hijos, debe tenerse en cuenta el desarrollo psíquico y sexual de los padres, porque tener un hijo ya es difícil, pero perder la intimidad lo vuelve aún más complicado.

Se estima que entre los dos y los cuatro años deben acostumbrarse a dormir solos. A partir de los dos años ellos ya empiezan a perder interés en sus padres y se implican más en su propio mundo. En los niños de cuatro años o más que insistan en dormir con los padres, hay que ser flexibles con las pautas familiares, sobre todo si hay hermanos más pequeños en el colecho.

Lo más importante es que, hagan lo que hagan, no lo vivan con enjuiciamiento: cómo hacer crecer a sus hijos y el espacio del sueño es importante, además de particular en cada familia.

Los sueños: cerebro, biología y psique

En el marco de estudios de la teoría de la continuidad entre sueño y vigilia, se descubrió que los sueños de los aficionados a escuchar música, a tocar un instrumento o a cantar contienen más música; y también que quien compone piezas musicales suele soñar con nuevas melodías. Según se ha comprobado, la corteza cerebral posterior presenta una actividad distinta cuando comenzamos a soñar.

Al soñar se desencadenan importantes procesos neurobiológicos para la memoria, a través de los cuales, por ejemplo, almacenamos la información recién aprendida y la conectamos con conocimientos previos. Sin embargo, los científicos no están de acuerdo sobre si los sueños son necesarios para el proceso denominado «consolidación de los contenidos de la memoria» o surgen solo como un subproducto cuando nuestra memoria revisa las impresiones del día. Para algunos investigadores, los sueños aparecen cuando el cerebro trata de interpretar los inconexos impulsos nocturnos que genera el tronco encefálico. Por el contrario, otros sostienen que los sueños son un programa de entrenamiento mental que se ha desarrollado en el transcurso de la evolución. A través de ellos nos preparamos para situaciones y desafíos potencialmente peligrosos: practicamos para escapar de enemigos, defendernos o lidiar con situaciones desagradables o con el rechazo social. Se ha descubierto que dos tercios de los sueños de los adultos jóvenes contienen elementos amenazantes y que en ellos se producen el doble de emociones negativas que de positivas, lo que ayuda a los adolescentes a superar los retos, a gestionar mejor las emociones y a mitigar la intensidad de los recuerdos.

Como el cerebro procesa todas las informaciones posibles para almacenarlas en la memoria, a veces los sueños se activan con ese objetivo, sobre todo si se requieren las emociones y los recuerdos disponibles para desarrollar el proceso. También desempeñan una importante función para enfrentarse a distintas situaciones sociales, ya que se cree que en ocasiones accedemos a los contenidos de la memoria para interactuar con temas a los que nos cuesta acercarnos cuando estamos despiertos. En distintas investigaciones, cuanto más emocional resultaba un acontecimiento real, antes aparecía en el sueño, a diferencia de las experiencias cotidianas fútiles.

Así, según la psicología actual, los sueños presentan utilidad para la vida social. En este sentido, se cree que su contenido, a menudo estrambótico, permite acceder a problemas emocionales, obligaciones o conductas que nos preocupan. Se considera que este estado insólito es y seguirá siendo una experiencia subjetiva con valor para la salud psíquica y física personal.

Los sueños juegan de manera creativa con nuestras experiencias. Las cosas que nos inquietan emocionalmente durante el día se intensifican e incorporan en un contexto más amplio; conectan vivencias actuales que remueven otras anteriores; rebuscan en el cajón de nuestros recuerdos y juntan lo que encuentran en películas tan absurdas como metafóricas.

Muchos investigadores sostienen que podemos aprender de nuestros sueños porque son experiencias que percibimos como reales, que pertenecen a nuestra psique global. Con este fin sostienen que hay que motivar a las personas a reflexionar sobre sus ensoñaciones y a compartirlas, por ejemplo, escribiéndolas para que otros las lean y, a partir de eso, hagan preguntas sobre nuestra vida y los sucesos que posiblemente estén relacionados con lo que hemos soñado. Así explicamos las vivencias y los sentimientos de la ensoñación que más nos han removido, turbado o dolido, y nos detenemos sobre la relación entre las experiencias y las sensaciones del sueño con los acontecimientos y los sentimientos de la vida real.

En tanto que creadores de vínculos, los sueños son importantes porque también soñamos para contar el sueño a los demás. A pesar de que olvidamos rápidamente la mayoría de ellos, los importantes permanecen en nuestra mente. Si los compartimos habitualmente con la pareja, la familia o los amigos, los que participan de ello se acercan emocionalmente a nosotros. Al fin y al cabo, los sueños provienen de nuestro interior más profundo y contarlos produce empatía en los oyentes.

Cada ciclo del sueño puede dividirse en distintas fases: la REM («movimientos oculares rápidos») y tres fases distintas no REM (N1, N2 y N3). Un ciclo dura entre 70 y 110 minutos, y se repite entre cuatro y siete veces durante la noche en los adultos sanos. Se trata de una fase rica en sueños que se caracteriza por los movimientos rápidos de los ojos, mientras que el resto de la musculatura se encuentra inhibida. En una persona sana de treinta años supone entre el 20 y el 25 por ciento del sueño.

Soñar es saludable tanto para la mente como para el cuerpo y, como dije al comienzo, en la sociedad contemporánea, donde el sueño tiene mala fama, algunos científicos hablan de una «epidemia silenciosa»: muchas personas duermen poco, de forma que experimentan una fase del sueño REM reducida y es justo en esas dos horas cuando se proyectan las fascinantes secuencias del mundo onírico. Esto se produce sobre todo por la mañana, periodo del descanso en el que se acumulan las fases de sueño REM.

Las bebidas alcohólicas y las drogas inhiben esta fase del sueño y provocan que uno se despierte con mayor frecuencia durante la noche. Asimismo, existen indicios de que la marihuana perturba el sueño REM. Por añadidura, algunos trastornos del sueño, como el síndrome de la apnea, en el que se experimentan peligrosas paradas de la respiración, se reducen durante esta fase del sueño. Todo lleva a pensar que un amplio sector de la población presenta un déficit de sueño REM. Sabemos que la salud se resiente por la falta de sueño en muchos aspectos y, según se ha hallado, un sueño REM suficiente podría intensificar la capacidad de resistencia de las personas, ya que puede proteger frente a los trastornos de estrés postraumático.

6

El cerebro límbico y el desarrollo del vínculo seguro

CEREBRO LÍMBICO Y PARENTALIDAD

El cerebro límbico, también conocido como «mamífero» o «paleolímbico», es el responsable de la supervivencia del grupo. Los científicos creen que se desarrolló con la aparición de los primeros hombres y mujeres, y con los primeros mamíferos que decidieron vivir en tribus. Si bien poseemos muchas similitudes con los animales, no es precisamente correcto pensar que tenemos la misma evolución y que en un momento dado nuestros caminos evolutivos se separaron: nuestras áreas límbicas están conectadas con las de otros vertebrados y, además de los orígenes en común y el propósito de la supervivencia, está claro que el cerebro paleolímbico define un tipo de cerebro que se encarga de todas las fases que tienen que ver con la asociación grupal.

La vida social es necesaria para la evolución de nuestro cerebro, ya que muchas de sus funciones están asociadas a esta. Del mismo modo que el cerebro primario define la supervivencia de nuestra propia vida en el planeta, el paleolímbico regula nuestra supervivencia y la del grupo, o cómo este nos regula de cierta manera. Esto se traduce en dos conceptos fundamentales: confianza y protección. Cuando las madres, por ejemplo, dicen «Ya no puedo más», esta frase se relaciona con las áreas límbicas, con la capacidad de tener confianza en ser madres y en cuidar al bebé.

Las áreas paleolímbicas son las que hacen que, en algunas situaciones, podamos llegar a transformarnos en una persona totalmente distinta de la que somos: ante el ataque a un grupo de seres indefensos o marginales, o simplemente cuando observamos que alguien es víctima de la violencia, se activan estas zonas cerebrales que producen reacciones más allá de las tres respuestas del reptiliano (huir, luchar, paralizarse) porque no es nuestra vida la que está en peligro, sino la de otras personas que consideramos de nuestro grupo.

Las vidas de nuestros hijos, o de nuestros estudiantes, activan la amígdala límbica, que es la que aprehende la situación y reacciona como si fuera una especie de instinto maternal. La evolución de la humanidad se fue desarrollando a través de los bebés, que son humanos inmaduros que no pueden sobrevivir sin el cuidado de los demás; y es esa perspectiva de cuidado de los demás la que está vinculada con el cerebro límbico. He hablado antes de que más o menos el 70 por ciento del crecimiento cerebral ocurre después del nacimiento, por lo que los niños necesitan cuidadores y padres con áreas límbicas sanas, que puedan encender y apagar el «interruptor» del cerebro a su criterio: que no se encienda a la mínima, pero tampoco que no se encienda nunca, por ejemplo, ante situaciones de *bullying* o cuando en un parque el niño se expone a situaciones de violencia en las que no sabe cómo reaccionar. Algunas veces, el instinto de proteger a los niños contra un peligro potencial hace que la amígdala se active sin razón. Y otras veces hay razones para que se active y no lo hace. Nuestra obligación como adultos es cuidar y proteger a los chicos, y esa forma de cuidado es necesariamente de vigilancia constante.

Retomando la metáfora del «interruptor» (la amígdala límbica), es necesario especificar que esta no solo responde ante reacciones de riesgo de vida, sino también se enciende ante los juegos de poder territorial, la marginalidad, la injusticia y la inseguridad. Cuando los niños (nuestros hijos, nuestros estudiantes u otros niños) se encuentran en alguna de estas situaciones, la amígdala se enciende y no se detiene a pensar si es apropiado o no, simplemente lo hace, y eso quiere decir que el cerebro responde a la perfección.

Cuando la amígdala límbica está muy activa, no hay manera de que las personas se calmen. Y es importante prestar atención a que tiene que encenderse pero no puede perderse el control porque los niños necesitan calma. Entender cómo funciona la amígdala nos enseña a explicar la razón de por qué otras personas actúan de cierta manera cuando se produce una injusticia y también es un buen aprendizaje para los niños.

Lo más importante es comprender que el cerebro paleolímbico tiene diferentes funciones y, entre estas —además de la confianza y la protección , está el reaccionar cuando suce de algo injusto a nuestro grupo. Para que un bebé desarrolle sus áreas cognitivas y emocionales, necesita que haya adultos con un cerebro límbico armonizado. Si el cerebro del niño no puede encontrar referencias de adultos que le ayuden a solucionar los problemas de su vida inmediata, va a tener dificultades. Los padres que se encuentran con un bebé tienen que desarrollar cambios sustanciales en el paleolímbico.

Cuando el niño empieza su etapa de socialización, a los dos

o tres años, y también en la adolescencia, las áreas del cerebro límbico se vuelven a activar muy fuerte: en los hijos, en los estudiantes, en los padres y en los cuidadores comienza una nueva odisea, una nueva manera de intentar socializar con los otros.

Las actitudes de egoísmo o de pelea son resultado de la regulación de estas áreas, y es preciso que los niños y jóvenes las atraviesen. La mordida, por ejemplo, es un comportamiento primitivo y hasta cierto punto normal en términos evolutivos, porque esas áreas límbicas se encienden por las luchas por el poder, el territorio. Es parte de la vida, de nuestra evolución, y es probable que nuestros adorables niños se puedan transformar también en malvados gracias al encendido límbico que experimentan.

Los niños y adolescentes no son solo receptores u observadores de nuestras acciones, sino que ellos nos examinan tanto a nosotros como viceversa, y se establece un juego de las áreas límbicas, donde se da el proceso de la permisividad o no permisividad. En ese sentido es importante educar a los niños en el uso de otros elementos, como la amabilidad —que no es imperativa ante todos los desastres— antes de iniciar una discusión o de hacer que un niño se enfade. Los adultos debemos comprender que ellos aún no son responsables de su cerebro y, sobre todo, que muchas veces nosotros tampoco sabemos cómo vamos a reaccionar: ni leer un libro ni hacer un curso sobre el tema nos garantizará el comportamiento perfecto. Si los adolescentes o los niños utilizan estrategias como la manipulación, la seducción o la victimización, jugar a la marginalidad o a la credulidad, quiere decir que están utilizando las estrategias más primarias que existen en la evolución para que les presten atención límbica.

Hay niños que dominan a sus padres y profesores controlados por los niños, y en eso tenemos que escoger si queremos que el niño gane la batalla y se convierta en el tirano del espacio, o si queremos que se vaya educando poco a poco y que vaya soltando esos impulsos tan primarios suyos, rindiéndonos al peso de la evolución. No porque sean pequeños se les debe permitir todo, sino que más bien tenemos que estar alerta: cuando por la mañana un niño se enoja porque no se quiere poner cierta ropa y se presenta como dominante, o cuando le damos la tarea a un adolescente y dice que no la quiere hacer porque está deprimido, estas son también estrategias de dominación y sumisión. Los sentimientos están fuertemente enraizados en las áreas límbicas.

En ocasiones podemos observar que esas estrategias también se trasladan a las relaciones con otros chicos y es importante ver qué comportamientos tienen: si sobornan o son sobornados, si castigan o amenazan, etc. Estar atentos a sus comportamientos y sus estrategias de relación con los otros es un modo de conocerlos.

Los traumas que se producen en la etapa temprana afectan seriamente a las áreas límbicas en la falta de confianza, porque el niño se ve expuesto a una situación de riesgo donde hay adultos que respondan a su cuidado y, necesariamente, esto tendrá consecuencias en las acciones posteriores de los niños. Por ejemplo, la adopción, el abandono o la pérdida de un padre en la etapa primaria pone de manifiesto lo importante que es la autoestima para las batallas que libramos («yo en el grupo»), y más importante aún es entender que la autoconfianza, que es parte de las áreas límbicas, no se desarrolla de la noche a la mañana, sino educando a los niños en la asertividad.

La confianza

Cada vez que hablamos de confianza estamos hablando del paleolímbico: nuestra confianza en nosotros mismos y en los demás, los motivos por lo que confiamos, en qué y en quiénes, cómo nos ponemos en el eje de la confianza: todo tiene que ver con esta área del cerebro. Y cuando hablamos de niños, nos referimos también a la asertividad: el equilibrio con el que un niño cuenta en materia de relación con los padres tiene que ver con la confianza.

Cuando una persona tiene confianza en sí misma, está en el centro; si existe un exceso de ella, tiende a dominar, y cuando es baja, se somete; si no hay confianza en encontrar el lugar en la sociedad, la persona tiende a marginalizarse, y cuando tiene mucha confianza en que domina el grupo, y de hecho así es, está en el éxito. La confianza marca muchos sistemas de aprendizaje y de relación social. También sabemos que tiene que ver con información genética, el cromosoma 17, que nos inclina a tener mayor predisposición a ella.

DOMINACIÓN Y SUMISIÓN

Tener mucha o poca confianza es una apreciación subjetiva siempre en oposición o referencia a algo o alguien. Pero sí es posible decir que el enfoque neurocognitivo y conductual deja claro qué es la confianza al establecer un punto de inflexión entre «Estoy bien conmigo y con los otros» y «Tengo derecho a tener más que los demás» o «Merezco menos que los demás». Cualquiera de nuestras creencias sobre nuestra imagen tiene que ver con el cerebro paleolímbico.

Una vez que estamos de acuerdo en las palabras y en los conceptos que tenemos de nosotros mismos, debemos hacer que nuestros hijos trabajen en el concepto de la confianza, porque es el medio más eficaz para ser asertivos con las personas y poder decir las cosas que queremos sin causar pesar o temor, y que los demás nos puedan decir lo que deseen.

La autoconfianza también es lo que suele llamarse «dominio interno de la persona»: la capacidad que tiene uno de dominar la expresión de sus instintos. No se trata de manipulación ni de seducción, sino más bien de que la persona sea capaz de regular quién es y entrar en contacto con los demás. Cuando el dominio es genuino y agradable, la persona tiene un área paleolímbica bien integrada en el dominio personal.

Algunos científicos han hablado de la zona superior vertical (el área de la dominación) como un área de excesiva confianza que conduce al trastorno narcisista de la personalidad, pero justo este se basa en la falta de confianza en uno mismo, que hace que se intente dominar a los demás de distintas formas. El trastorno opuesto, en la parte vertical inferior, es la sumisión, una carga real que es visible en muchos niños, por ejemplo, cuando se victimizan. Las personas sumisas sienten que las cosas que suceden son culpa suya y, si las comparamos con las dominantes, que viven cada paso como un éxito, ellas sienten lo opuesto. El fracaso, para los dominantes, es culpa de los demás, pues no son capaces de admitir que lo que tienen es gracias a la colaboración de muchos factores, sino que piensan que lo logran ellos solos. Las personas dominantes son incapaces de asumir las corresponsabilidades y las sumisas son incapaces de asumir la responsabilidad de las otras personas sobre aquello que les afecta. Se trata de dos caras de la misma moneda.

Como las personas dominantes no reconocen sus acciones, no aprenden. Pero los conflictos entre las personas, igual que entre los animales, se regulan: pueden encontrarse con alguien que los intimide y, en este juego de depredadores y presas, el cerebro paleolímbico trabaja en minimizar el daño en las presas o en impresionar para intimidar a los depredadores (mandados por el cerebro reptiliano para sobrevivir). Algunas enfermedades mentales asociadas a estas situaciones son la depresión, las tendencias suicidas o la depresión melancólica.

Marginalidad y éxito

Este eje trata de la confianza a la hora de relacionar nuestro interior con nuestro exterior, y viceversa. Un caso que sirve para ejemplificar estos ejes es el siguiente: el 4 por ciento de la población mundial cree en la teoría de que hay personas reptilianas que cambian de forma y dominan los gobiernos. Este es un tipo de pensamiento marginal, que en algunos casos deriva en una enfermedad mental llamada «paranoia», que actúa por la falta absoluta de confianza en los demás. En el otro extremo está el sentir una confianza total hacia los demás, que a veces lleva incluso a actuar en cosas que son evidentemente no fiables. El exceso de confianza en los demás y el exterior conduce a la credulidad, una característica que lleva a que las personas sean emocionalmente vulnerables. La fórmula del éxito para que nuestro hijo tenga confianza es que nosotros también la tengamos.

EL DESARROLLO DEL VÍNCULO SEGURO

Para el desarrollo de la confianza y su equilibrio entre estos ejes, y para ir asumiendo estas experiencias, el cerebro paleolímbico necesita tiempo y etapas. La única excepción a esta regla son los eventos traumáticos, como por ejemplo un asalto, una violación, la pérdida de uno de los padres o la adopción.

Cuando se produce un evento traumático en la niñez o en la adolescencia, el cerebro puede evolucionar hacia una situación de resiliencia o hacia la pérdida de confianza total en segundos. En los casos de estrés, cada parte del cerebro reacciona a su manera, pero si no hay una buena relación se desata una pelea de poder. Ese cambio rápido por lo general no es hacia la resiliencia, sino lo contrario, porque el cerebro reptiliano acoge al paleolímbico y determina que este se expuso a una situación de riesgo, y disminuye la confianza.

Como ya dije al inicio del capítulo, el paleolímbico está estructurado cerebralmente, es responsable de la supervivencia del grupo y funciona para acceder a la autoconfianza y la confianza cuando se ubica de manera equilibrada entre los cuatro ejes (dominación, sumisión, marginalidad y éxito). Todo se trata de nuestra relación con los otros.

Los padres tienen la obligación de educar a sus hijos para ser personas que se adapten a los grupos, desde la empatía que desarrolla el cerebro reptiliano hasta las áreas límbicas que construyen la confianza que se edifica desde el vínculo primario con los cuidadores y con el contexto.

Los humanos somos una especie con una infancia muy prolongada, precisamente para que las redes cerebrales se potencien gracias a las experiencias vitales. Los padres biológicos, por lo general, nos dan cuidado y apoyo en ese proceso de crecimiento. Pero a los menores en situación de desprotección suele faltarles ese requisito, el cual se intenta suplir con familias adoptantes que les ofrezcan estabilidad, afecto y cariño.

Ya hemos dicho en capítulos anteriores que el volumen del cerebro se multiplica por tres en la primera infancia, por lo que se trata de una fase crucial para su desarrollo. A través de la estimulación, el afecto, el buen trato y el lenguaje familiar se favorecen las conexiones neuronales positivas para que la mente del niño razone y reflexione; y también para que el pequeño se relacione con el mundo y las personas de su entorno hasta alcanzar un desarrollo funcional y armónico.

Los adultos que rodean a un niño deben favorecer los tres pilares que determina la Declaración de los Derechos del Niño: amparo, amor y comprensión. El amparo consiste en proporcionar comida, cuidados básicos de higiene, acompañamiento en la enfermedad, espacio para el des canso y calma ante el daño que pueden producir el mundo y las personas. El amor es cariño, afecto, contacto y juego. Y la comprensión se resume en escuchar, entender y propiciar un pensamiento sano a partir de la conversación y la reflexión interpersonal. En pocas palabras, generar una ética de respeto hacia uno mismo y hacia el otro. Estas claves constituyen los pilares para lograr un buen desarrollo psicoafectivo, empatizar con los demás y comprenderse a uno mismo.

Estos pilares se afianzan día a día mediante acciones, casi invisibles, que desarrollan emociones, cogniciones y comportamientos que van quedando enlazados a través de sinapsis, podas neuronales, recuerdos y experiencias vividas. Son las tareas que toda la familia debe desarrollar cuando tiene menores a su cargo. Las personas adoptantes y sus familias extensas (abuelos y tíos, entre otros) tienen por delante un enorme trabajo al acoger menores provenientes de entornos sociales donde los pilares se han tambaleado, por lo que han afectado al desarrollo cerebral del niño. Entre los menores adoptados con edades superiores a los tres años (adopción tardía), algunos manifiestan el dolor y el maltrato que sufrieron con su familia biológica o en orfanatos de baja calidad, situaciones frecuentes en muchos países.

Los niños que han vivido sin la atención de uno o más adultos (no tienen por qué ser necesariamente sus padres) presentan, en la mayoría de los casos, disfuncionalidades, entre las que se hallan las dificultades para adquirir el lenguaje, los problemas en la cognición social y las relaciones interpersonales (déficits para empatizar o captar estados mentales en los otros, por ejemplo), el menor uso de simbolismo o las alteraciones emocionales (como un escaso manejo de la inteligencia emocional).

El amor resulta esencial para el desarrollo humano. Se ha demostrado que el amor y el buen trato pueden ayudar a mejorar (o a modificar) las problemáticas anteriores. En cambio, el odio, la venganza, el abandono y la humillación aumentan los niveles de cortisol en la sangre, que pasa por todo el cuerpo y, por supuesto, llega hasta el cerebro, lo que activa el sistema nervioso e incrementa los niveles de estrés. Esos vínculos negativos, para los que el humano no viene preparado y que algunos niños viven antes de ser adoptados, minan el establecimiento de unas conexiones neuronales, así como la poda de otras, proceso en el que el cerebro elimina las conexiones de bajo uso y mantiene las de mayor utilización. En el caso de los niños maltratados, estas últimas son aquellas que les permiten adaptarse a los ambientes complicados de violencia y negación. En definitiva, el desarrollo neuroevolutivo cerebral se rompe con los malos tratos.

Los bebés sonríen a otras personas (a partir de los dos y tres meses), evitan el contacto con los desconocidos (en torno a los ocho meses, para crear un mayor vínculo con los suyos), dicen a sus familiares las primeras palabras (a los doce meses) y andan guiados (aproximadamente a los catorce meses). Cuando no hay una madre o un padre que sonríe o sigue emocionalmente de cerca el desarrollo de su hijo debido a la falta de presencia o cuidados, la violencia, el abuso, la humillación o el consumo de alcohol o drogas, el niño no puede crear un vínculo genuino ni positivo hacia ese adulto. De esta manera, la cadena neuroevolutiva se fractura porque el adulto no responde con la madurez necesaria para potenciar su desarrollo.

Por otro lado, diversos estudios demuestran una correlación importante entre el apego inseguro y los niveles de trauma, ligada en muchos casos de adopción al tiempo vivido en orfanatos de baja calidad. Las familias adoptantes tienen por delante un gran reto para recuperar el desarrollo neuroevolutivo y fisiológico del niño y cablear el vínculo.

Los niños adoptados pasan de unas familias a otras, al menos en su imaginación. Ambas familias, la biológica y la adoptiva, están más presentes de lo que podemos imaginar, ya que su cerebro registra todo, tal cual vimos en el capítulo 1 de la segunda parte; y esto también sucede en los adoptantes y los progenitores, aunque no se vean ni se conozcan entre ellos. Todos fantasean unos sobre otros, pese a que, en ocasiones, esto se produce con un duro silencio familiar. Además, en caso de divorcio y cuando unas parejas nuevas entran a formar parte de la vida de los adoptantes, la familia de los adoptados vuelve a aumentar y se produce una multiplicación de intercambios familiares. Esta vivencia puede ser enriquecedora, pero también muy dolorosa, al haberlos separado previamente de su familia biológica y, de nuevo, vivir el duelo que produce el alejamiento de los padres adoptivos. Los niños deben elaborar estos cambios y duelos a través de nuevas energías y un plus de sobreesfuerzo.

7

Pensar y sentir: enseñar el equilibrio

SINAPSIS Y RAZÓN

En capítulos anteriores vimos conocimientos básicos sobre el cerebro y cómo funciona, para que los padres puedan tomar decisiones sobre la conducta, las necesidades, la evolución y el trato con sus hijos. En este apartado profundizaremos en el tema a partir de dos principios: las conexiones y la razón.

Sabemos que la conexión es importante en las áreas límbicas porque un recién nacido cuenta con cierto capital neurológico que desarrolla en el camino hacia la adultez, y lo que hace que tengamos éxito o no en nuestra vida está relacionado con cómo desarrollamos ese capital. Es posible que los cien mil millones de neuronas que tenemos al nacer, al llegar a la edad adulta, hayan desarrollado trillones de conexiones entre sí.

¿Qué es una conexión en términos cerebrales? Llamamos «sinapsis» a lo que sucede cuando dos neuronas se unen y, si se acostumbran a unirse, estallan y continúan juntas e interconectan diferentes áreas del cerebro haciendo que este tenga más velocidad de conexión ante situaciones, temas, etc.

Lo importante no es tanto la cantidad de neuronas sino cómo están conectadas, porque esto es lo que determina el modo en que el cerebro aprende. La posición de las neuronas y la fuerza son importantes en términos neurológicos. El test de Apgar que se les hace a los bebés recién nacidos consiste en observar, por ejemplo, cómo agarra el dedo, el impulso de caminar o cómo si hacemos como que lo lanzamos tiene el acto reflejo de abrir los brazos, para ver que esté haciendo bien las conexiones sinápticas para la supervivencia. Si no lo hiciera, algo podría estar mal dentro de su sistema primario.

Cuando se abrazan con su hijo, cuando lo ven tratar de encajar una pieza en un puzle, poner la cadena de la bicicleta o embocar la pelota en la cesta, o sea, cuando hace operaciones funcionales, está realizando conexiones que ayudan a afrontar la vida en la edad adulta.

Pero las conexiones no son solo funcionales, existen también las afectivas y podemos enseñarles a hacer sinapsis afectuosas, que no sean tóxicas, para que los niños se propongan metas positivas, se sientan bien consigo mismos y puedan aprender las emociones como herramientas valiosas para el cerebro.

El segundo principio que abordaremos es la razón. Pero hay varias cuestiones importantes aquí, porque de la teoría de las inteligencias múltiples del psicólogo y pedagogo Howard Gardner tomamos la idea de que el cerebro tiene cuatro cuadrantes: la razón, la emoción, la intuición y la percepción. De ahí surge la idea de la inteligencia, que podemos ver a través de distintas cuestiones tanto en los bebés como en el feto o en los adolescentes. Si tuviéramos que elegir oposiciones, plantearíamos que la razón se opone a la intuición, y la emoción a la percepción, pero son estas cuatro flechas juntas las que tensan el arco de la comprensión.

El neocórtex está dividido en dos hemisferios. Por un lado, el izquierdo controla las acciones de la mano derecha y es el dominante en la mayoría de las personas, pero existen también los zurdos y los ambidiestros. Dentro de este hemisferio se hallan las capacidades de hablar, razonar, leer, escribir, recordar nombres y personas, y también de tener funciones de autocontrol, mostrarse proactivos y ser optimistas. Podríamos decir que tiene un carácter más racional, positivista y controlador. Es más normativo, articula el lenguaje, la reflexión, la ciencia, la razón y el pensamiento.

El hemisferio derecho toma el control de la mano izquierda y, al igual que sucede con esta mano, la actividad intelectual de este hemisferio puede pasar desapercibida porque representa e interpreta el lenguaje no verbal y crea impresiones rápidas y generales sobre visiones de conjunto. Por ejemplo, puede detectar errores en una serie y corregirlos, crear cosas, y está muy relacionado con la elección de una vocación o profesión. El hemisferio derecho da sentido a las partes y es mucho más intuitivo y creativo, está conectado con el arte y la inspiración.

Seguramente les suene conocida esta clásica división de los hemisferios, pero esta diferenciación no quiere decir que los zurdos sean más intuitivos y los diestros más lógicos, y tampoco que todos los niños tengan esta distinción, porque hay personas que por otros motivos pueden tener un cerebro neurodiverso y tienen una división distinta. A priori, podríamos decir que es una buena visión de conjunto: un escultor deberá tener un desarrollo de funciones muy claro en el hemisferio derecho, pero también necesita tener control del trazo y de la espaciosidad, otorgadas por el hemisferio izquierdo. Ambos se reparten las funciones y, a medida que nuestros hijos van creciendo y pasan distintas etapas, nosotros vemos cómo se activa más una zona que otra.

Ya he hablado del cerebro triuno como resultado de una evolución de millones de años, y la conexión que tenemos, por ejemplo, con otros animales, como los bonobos, los delfines o las ballenas. Estamos muy conectados tanto con los primates como con los cetáceos; nuestro cerebro no nos pertenece, sino que es el fruto de una evolución en la que hemos contado con hermanos evolutivos. A veces pensamos que el cerebro es algo calculador solamente propio de los humanos, pero nada más lejos: ha ido creando estructuras y conexiones sinápticas que permitieron encontrar dónde había peligro, refugio o comida, y ha podido resolver complejamente algunos problemas. Lo que llamamos «inteligencia», la capacidad de resolver retos y encontrar oportunidades, es el resultado de la evolución plasmado en nuestro cerebro y por ello no somos los únicos seres inteligentes en el planeta.

Las inteligencias se transformaron y, como un territorio orgánico, se fueron actualizando e incorporando nuevas actividades, contextos y razonamientos. El cerebro, a través de la evolución, ha registrado configuraciones maravillosas que nos permiten diferenciar, como si se tratara de un paisaje, las estructuras más antiguas de las medias y las contemporáneas. Esto es lo que llamamos «arqueología del cerebro». Nuestra evolución se llevó a cabo a partir del equilibrio —tensión entre dos fuerzas— y el balance.

Nosotros podemos educar sin prestar atención y creer que el cerebro de nuestros hijos es fruto de los genes o de un hacedor, pero no: el cerebro del ser humano ha ido pasando por etapas y estructuras, y en cada una de ellas han surgido diferentes variantes, que se pueden observar en las tres grandes áreas.

El cerebro reptiliano, que como ya comentamos se ocupa de las funciones primarias y es capaz de comprender cómo funcionan las estructuras de la supervivencia: hace que durmamos, que lata nuestro corazón, que no mantengamos la alerta, que nos adaptemos a diferentes temperaturas, etc. El cerebro límbico es un área que compartimos con otros mamíferos y cetáceos (véase la nota «Los seres más inteligentes del mar», de Diana Kwon), y donde encontramos nuestras emociones, el sentimiento de lo que nos gusta y lo que no, el evitar lo que no nos parece apropiado. Para buscar y conseguir lo adecuado creamos conexiones en esta área, cuya misión es conservar nuestra emoción y el sentido de pertenencia a una tribu. La cultura hizo mella aquí, y es donde se ancla el desarrollo de las formas de vida, el surgimiento de la ética, las relaciones, la alimentación y la seguridad.

Por último, el neocórtex es el cerebro pensante o superior, y es el que distingue —al menos por lo investigado hasta ahora— a los humanos de los animales, es decir, donde se asienta el raciocinio. Tenemos capacidad de razonar nuestros pensamientos, dialogar y cambiar de opinión, y nos permite tener conciencia de nosotros mismos, de nuestra existencia y de nuestra razón, y entrar en unos sistemas lógico e intuitivo diferentes.

Pero ¿cómo puede ser que los delfines, que no tienen lóbulos temporales y casi no tienen neocórtex, también posean una percepción de sí mismos y hagan uso de lenguajes más primarios? Sucede que las áreas límbicas y el neocórtex se tocan en algunos puntos significativos y, aunque no sabemos mucho del cerebro de los delfines, sí conocemos que son capaces de crear su propia cultura.

Como conclusión de este apartado, resta decir que, lejos de ser un órgano frío y distante del entorno, el cerebro es un órgano que contempla la razón, el sentimiento, la intuición y la percepción. Y es claro en su división cuando vemos cómo en los niños prima el cerebro reptiliano y luego en la adolescencia el límbico, que es el que se lleva el gato al agua en esas grandes crisis emocionales. Desde los primeros meses hasta la edad adulta vemos una evolución, que es la misma que hemos hecho los humanos a través de la historia.

Razón, emoción y equilibrio

Una de las cualidades más importantes que debe tener un cuidador es mantener el equilibrio entre razón, intuición, percepción y emoción, y comprender también cómo funciona la evolución humana. El equilibrio es una condición de la evolución, y con esto no me refiero a que —como dicen algunas filosofías orientales— el camino del medio sea siempre el mejor; a veces hay que irse a los extremos, pero prestando atención al balance en la evolución de los hijos. Observen como en todo equilibrio existe esta tensión de fuerzas.

El cerebro tiene que estar en equilibrio entre razón y emoción, con independencia de que los hijos se encuentren en una etapa más racional o emocional. Aunque creamos que no, los bebés pueden razonar; por eso cuando se sienten molestos, gritan o lloran, nosotros respondemos con palabras, es decir, les hacemos razonar con las emociones, porque patalear y gritar no puede ser siempre la salida de las emociones.

A partir del primer año la parte emocional del cerebro convive con otra más reptiliana y, como padres, podemos empezar a manejar diferentes estrategias que dialoguen con los instintos primitivos y las áreas que empiezan a emerger, como la necesidad de afecto, de vínculo seguro, de tener amor. En este nivel, entre el primer y tercer año, es muy importante que los padres desarrollen la empatía, porque va a ser la base de las estrategias y competencias más útiles para ser padres y también para enseñar a sus hijos a ser empáticos.

Ya en el tercer o cuarto año empieza a abrir las puertas el cerebro racional y surgen los comportamientos y habilidades prosociales, que cobran un gran protagonismo: los niños se empiezan a interesar por el compartir y, si no es así, es el momento de enseñarles a hacerlo. Es la edad protagonista para que los niños se guíen por la razón: se abandona el pensamiento mágico y van a necesitar grandes dosis de afecto o de comprensión, por ejemplo, para superar los miedos e ir a la escuela, para determinar cuándo tienen hambre o sueño y ser más autónomos. El grito primordial deja paso a la palabra, que ha pasado de desarrollar funciones primarias a otras que son más sofisticadas. Los padres que son inteligentes tienen la capacidad de establecer un buen diálogo con el cerebro reptiliano, el emocional y el racional de su hijo, comprender que en una misma acción están los tres y desarrollar estrategias efectivas para cada situación con el entendimiento de que de eso se trata el equilibrio.

Pero ¿cómo favorecer el equilibrio entre la razón y la emoción? La necesidad del equilibrio tiene que ver con la vida, y este no necesariamente significa que evolucionemos hacia el bien, sino simplemente que evolucionamos. Nuestras partes emocional y racional se evidencian de forma aguda en la adolescencia, y en esos casos debemos garantizar tanto la dedicación académica y racional como la afectiva. La asunción de que un niño crece solo con amor es tan negativa como pensar que un niño necesita solo pensamiento. La correlación sináptica y el equilibrio de estas dos fuerzas son muy significativas.

Quizá piensen que ustedes no son personas de ciencia que puedan formar a sus hijos en el pensamiento racional, pero los seres humanos poseemos capacidades de sobra para observar desde la razón y el amor porque tenemos empatía, y esta no está vinculada solo a las emociones, sino que también existe la empatía cognitiva. La empatía es la base del cerebro, que conecta con la humildad.

Nuestro cerebro necesita el equilibrio entre la inteligencia emocional y la racional, así nos relacionamos y sobrevivimos, y si no existe este balance, nos dejaremos gobernar por una de las dos con el efecto que eso puede traer. Las personas más felices manifiestan un estilo de pensamiento rico y plural y, a la vez, son capaces de expresar sus emociones.

Es frecuente que los padres decidan educar a los hijos en el extremo que crean más oportuno, pero la idea es hacer crecer niños sanos y felices, capaces de vivir en cualquier ámbito, que reconozcan los extremos y puedan volver al término medio. Con esto último me refiero a, como dije antes, que no siempre se puede educar en el término medio; por ejemplo, si es hora de dejar el chupete o si los pillamos fumando a los doce años, no hay término medio.

Distintos estudios demostraron que en algunos niños funcionan más las acciones conductistas, y en otros, las más emocionales. Cada uno tiene su estilo de parentalidad y uno de los errores habituales como padres es pensar que nuestro estilo es el mismo que tiene nuestro hijo en esa etapa de la vida.

Los niños pueden crecer carentes de normas si simplemente se les da una educación basada en la emoción y carentes de emociones si solo se les da una forma basada en la razón. Ambas por sí solas son deficitarias y debemos enseñar la importancia de defender la razón y la expresión de emociones. El pensamiento es necesario para construir la realidad, pero la supervivencia social pasa muchas veces por las áreas límbicas, emocionales.

Intentaremos educarlos con razón y con emoción, que sepan identificar de dónde viene lo que les pasa, si de la razón, la emoción, la intuición o la percepción; y que sepan también ustedes, como padres, que, si vemos que algunas veces sus hijos se pelean con otros niños, o no quieren compartir, no es que hayan fallado como padres, sino que están buscando su equilibrio entre razón y emoción.

Cómo conocer las emociones

Con esta insistencia de vivir y enseñar a nuestros hijos a crecer en equilibrio entre la razón y la emoción, el pensamiento y el sentimiento, la intuición y la percepción, ya he dicho que quizá haya quien sienta que no puede formar a sus hijos en el pensamiento racional por no ser científico. Pero eso no tiene nada que ver.

Todos los humanos experimentamos emociones y debemos, de algún modo, manejarnos con ellas: controlar los ataques de cólera, superar una angustia arraigada o satisfacer una pasión. Y si bien en este libro de neurociencia y parentalidad intentamos comprender cómo el cerebro influye en nuestra vida cotidiana (y cómo nuestra vida cotidiana influye en nuestro cerebro), el método científico que nos enseñan en la escuela de observación, hipótesis, experimentación y conclusión no podría dar cuenta de lo que nos pasa a cada uno cuando abrazamos a nuestros hijos o cuando nos peleamos con ellos.

Si bien las emociones se desarrollan como un proceso biológico, al final se concretan en un asunto personal complejo que depende de los aspectos externos y visibles, y de la experiencia interna: los primeros abarcan las reacciones sensoperceptivas y conductuales, faciales y hormonales; la segunda constituye el sentimiento, es decir, una dimensión mental en la consciencia. Por eso solo podemos percibir nuestros propios sentimientos, no los de los otros, pues únicamente observamos los efectos externos. Las emociones se hallan esculpidas en valores culturales, en ideas, juicios y ambientes sociales concretos, por eso lo que nos parece amoral o los sentimientos de culpa dependen en buena medida del modo y lugar en que vivimos.

Por todo lo anterior, si buscamos estrategias para manejar nuestras emociones, no podemos fiarnos exclusivamente de las teorías y las observaciones experimentales, sino que debemos considerar también nuestra experiencia personal, que es una fuente de conocimiento importante que contribuye a una comprensión completa de las emociones. Solo de ese modo podemos aprender qué significa sentir.

Por ejemplo, ante una situación que nos da temor, nos angustiaremos, comenzaremos a sentir palpitaciones y sudor: el cortisol (hormona del estrés) empieza a correr por nuestro torrente sanguíneo. Sabemos que este patrón de reacción alcanza hasta los grupos de neuronas que controlan el equilibrio emocional humano, entre ellos la amígdala. Esta área cerebral almendrada y que se aloja en la base del cerebro forma parte del sistema límbico. Activa el tronco encefálico, el cual produce respuestas de angustia. Pero, aunque en el laboratorio pueden investigarse componentes universales de dicha emoción, su vivencia continúa siendo un enigma.

Así y todo, la angustia puede resultar de gran utilidad como medio de conocimiento, ya que nos ayuda a ahondar en la comprensión de nuestra circunstancia vital. Si bien algunas angustias se fundan en la carencia de una guía definitiva de nuestra conducta, nos posibilitan enjuiciar la propia vida. Y cambiar para mejor. Y si hemos atravesado esto, podremos empatizar con las otras personas que nos cuenten su angustia:

no sentiremos lo mismo que los demás, pero sabremos lo que a nosotros nos costó esa situación.

Aunque tarde o temprano la neurociencia descubra todo lo que hay que saber sobre la base neuronal de nuestras emociones, concebir el amor o la angustia solo como una activación de las neuronas nos ayuda poco en la vida cotidiana. La posibilidad de revitalizar la atracción en una pareja o consolar con un abrazo a alguien angustiado son acciones conocidas sin necesidad de hacer referencia a lo que las neuronas dopaminérgicas del cerebro generan. Somos mucho más que cerebro.

Hoy muchos medios de comunicación aceptan las imágenes por IRMf como «fotografías» de estados mentales. Sin embargo, estos últimos van más allá de los patrones de manchas que revela el escáner cerebral: las emociones se conforman según códigos biológicos, también por el contexto cultural, moral y social. Poco importa que se privilegie uno u otro aspecto. Ninguno de los dos revela por completo el objeto en cuestión; antes bien, ambos se complementan.

La importancia del equilibrio en el aprendizaje

Existe un acuerdo creciente sobre la necesidad de que los niños y jóvenes en edad escolar regulen su propio aprendizaje, porque solo de allí sale el sentido y significado de lo que aprenden y comprenden. Del mismo modo que antes dije que no importa tanto la cantidad de neuronas como su conexión, aquí la clave no es saber cuánto conocimiento adquieren los niños y jóvenes (notas del examen), sino la estructura y la calidad de ese saber, y los procesos utilizados para aprenderlo: cómo pueden llegar a hacer procesos de comprensión.

El aprendizaje es un proceso socialmente mediado y las

estrategias que el estudiante utilice resultan primordiales para alcanzarlo. En este marco, la motivación constituye un componente necesario de la conducta estratégica y, para eso, es clave que haya desarrollado conexiones afectivas, además de las funcionales. Ante una tarea de aprendizaje el estudiante se pregunta: «¿Qué quiero conseguir con esto y qué hago para lograrlo?». Motivo y estrategia, los pilares en el proceso de aprendizaje, están intrínsecamente vinculados con el desarrollo cerebral (afectivo y racional) de los niños y jóvenes.

Para obtener mejores rendimientos académicos deben aplicarse esas estrategias cognitivas unidas a otras autorreguladoras: supervisión de la comprensión, establecimiento de metas y gestión del esfuerzo y la tenacidad (véase el capítulo 3 de la segunda parte, «Cerebro, comportamiento y parentalidad», para profundizar en la autorregulación). Para que los niños y adolescentes empleen tales estrategias deben mostrar disposición para aprender. Y esta última implica motivación.

J. B. Biggs señaló en 1985 que las expectativas que se suelen generar ante una situación de aprendizaje y que configuran los motivos o intenciones de los niños y jóvenes para implicarse en la tarea eran tres: obtener una calificación con el mínimo esfuerzo, actualizar los propios intereses y manifestar públicamente la propia valía. Estos motivos van asociados a ciertas estrategias afines: reproducir lo que se percibe sin datos esenciales, comprender el significado de la tarea y organizar el tiempo y la dedicación adaptándolo a las demandas de la tarea. Estas tres estrategias se corresponden con tres grandes enfoques del aprendizaje: el enfoque superficial, el enfoque profundo y el enfoque de logro. La investigación ha puesto de manifiesto la relación entre la motivación de los niños y jóvenes y su enfoque del aprendizaje. Si los niños muestran interés por el contenido y por su relevancia (motivación intrínseca), se refleja un enfoque profundo. El enfoque de aprendizaje suele ser superficial cuando predomina el miedo al fracaso. Por fin, el enfoque de logro tiende a ser de tipo estratégico si el niño presenta una alta necesidad de logro o una elevada motivación por el éxito.

Es probable que el enfoque superficial se relacione con bajos niveles de rendimiento y resultados de aprendizaje cualitativamente inferiores, mientras que los enfoques profundos y de logro se vinculen con altas calificaciones y resultados de aprendizaje superiores.

Son posibles los modos compuestos de enfoques. El enfoque de logro puede asociarse a una aproximación profunda o superficial en razón del contexto. Se desarrolla un enfoque de logro-superficial cuando el niño busca buenas notas, pero se conforma con reproducir el contenido para conseguirlas, es decir, no ahonda en la materia. Se desarrolla un enfoque de logro-profundo cuando, amén de buenas calificaciones, los niños se proponen dominar la asignatura.

En definitiva, lo importante no es la transferencia de información al estudiante ni el aprendizaje de calidad equivale a un expediente brillante. El aprendizaje es un proceso con una intención, en que los niños y jóvenes deben hallarse motivados para lograr su control. Pero el estudiante no aprende a autorregularse de la noche a la mañana, sino que necesita apoyo del instructor y conocer los distintos recursos estratégicos y experimentar con ellos.

8

Afecto, emoción y comprensión

EL AFECTO COMO HERRAMIENTA DE DESARROLLO CEREBRAL

En este capítulo seguiré hablando de herramientas para apoyar el desarrollo cerebral de los niños y jóvenes. «Herramientas» es un término con el que, por lo general, nos referimos a utensilios que usamos con las manos, pero también podemos utilizarlo para referirnos al progreso y la evolución de nuestro cerebro: cada uno de nosotros hace uso de las herramientas en funcion de nuestras habilidades y tenemos capacidad de realizar diferentes cosas. El cambio en los procesos de crecimiento cuando somos niños y adolescentes hace que tengamos más herramientas, pero ¿de qué depende el desarrollo de estas? Como vimos, la alimentación, el sueño (véanse capítulos 3 y 4 de la segunda parte), la genética, el contexto y otros elementos son fundamentales.

Muchas veces pensamos que las herramientas y su evolución tienen que ver con la inteligencia, pero hoy sabemos que no es así: las herramientas —por ejemplo, el lenguaje o dispositivos tecnológicos como el libro— nos ayudaron a evolucionar porque a partir de ellas podemos construir conocimiento. Estas han sido una constante en el diseño de la evolución humana, pero cuando hablamos de niños y adolescentes, ¿cuáles son las herramientas que podrían ser útiles para su educación y evolución?

La herramienta de la que quiero hablar aquí es la del afecto y la comprensión, o, en otras palabras, cómo las emociones se han puesto al servicio de la evolución y por ello son importantes en todas las etapas de desarrollo del niño. Las emociones no solo están en humanos, sino que también podemos encontrarlas en los animales y el reino vegetal.

Como personas nos desarrollamos en distintos niveles —biológico, psicosocial y afectivo—, y hay periodos de nuestra infancia donde hay un gran despliegue neuronal por el crecimiento físico y afectivo. Los músculos, las venas, los huesos, hasta las neuronas sufren una adaptación ortomolecular y por eso hablamos de que en la infancia necesitamos construir relaciones humanas que generen afecto, vínculos afectivos.

A nivel general podemos considerar el afecto como aquella disposición que tiene una persona —u otro ser— hacia otra en una situación, y a pesar de que se identifica como una emoción, no es lo mismo: el afecto está dirigido hacia su ser y es un sentimiento, no tanto una emoción. Tiene un carácter relacional y vinculante: nosotros nos relacionamos porque interactuamos los unos con los otros, y eso no depende solo de uno mismo, sino de las dos o más personas en cuestión.

Existen diferentes modelos de explicación de cómo se construyen el afecto y la personalidad a lo largo de la vida del niño. Muchos hablan de la importancia del potencial genético, de las experiencias en el vientre intrauterino y también en los tres primeros meses, y de cómo construimos las relaciones en las etapas prosociales entre los dos y los tres años. La importancia de estos elementos redunda en si tendremos más o menos problemas psicológicos cuando seamos adultos. La mayor parte de los trastornos mentales que podemos observar en los niños y en los jóvenes derivan de la ecuación entre afecto y comprensión de las etapas tempranas.

Por todo esto, debemos tener cuidado en cómo damos nuestro afecto, tanto en el ámbito familiar como en el marco afectivo de la escuela, los compañeros y el resto de las relaciones. La estabilidad necesaria para el desarrollo evolutivo y cognitivo de los chicos no tiene que ver solo con los padres, porque un hijo no solo se construye desde ahí, sino que en su vida teje otras relaciones, conceptos y complejidades con sus pares y otros adultos.

En la sociedad a veces no se valora el desarrollo afectivo tanto como el cognitivo, pero el afecto es un modo de ser que hace que intuyamos aquellas cosas que están sucediendo. Los estímulos afectivos provocan en el cerebro del niño una serie de reacciones que se miden y pautan mediante los neurotransmisores. Por ejemplo, sabemos cómo incide el afecto por la serotonina, la dopamina o la oxitocina, que facilitan las relaciones con uno mismo y con los pares.

Lo que más necesitan los niños para tener un cerebro sano y equilibrado no es otra cosa que afecto, amor. Y aunque pueda sonar a frase hecha, en la vida cotidiana vemos que los niños no reciben amor. Como manifestamos de forma intuitiva el afecto y damos por sentado el amor, nunca nos detenemos a pensar cuál es su significado y caemos en el error de creer que es un supuesto básico en todas las relaciones. Pero no es así: el afecto aparece y desaparece espontáneamente cuando nos relacionamos con personas y, sin embargo, su ausencia o presencia tiene un gran impacto sobre nosotros. Quizá porque hemos pensado en el amor como algo romántico de la pareja, o en el amor eterno de las relaciones madre e hijo, nunca nos hemos parado a pensar qué es lo que hace que el afecto esté vivo, no que exista, sino que siga viviendo bien.

Los niños nos gritan afecto desde que nacen. La amenaza de la ausencia de afecto puede llegar a paralizar las áreas más primarias de nuestro cerebro. El psiquiatra John Bowlby, que desarrolló a petición de la ONU un relevamiento sobre el estado psicológico de los niños que quedaron huérfanos en la Segunda Guerra Mundial, demostró en la década de los cincuenta que la pérdida de los padres solía provocar trastornos emocionales graves, sobre todo en la primera infancia, y que aquellos adoptados por familiares cercanos u otras familias conocidas eran capaces de recuperarse y desarrollar una mayor salud mental que los que habían acabado en un centro de acogida. Desde entonces, otros estudios sobre la temática, tanto en humanos como en mamíferos, hablan de la importancia del afecto.

Los resultados y las imágenes de los escaneos revelan que el afecto de los padres y su influencia en el desarrollo cerebral de los niños no es tan simple como creemos. Los niños que reciben un afecto apropiado tienen una huella neurológica distinta a los que no. El amor y la capacidad de transmitirlo tienen sin duda una huella indeleble dentro del cerebro en el ámbito de la autoestima, la seguridad y el bienestar emocional.

En mi experiencia como madre y como familia, el afecto ha ido siempre de la mano de la comprensión. Es decir que, aunque todos sabemos a qué nos referimos con «afecto», no resulta tan sencillo darlo como parece y tenemos que entonar un *mea culpa*, porque a veces los padres, creyendo que estamos dando afecto, en realidad transmitimos otras cosas.

Hay diferentes características que podemos distinguir del

afecto: por ejemplo, que es indispensable para los seres humanos, porque, si no lo tenemos, podemos desarrollar enfermedades y psicopatologías, desde la depresión hasta la psicopatía. El afecto como seres humanos es fluido y variable, puede cambiar a lo largo de nuestra historia, y nosotros como padres tenemos un afecto fluido.

También puede manifestarse de diferentes formas y, por lo general, invertimos en dar mucho afecto a nuestros hijos en una etapa en la que creemos que ellos lo necesitan más, y quizá en otros momentos no invertimos tanto en dar afecto o no sabemos exactamente cómo.

Cuando sentimos que nuestro afecto no es correspondido por nuestros hijos, nos pasa lo mismo que cuando sucede esto en una relación de pareja: nos sentimos mal y queremos movernos de esa relación. El afecto como necesidad no solo va de los hijos a los padres, sino también en la otra dirección. Esa capacidad de sentir, dar, recibir y prestar ayuda al otro tiene que ver con los neurotransmisores: las experiencias que nos marcan vitalmente se relacionan con la oxitocina, pero también con la serotonina.

En las primeras etapas de la vida, cuando empezamos a sentir cómo se marcan los circuitos de gratificación en el cerebro, nos vinculamos al reconocer el afecto de nuestros cuidadores, y eso no sucede tras el parto, sino durante el desarrollo fetal. Sentir y recibir afecto es algo fundamental para nuestro desarrollo emocional y cognitivo, pero la manera de dar afecto y de recibirlo de las personas a las que se lo damos no siempre va a la par. Somos seres gregarios, pero la manera en que damos y recibimos afecto tiene que ver con cómo nos dieron afecto y lo recogimos.

Afecto con comprensión

El cerebro ha hecho un largo viaje durante la evolución y cuando nosotros nos relacionamos en cualquier situación cotidiana, se pone de manifiesto la importancia de la comprensión. Por ejemplo, los padres podemos haber preparado con dedicación un puré de guisantes y, cuando lo servimos, el niño responde «Puaj, puré de guisantes, no me gusta». Los padres, por supuesto, podemos obligarlo a comerlo porque creemos que es necesario para su alimentación, pero también podemos indagar por qué no le gusta: si es la textura en la boca, si lo asocia al dolor de estómago, si por algún motivo ese color le genera rechazo.

La diferencia entre el afecto a secas y el afecto con comprensión es que esta segunda variante es la expresión máxima del amor: es importante recibir afecto y darlo, pero a la vez también lo es que recibamos comprensión. Ambos no están vinculados de por sí, algo que vemos claro en la adolescencia y en la adultez. En la adolescencia nuestros hijos quieren alejarse de nosotros, buscar otros grupos, otras personas, y no es que no hayan recibido afecto o que no nos quieran, sino que están buscando una identidad integrada en diferentes aspectos. Los padres tenemos que desarrollar entonces comprensión, permitirles que lleguen a la adultez, que sigan explorando y que disfruten de la compañía de sus congéneres, aunque esos no seamos nosotros.

El afecto no solamente es necesario en la infancia y en la adolescencia, sino también cuando somos mayores como padres y nos hace falta otro tipo de comprensión, porque sentimos que perdemos autonomía o nos notamos más frágiles. Entonces vemos las diferencias entre afecto y comprensión.

¿Cuándo fue la última vez que sus hijos tuvieron una rabieta? Voy a explicarles a continuación algunos pasos a tener en cuenta para que en nuestras reacciones a esto haya afecto y comprensión:

- Lo primero es explicárselo a los niños adecuando el mensaje a su edad. Ellos son seres en evolución y nosotros podemos llegar a valorarlos desde la mirada de adulto como personas neurológicamente más maduras de lo que lo son. Hay que tener en cuenta que los niños no desarrollan estructuras cognitivas profundas hasta bastante avanzada la vida.
- Lo segundo es dar espacio, espaciosidad y tiempo para la elaboración. Mi abuela siempre decía que antes de actuar contásemos hasta diez y respirásemos; siento que ella se refería a dejar tiempo para que el impulso se disuelva. Si la rabieta es muy intensa o está en marcha, es muy probable que el niño o el adolescente comprendan qué pasa. Pero ustedes no tengan prisa, porque cuando estamos enfadados, el cerebro no hace el ejercicio de comprensión, sino el de la expresión de su neurobioquímica.
- El tercer punto es mantenerse cercanos, no irse demasiado lejos, no alejarse, pues esto no significa que le des espacio, sino que a veces genera más angustia. Cómo estar cerca dejando espacio es todo un arte. El arte de estar presentes en la manera en que respondemos a la realidad, liberando cualquier expectativa, atentos y comprendiendo que todas las nubes no pueden ocultar para siempre el azul del cielo.
- El cuarto es utilizar la empatía. Cuando sus hijos estén calmados, pueden emplear frases de acercamiento como «Entiendo que querías quedarte un tiempo más con tus

amigos» o «Entiendo que no te guste el puré de guisantes, vamos a ver cómo resolvemos este asunto». Estas afirmaciones no son meras frases hechas, sino algo sincero que recuerda al otro que todos los seres humanos caemos en el enfado a veces y que nos cuesta salir de él, pero que el enfado por sí mismo no es una buena energía en la que mantenerse.

- El quinto punto es ofrecer una relación de afecto para volver a empezar: por ejemplo, ir a tomar un helado, dar un paseo o ir al cine. O simplemente pasear en silencio.
- El sexto punto es la aceptación. Los humanos no siempre nos comprendemos a nosotros mismos, y mucho menos a un hijo. Tenemos que aceptar esa premisa, dado que amar es aceptar, incluso lo que no comprendemos. De la misma manera, creemos que el sol sale cada día y, en realidad, el sol no sale ni se esconde. Siempre estamos nosotros girando. Y nuestra visión de la parentalidad también está siempre girando sobre nuestros conceptos.

A veces es difícil distinguir si la rabieta es un berrinche, una pataleta u otra forma de buscar afecto de una manera no apropiada. La rabieta también puede ser parte de un código familiar para obtener cosas. Piensen, por ejemplo, si cuando están enfadados los niños tienen otra manifestación: por ejemplo, hambre, sueño, búsqueda de cobijo o que han tenido un mal día. Piensen qué sucede en ustedes cuando sus hijos se enfadan, qué hacen y qué respuesta esperan los niños de ustedes. Los niños y adolescentes no piensan como adultos ni tampoco tienen las mismas capacidades cognitivas, y por eso no podemos valorar su comprensión de igual manera que si fueran adultos.

Nuestro rol como padres es saber distinguir entre afecto y comprensión, y conocer que estos se construyen en un proceso largo, porque la segunda requiere cognición y metacognición, paciencia y madurez. Además, las habilidades de afecto y comprensión se desarrollan con el tiempo y en relación con otros. Implican procesos relacionales, mapas de comprensión.

CARENCIA Y EXCESO DE AFECTO

En este apartado abordaremos las señales de la falta de afecto en niños y jóvenes. Hemos visto que en todas nuestras relaciones hay afecto, pero que no siempre media la comprensión, así que cuando hablamos de carencia de afecto esto no quiere decir que las respuestas afectivas o las emociones hayan desaparecido por completo, sino que las que está dando o recibiendo la otra persona no son recíprocas. Puede ser que amen profundamente a sus hijos, pero que ellos no tengan la certeza de que están siendo queridos, y esto no necesariamente tiene que ver con cómo ustedes dan el amor, sino con cómo ellos lo reciben, y viceversa.

La falta de afecto en la infancia, tanto de los hijos como de los padres, suele ser la instancia más evidente de que hay otros factores escondidos. Les presentaré algunas señales que pueden indicar que un niño o un adolescente puede estar en una necesidad de apuro afectivo: la falta de control emocional, las relaciones conflictivas, la inseguridad personal y el autoconcepto negativo de sí mismo.

La falta de control de las emociones es una de las principales señales de carencias o dificultades afectivas y de comprensión. El niño no puede reconocer las emociones ni las normas sociales que las acompañan. Dependiendo de la etapa en que esto esté ocurriendo hay que ver qué gravedad tiene: si el niño no se comunica bien, no mira y no toca, es necesario visitar al pediatra y al psicólogo para ver si hay otro tipo de trastorno. Si, por ejemplo, cuando ustedes marcan las normas el niño no puede tolerar la frustración, está manifestando enojo, vulnerabilidad o falta de límites. Las carencias afectivas también pueden manifestar que el niño está pidiendo ser educado y que le marquen los límites. A los niños se les educa más hacia la intolerancia que hacia la tolerancia, porque a veces confundimos el afecto con la falta de límites, que luego impacta en la socialización. Hay una distinción de género, porque a través de la evolución las mujeres han aprendido a ser más empáticas a fuerza de ser los canalizadores de los afectos de los otros.

En el término de las relaciones conflictivas, uno de los mayores indicadores de la falta de afecto es el aislamiento, es decir, que el niño no quiera tener relaciones con sus pares o con otras personas. Es cierto que hay diferentes maneras de socializar y cada niño tiene su propio estilo, pero no es lo mismo que un niño sea de pocas amistades que no tenga ninguna y le cueste jugar con los demás. El niño tiene que desarrollar empatía a través de vínculos interrelaciónales, porque si no lo hace cada vez le resultará más difícil. Hay que estar atentos a que se relacionen bien con las emociones ajenas en ciertas etapas.

El tercer marcador, la tendencia a la inseguridad, está relacionado con cómo el afecto despliega la comprensión y el afecto hacia sí mismo. La carencia de comprensión o la falta de afecto puede llevar a personalidades inseguras o comportamientos como, por ejemplo, la inhibición, el autoritarismo o el retraimiento. Los niños no tienen control sobre las emociones y, por eso, debemos observar si se están convirtiendo en personas rígidas, ansiosas o demasiado sometidas, porque luego van a tener que compensar esa inseguridad extrema y siempre buscarán formas no tan sanas.

El cuarto indicador, el autoconcepto negativo o la culpa

recurrente, no siempre se manifiesta verbalmente, sino que de golpe nuestros hijos empiezan a morderse las uñas, a dejar de comer, a no dormir bien, y eso quiere decir que hay dimensiones afectivas que están repercutiendo seriamente en la salud. La carencia de afecto es como un globo sonda, algo que nos transmite un mensaje que a veces no se reconoce fácilmente; los niños no tienen juicio de valor para comprender qué les está pasando y manifestarlo, pero ellos ya se culpan, incluso con dos o tres años.

Hay una dimensión más que me gustaría abordar aquí: qué sucede cuando hay exceso de afecto y comprensión. Los padres a veces compensan la relación de falta de afecto de su infancia o la contemporaneidad de este hecho; por ejemplo, que el padre dé un exceso de afecto que se manifiesta en sobreprotección de sus hijos ante la muerte de la madre.

El exceso de afecto transmite la misma sensación que la carencia: que los niños o jóvenes no son lo suficientemente buenos para valerse por sí mismos. Y ese es el contexto perfecto para que surjan trastornos o malestares y, aunque el niño tenga fuerza mental, no pueda regularlo.

9

La empatía y su relación con las emociones y habilidades prosociales

SOBRE LA EMPATÍA Y SU DESARROLLO

Como padres, cuidadores o docentes es nuestra responsabilidad educar a nuestros hijos y estudiantes para que sean personas de bien, de provecho, pero para eso necesitamos saber un poco más de esos seres que cuidamos y considerar qué es la empatía, cuál es la diferencia con la amabilidad o la ternura, y cómo podemos saber si nuestro hijo está siendo bien o mal educado en esos aspectos.

Para adentrarse en el abordaje de la empatía es muy importante despojarse de los juicios morales y tener en cuenta que antes de preguntarnos por el bien o el mal en materia de empatía, es mejor hacerlo por el cuándo y el para qué. El sentir compartido con otros ejerce un enorme poder sobre nuestro pensamiento y nuestra conducta y, como padres y cuidadores, debemos estar atentos a eso. Los estados emocionales que los demás provocan en nosotros o que, a la inversa, transmitimos a los demás sirven a menudo de medida perceptiva e intuitiva para valorar qué está bien o mal, qué es moralmente conveniente o descabellado. De ese modo, la capacidad de empatizar no solo permite apoyarnos, ayudarnos y compartir en la necesidad, sino que también contribuye a que consigamos los propios intereses con destreza y de forma social y emocionalmente responsable con los otros.

Si tuviéramos que definir un carácter fundamental del cerebro para la educación, probablemente diríamos que es la atención. Pero no: la empatía es fundamental a la hora de educar, de crecer, y es uno de los pilares de la socialización. Muchos estudios de la última década están orientados al factor desencadenante de la empatía en torno a la normalización y la socialización de los adultos. Y lo mismo podemos decir del desarrollo de los niños. En el capítulo anterior he insistido en la importancia del afecto y la comprensión, pero ¿cómo se puede dar afecto y comprensión si no se tiene empatía?

La empatía tiene que ver con el área primaria de nuestro cerebro, donde encontramos algunos factores como la relación con la tristeza, la frustración, la ira y la relación con los límites. Y la mejor estrategia para acompañar a nuestros hijos en su desarrollo de la empatía es ayudarlos, para que la comprendan.

El cerebro es un procesador cognitivo y metacognitivo que, cuando vemos una imagen o sentimos un olor conocido (por ejemplo, de una flor que nuestros padres pusieron a algún vestido), hace que de alguna manera empecemos a agitarnos porque nos recuerdan emociones o sentimientos pasados. Y es que, en el desarrollo emocional del niño y el apego seguro, es importante que el niño sienta la empatía no solo de los adultos hacia él, sino que pueda comprender el mundo que lo rodea a través de ella. Es bueno también recordar que, como humanos, no somos solo cerebro, sino también mente, inteligencia y, sobre todo, conciencia. No todo lo que nos sucede se puede explicar siempre.

Si no se transmite el nivel de confianza, tranquilidad y seguridad, puede ser que el niño no desarrolle sus habilidades prosociales ni sea capaz de desenvolverse por sí mismo, y también que se sienta incomprendido o que los padres sientan que el hijo no los comprende a ellos.

«Empatía» es una palabra que viene del griego y se refiere a la capacidad de observar lo que una persona está sintiendo, pensando, percibiendo o intuyendo, y también de interceptar qué tipo de movimientos puede hacer. Es mucho más que lo que vulgarmente llamamos «ponerse en la piel del otro», porque es un concepto complejo que implica las sensaciones, los neurotransmisores y los receptores que tienen que ver con las emociones, lo que nos rodea, cómo percibimos esto último y con nuestra capacidad de leer lo que está sucediendo en el medio: si bien podemos leer los gestos o las palabras de las personas, también podemos ir más allá de eso, lo que nos permite la comprensión en múltiples maneras.

La comprensión se realiza a través de la sensibilidad y las emociones, que tienen como base la empatía. Por ejemplo, si nuestra hija está triste y llora, corremos directos a ella. ¿Podemos decir entonces que los humanos tenemos empatía innata? Sí, pero no solo los humanos, sino también los animales y las plantas. En psicología vemos el desarrollo empático, la asistencia a otra persona que necesita ayuda, como un signo de buena salud. Michael Tomasello, del Max Planck Institute, hizo diferentes estudios con bebés que lo llevaron a la conclusión de que existe empatía en niños de dieciocho meses, que sienten el impulso de ayudar a otros seres humanos, incluso aunque fuera un adulto. El niño, a medida que se va haciendo mayor, desarrolla más y más empatía.

Existen la empatía, la simpatía y la antipatía. El hecho de que nosotros escuchemos a un niño no significa que comprendamos lo que nos quiere decir o que lo hagamos como el niño quiere y lo necesita. Escuchar profundamente tiene que ver con conectar con sus sensaciones físicas, sus emociones, sus sentimientos y también con abrir la puerta hacia el reconocimiento y la aceptación de que ese ser humano está sufriendo como nosotros si tiene hambre, frío o cansancio.

A medida que crecemos vamos perdiendo la costumbre de leer empáticamente como cuando éramos niños. Por eso es necesario que si estos nos llaman la atención, se la prestemos, porque es una llamada a la empatía.

Tania Singer, neurocientífica que trabajó en el Max Planck Institute de Leipzig, estaba convencida de que la empatía y la compasión estaban conectadas. Así, potenciando la primera podíamos promover la segunda en la sociedad. Sus trabajos sobre los circuitos de la empatía fueron pioneros en la materia.

Quizá una de sus obras más famosas, *Empathy and Compassion*, desde el University College en Londres (Inglaterra), mostró los resultados de un experimento hecho con una serie de parejas, en el que se observaba la relación que existe al ver el sufrimiento de alguien a quien amas. Las personas estaban una frente a la otra y, al escanear el cerebro de una, la otra recibía una descarga en la mano.

Tania Singer observó que aquel escaneado exhibía la activación de áreas del cerebro que representan el dolor, el sufrimiento y la percepción: la ínsula y el córtex sensoriomotor sobre todo. En ese cruce radica el solapado origen de la empatía. Continuó sus investigaciones pidiendo a una persona que visualizase o pensase en huérfanos, y comprobó de nuevo que se activaban las mismas zonas.

Singer llegó a la conclusión de que la naturaleza de la empatía está conectada con la compasión, y que eso tiene que ver con algo propio del ser humano. Mas, aunque esta sea una capacidad innata, sin la empatía no se veía fortalecida. Su hipótesis ha llegado mucho más lejos, hasta el punto de cuestionarse qué sucedería si la economía estuviese basada en la compasión y no en el egoísmo. Es posible que el planteamiento de Singer sea una solución a problemas tan graves como la desigualdad, la pobreza, la injusticia o la crisis ecológica. Podríamos pensar por un instante en cómo podemos incorporar sistemas basados en la empatía compasiva que pueda conducir a una nueva humanidad; o, mejor aún, a una humanidad más auténtica. Esta idea no es fruto de la imaginación delirante, sino de la ciencia empírica, de la observación activa sobre la psicología, la economía, las neurociencias, la educación o la justicia social.

La empatía es la encargada de disparar los sistemas de cuidado y afiliación, igual que lo hacen el deseo, el egoísmo, el poder o la dominación. Podemos motivar desde edad temprana a nuestros hijos hacia el altruismo o el egoísmo. O simplemente dejar que sean otros quienes los motiven, cosa que es bastante arriesgada. Nuestros sistemas de vinculación y afiliación tampoco son tan distintos de otros animales y plantas, y si de verdad practicásemos esto que estamos afirmando, la economía y el mundo serían totalmente diferentes.

Volvamos al origen: una respuesta empática no significa que tengamos capacidad para ser compasivos. La empatía *per se* no es ninguna garantía de tener causas prosociales: que yo vea y reconozca a una persona que sufre no significa que vaya a ayudarla, ni mucho menos. Más bien sucede todo lo contrario; los enfermeras o médicos ven a miles de personas que sufren, y acaban con un agotamiento empático o desinteresados por los pacientes, actuando mecánicamente. Un psicópata también reconoce el sufrimiento del otro, y eso no quiere decir que vaya a ser compasivo.

Entonces, ¿cómo podemos educar en una empatía que conduzca a la compasión? La compasión es más que empatía, es la acción sincera que deriva de haber visto el sufrimiento del otro, generar la motivación para reducir ese dolor y no hacerse daño uno mismo en el proceso.

Imagina, por ejemplo, que eres una madre y ves a tu hija llorar por un sufrimiento. Primero empatizas con este dolor, sientes angustia y tristeza e intentas consolarla, calmarla. Pero cada vez que lo haces, tu hija vuelve a caer una vez tras otra en la misma rueda de sufrimiento. ¿Qué es la compasión entonces: seguir ayudando a la hija que sufre o permitirle que aprenda a través de sus decisiones? La compasión y la empatía surgen de la naturaleza de los humanos y podemos reconocer esas respuestas o no hacerlo, invertir en ellas después de haberlas escuchado o no. Todo eso es posible, como también lo es que nuestros sesgos inconscientes simplemente nos lleven a dar a quienes damos, y como damos, sin poner conciencia alguna en ello.

Etapas de la empatía

La primera es la empatía sensitivo-emocional, que podemos ver en bebés, en los cuidadores hacia los bebés, en estos hacia sus hermanos mayores e incluso en la mascota de la familia hacia el bebé. Esta empatía se da desde el vientre materno hasta aproximadamente entre los catorce y dieciocho meses. Luego sigue una empatía más elaborada, de mayor maduración, que va desde entonces hasta los dos años y medio. La empatía evoluciona junto con el niño y, a medida que comparte cada vez más relaciones sociales, es capaz de desarrollar sus habilidades prosociales. Lo más importante de esta segunda etapa es que el niño se dé cuenta de lo que está pasando, de sus emociones, sensaciones y sentimientos, y que pueda pedir ayuda; pero también que empiece a ver si los otros se encuentran mal.

Desde los dos hasta los seis años comienza la etapa de la empatía cognitiva. A esta última edad ya pueden identificar sus sensaciones, emociones y sentimientos, y también pueden distinguir que ellos no son su madre, padre, hermano, y empezar a desarrollar su propia narrativa. Así se establece lo que generalmente se llama «empatía», que no se refiere a las primeras etapas, sino más bien a la cognitiva.

Entre los seis y los diez años los niños tienen una fuerte socialización, hasta que a los diez o doce años la empatía se ha desarrollado al punto de lo que llamamos «habilidades prosociales», en las que se despliegan otros matices. Desde la pubertad y en la adolescencia vamos a saber si la empatía ha ido bien: los jóvenes dejan ya de preocuparse tanto por sí mismos y pasan a hacerlo por lo que los rodea, por ejemplo, el cambio climático, los animales, los compañeros, las injusticias sociales. Si no somos capaces de armar ese pilar en la evolución de nuestra persona correctamente, podemos ver fallos en el andamio de la empatía, por ejemplo, el *bullying*, la transformación del joven en un acosador.

Tenemos la opción de empatizar y ocuparnos de las personas que consideramos de nuestra tribu, familia o grupo; estas pueden ser de nuestra sangre o no. La empatía, como hemos visto, es una constante entre los humanos, pero no se invierte fácilmente en otras personas que no son de nuestra cuerda. En cuanto a la compasión, por el contrario, al estar relacionada con funciones cognitivas más avanzadas, podemos pensar en la conveniencia de ayudar a los demás. Para ello es necesario que tengamos una cierta edad y evolución, un cierto grado de práctica. Además, el hecho de que nuestros hijos estén alimentados por contextos de hábitos egoístas no los ayuda.

Muchos experimentos realizados en torno a la empatía y la compasión han demostrado que se pueden educar e incluso eliminar esos hábitos egoístas. Entre todos ellos destaca uno de los realizados por Tania Singer y completado en el Re Source Project, en el que pidieron a trescientas personas que llevaron a cabo un entrenamiento mental durante once meses. El entrenamiento, impartido por profesores, científicos y terapeutas, tenía por objeto cultivar mayores habilidades prosociales y cognitivas. Entre ellas estaba el cuidado por otros seres vivos, ser conscientes del sufrimiento del otro, tratar de verlo con perspectiva, el aumento de la empatía, la compasión, la atención y la capacidad de regular las emociones más difíciles. Estos resultados se midieron en relación con los cambios que aparecían en el cerebro, la conducta, el bienestar percibido, la salud, etc.

El proyecto confirma lo que habíamos visto en pequeña escala: cómo podemos fortalecer el músculo de la compasión y la empatía, igual que hacemos con cualquier otro músculo, mediante el entrenamiento. Los ejercicios que se realizan, cómo se llevan a cabo y quiénes los dirigen permiten desarrollar mayores o menores capacidades. La práctica del ejercicio por sí misma no es lo que hace que mejoren las destrezas cognitivas, ni tampoco su durabilidad es para siempre, sino que requiere tenacidad y consistencia. Como conclusiones, podemos decir que la empatía y la compasión se pueden regular, cultivar y hacer crecer, fomentando la conducta altruista y las habilidades prosociales para así transformar el mundo.

Identificación de las emociones

A veces los padres me plantean que no tienen herramientas suficientes para leer, cultivar y promover las habilidades pro-sociales de sus hijos, y yo les recuerdo que somos emociones y pensamientos, pero antes de eso —como he dicho en capítulos anteriores— somos sensaciones. No podemos simplemente decir que el niño está enfadado o triste porque sí, sino que debemos comprender cómo se siente, y cuáles son las sensaciones en torno a eso. Educarlos en el reconocimiento de lo que les pasa, cómo les pasa y cómo se sienten cuando les pasa los va a ayudar a desarrollar el autoconocimiento y también la maduración y evolución personal.

Algunos de los niños no son capaces de hacer introspección, de reconocer cuatro sentimientos base de la empatía: estar contentos, tristes, enfadados o fastidiados. Si esas versiones de sí mismos no están claras, es posible que los niños tengan algún problema. Cuando hablamos de la empatía en relación con las emociones, un chico que esté sano podrá reconocer al menos 186 emociones, será capaz de hablar en público o con otros de lo que le pasa, de identificar palabras, sentimientos, sensaciones.

A veces los niños con un cerebro neurodiverso no pueden hacer esto porque su cerebro no expresa la empatía del mismo modo que un joven con un cerebro neurotípico, por ejemplo, los chicos que tienen un trastorno del espectro autista o Asperger, pero es importante que los adultos veamos qué pasa en el repertorio de las emociones. Las emociones básicas asociadas a la empatía son:

- Agradables: placidez, alegría, amor, motivación, satisfacción.

- Desagradables: enfado, nervios, miedo, frustración, tristeza y cansancio.

Debemos estar atentos y saber si los niños pueden reconocer estas emociones porque es muy importante para ver si funcionan bien sus receptores. Por supuesto que los humanos tenemos muchas más emociones, pero podemos decir que son matices que pueden englobarse dentro de las mencionadas, que modulan la expresión epigenética de estas. Simplificar esta clasificación ayuda a que los niños puedan identificarlas a través de dibujos o emoticonos, y que nosotros podamos ver si con capaces de reconocerlas y asociar las sensaciones que sienten cuando eso está pasando.

La empatía se aprende, se cultiva y se practica. Si un niño o joven ve que sus padres o sus docentes son simpáticos, lo más probable es que copie la empatía. Si ven que el niño no es empático a pesar de estar rodeado de un contexto que sí lo es, se debe hacer un rastreo, pero de ninguna manera esto quiere decir que el niño no tenga esa capacidad, sino que a lo mejor no está dando la respuesta empática para ese momento determinado. Es una herramienta muy valiosa para desarrollar confianza y seguridad, para basar nuestra narrativa del mundo.

La empatía es parte del crecimiento que debemos garantizar como adultos, porque, si no, dificultará otras tareas como poner normas, fomentar el pensamiento positivo, hablar de optimismo o resiliencia. Pero sobre todo por su vínculo con la compasión a la hora de producir conductas altruistas. Según nos muestran los estudios neurocientíficos y neuropsicológicos, podemos aspirar a que esta práctica pueda incidir no solo en la educación o en la salud, sino también en la economía. Singer, desde el Instituto Kiel para la Economía Mundial, junto con Dennis Snower, ha trabajado en la formulación de una serie de nuevos planteamientos y modelos basados en la toma de decisiones. Estas ya no están basadas en los impulsos o en el sesgo cognitivo, sino en la motivación y el discernimiento al observar el sufrimiento de los seres.

Esta línea de trabajo nos muestra lo conveniente que es educar la conducta hacia el desarrollo de habilidades prosociales y construir un nuevo modelo de contexto económico que no se base en el egoísmo, sino en el altruismo. Problemas como las disputas, la crisis ecológica o la violencia podrían resolverse de una forma mucho más ecuánime y compasiva.

Entrenar la compasión y la empatía no se limita al contexto de las familias o las escuelas. Esta serie de ejercicios éticos pueden aplicarse a instituciones políticas y sanitarias, a empresas y a todas aquellas organizaciones donde se producen grandes cantidades de estrés y la toma de decisiones puede afectar a muchas personas. Si a los niños se los educa pronto en estos ejercicios, van a incorporar en sí mismos una serie de destrezas cognitivas y afectivas que les permitirán regular las emociones y el estrés, y reconocer desde dónde están tomando las decisiones.

Los responsables del diseño de políticas deberían ser los primeros en promover este enfoque basado en la ciencia para aprender y trabajar, así como para rediseñar instituciones con miras a hacer hincapié en la colaboración. Varios Gobiernos —incluido el de Reino Unido— han desarrollado los llamados «centros de motivación» (*nudge units*), donde se intenta motivar a las personas a hacer la elección que más les conviene a ellos y a la sociedad mediante la ayuda en la forma de indicios, guías sutiles y otras sugerencias.

La falta de compasión es supuestamente la causa de los fracasos más devastadores de la humanidad. El éxito a la hora de abordar los enormes desafíos que encaramos dependerá no solo de nuestra voluntad de trabajar y cooperar activamente para el logro del bien común, sino también de nuestra capacidad para impulsar las cualidades con ese fin.

CONSEJOS PARA FOMENTAR LA EMPATÍA

1. Educar con el ejemplo. La empatía, como otros caracteres, se imita, por lo que sugiero que también padres, docentes y cuidadores hagan el ejercicio de reconocer sus propias emociones y sensaciones asociadas a ella, y se pregunten cómo las reconocen. Para escuchar a los niños y jóvenes, hay que saber escucharse a uno mismo. Muéstrense a ustedes mismos el afecto que pretenden que sus hijos sientan. Observen en ejercicios de entrenamiento cuál es su grado de empatía y desde dónde están decidiendo.

2. Intentar comprender lo que el niño o joven quiere decir y dedicarle el tiempo necesario para entender la expresión de cada emoción, sensación, palabra o gesto. No hace falta que pregunten si es eso lo que quieren decir o lo que les está pasando. Permítanse sentir lo que el otro expresa, denle al otro el tiempo de hacerlo. Hay niños que son más rápidos y expresivos; otros, más lentos e inexpresivos. Pero todos los niños sienten, aunque no de la forma en la que a nosotros nos gustaría, sabemos leer emocionalmente o nos conviene.

3. Dar valor a lo que los otros sienten o perciben. Si, por ejemplo, un niño dice que siente que su hermano lo odia, no nieguen su sensación respondiendo «es tu hermano, está enfadado, pero no te odia». Hay que alejarse de los juicios morales y escuchar lo que sienten, prestar aten-

ción. Esto último no implica emitir juicios, sino solamente observar lo que está sucediendo. Hay que enseñar al niño a reconocer lo que está sucediendo, incluidas las sensaciones, las percepciones o emociones. No se debe negar lo que ocurre, sino comprender que el análisis de lo que sucede también es subjetivo y está sujeto a la relación con el otro.

4. Aceptar que cada persona expresa a su manera la empatía y su condición humana. Somos una miríada muy rica en nuestras sensopercepciones y negar el modo de interpretación o percepciones del otro va en contra de una mente curiosa con la realidad que se interesa por los demás. Nuestros cerebros pueden ser neurotípicos o neurodiversos, y la expresión de la neurodiversidad en materia de empatía ha arrojado datos interesantes para comprender cuál ha sido la evolución de nuestras emociones en este planeta.

5. Expresar responsablemente lo que sienten. Así, deben expresar a sus niños, jóvenes, compañeros o familiares cómo se sienten, pero regulando también lo que esto puede significar para el interlocutor, sobre todo si es un niño. A veces hay padres tan expresivos que al final solo inhiben la expresión de sus hijos. Se puede favorecer la expresión de las emociones desde diferentes disciplinas e inteligencias: la música, las matemáticas, el lenguaje, el movimiento, la internalización, el deporte. Sentir se puede expresar de mil formas, así que hagamos el ejercicio de expresar nuestros sentimientos de manera variada y de observar cómo los otros también lo hacen.

6. Ser sinceros y auténticos con los hijos. A veces ocultamos los sentimientos para que los niños no nos vean mal, pero esto solo genera un cortocircuito: ellos deben

saber que también los padres tienen malos días, que lloran, que sienten y que pueden necesitar el consuelo de otros, incluidos sus propios hijos. A veces estamos preocupados, hemos sufrido un revés de la vida o un duelo, y nos escondemos para que los niños no nos vean. Pero estos son capaces de detectar microgestos en el rostro que les indican que algo no va bien, incluso siendo bebés. Vean películas, jueguen, hagan teatro, caminen como animales, hagan marionetas, porque tanto el teatro y el cine como las artes plásticas estimulan la empatía.

10

Límites, reglas y normas

EL APRENDIZAJE DE LAS NORMAS Y LAS REGLAS

Sabemos que, en cada etapa de los niños y los jóvenes, y sobre todo en cada cultura y etnia, las normas, reglas, usos y costumbres son distintos, pero nuestros niños y las niñas tienen que aprenderlos no solo para que convivan con nosotros en nuestra casa, sino para poder desenvolverse en la sociedad y ampliar su desarrollo en relación con otras personas y formas de vida.

Hay tantos estilos de comunidad de tribus o de parentalidad como padres, madres y cuidadores, que la idea de este capítulo es, respetando la heterogeneidad, abrir la reflexión sobre cuáles son buenas prácticas a la hora de transmitir normas e imponer límites en la educación. Seguramente estamos hablando de conceptos también diferentes de familia (monoparentales, nucleares, clásicas, hasta tribales) y abriendo un espectro muy rico sobre qué es ser padres.

Hay familias que se fundamentan en el ojo por ojo, diente por diente, y así, educan a sus hijos en la venganza, el egoísmo o la defensa permanente del territorio. Otras son amables y dedican tiempo en común a aliviar el sufrimiento del otro.

Hoy en día, con toda la tecnología que los niños y jóvenes tienen al alcance de la mano, desarrollar un estilo que sea demasiado rígido no sería un buen aliado para una parentalidad contemporánea propositiva. Tenemos que mediar con los instrumentos y las condiciones que nos tocan en cada época, y la tecnología es uno de ellos.

Los responsables del diseño de la educación y las políticas de familias deberían promover enfoques basados en el bienestar y la ciencia para aprender humanamente y trabajar en cómo diseñar organizaciones y sistemas que den valor a la cooperación. Es el caso de los *nudge units* del Reino Unido, de los que ya hemos hablado en el capítulo anterior.

Para que un bebé, un niño o un joven aprehendan normas prosociales —que luego serán hábitos de la conducta en convivencia con otros—, es necesario resguardar un equilibrio entre la confianza, la amabilidad, la seguridad, la autoestima y el vínculo seguro, es decir, el sentimiento de pertenencia por el que sepa que puede volver a casa después de emprender una iniciativa; y, a la vez, tener libertad de equivocarse, de transgredir normas, para poder aprender por sí mismo. Ese aprendizaje no está exento de retos, oportunidades y peligros, pero al igual que un héroe debe de atravesar el laberinto para encontrar su propio tesoro, nuestros hijos deben al final entrar en su propio laberinto. Si hay algún elemento que es fundamental en todo este viaje es la capacidad de elegir con compasión. Nosotros solo podemos indicar la puerta, poner algunas señales en las piedras, pero el viaje es suyo.

Como he manifestado en capítulos anteriores, nuestro cerebro más primitivo intenta garantizar la supervivencia y aumentar el sentimiento de autoestima, y gracias a que observamos y comprendemos en relación con los demás, con el grupo, vamos ganando confianza en nosotros mismos. El bebé tiene que aprender las reglas del juego; el niño, las reglas de la escuela, y los jóvenes deben aprender de la sociedad. Ese aprendizaje hace que evolucionen de forma positiva en términos conductuales y afectivos, y también físicamente a medio y largo plazo, porque el aumento de la satisfacción con ellos mismos los hará sentirse también más integrados y, por tanto, más seguros de vivir.

Es muy importante que los padres, madres y cuidadores conozcan el valor de las normas y puedan transmitirlas permitiendo que los niños exploren, tomen sus propias decisiones y se equivoquen. A veces parece que los adolescentes puedan cumplir las normas, ya sea arreglar el cuarto, bañarse o incluso ordenar su ámbito académico. Se muestran inseguros, compulsivos, y es que no saben cuáles son las normas, porque en esa etapa del crecimiento los límites se están moviendo constantemente, tanto respecto de las normas sociales, las responsabilidades que deben asumir, como con su cuerpo. Tomar decisiones, elegir, sopesar, calcular qué sucede si tomamos este camino o este otro no es nada fácil; entonces es cuando observamos que la compasión puede ayudarnos a crecer en libertad. La autocompasión, la compasión por los otros, que quizá no tomaron la mejor opción, o sí, quién sabe.

Los niños y los padres no nacemos sabiendo cómo actuar, sino que lo vamos deduciendo, y es importante que los modelos de actuación y pensamiento de los padres les permitan a los chicos desarrollar habilidades de comprensión cognitiva y emocional donde se infieran las normas. Insisto en la acción de «inferir» las normas, que se lleva a cabo a través de la observación, la imitación y la introyección. William James, uno de los psicólogos más importantes de la escuela norteamericana, habló de la atención selectiva y la no selectiva en los procesos de aprendizaje, y con las normas aprendemos de las formas: los chicos imitan lo bueno y lo malo, lo que queremos que aprendan y lo que no. La imitación es una forma muy primaria de aprendizaje de la conducta y, a veces, de la consolidación de tipos de relaciones; por ejemplo, en el caso de adolescentes que no hubieran actuado de cierto modo, pero por el comportamiento del grupo y la velocidad con la que actúa la imitación terminan en situaciones problemáticas.

Los niños infieren las normas de los adultos, pero eso no significa que las comprendan, las respeten ni que estén de acuerdo con ellas, porque su programa de comportamiento se construye de forma progresiva. Aprender la norma no es sinónimo de repetirla y actuar con arreglo a su fin siempre. El cerebro dispone de circuitos neuronales cuya función es aprender de la observación y la imitación —relacionados con las neuronas espejo—, y estos disponen que lo que madre o el padre está haciendo es un gesto que conduce a algo determinado. Es decir, cada persona rellena los circuitos de información a partir de un gesto o un sonido, y desde allí se crea lo que se llama «sinapsis de predicción»: predecimos que hay una norma por la cual papá sale a cierta hora y regresa a otra, y que luego de eso se cena. Así se elucidan las normas de la familia y la escuela.

Una de nuestras primeras funciones como padres es proponer a los niños modelos de aprendizaje que puedan inferir. No es lo mismo lo que proponemos a un niño de tres años que a uno de catorce, y tergiversar eso puede ser problemático. Cada edad tiene que aprender normas determinadas respecto del enfado, las decepciones y las frustraciones; y si no los dejamos experimentar sus emociones luego les será imposible tomar decisiones. Los niños por lo general imitan el modelo del adulto, pero fijar un modelo no quiere decir que los niños vayan a tener la misma variabilidad que los padres: no es posible saber cómo van a tomar los modelos que les proponemos.

MODELOS DE APRENDIZAJE

Albert Bandura es un psicólogo ucraniano-canadiense que pertenece a la tendencia conductista. Su trabajo se ha centrado sobre todo en cómo aprendemos, y la teoría social y cognitiva y la psicología de la personalidad le deben mucho a Bandura, porque desarrolló el concepto de autoeficacia en relación con las normas, los límites y la disciplina. Este psicólogo demostró que el comportamiento hace que imitemos las conductas de los adultos, y abordó específicamente las prácticas de violencia para probar sus teorías sobre la adquisición de las conductas sociales. En su estudio proponía diferentes patrones a un muñeco y registró cómo el patrón de violencia, cuando se aprendía desde la infancia, se reproducía hacia hermanos y compañeros, y más tarde como padres.

La hipótesis planteaba que los niños que ven agresiones atacarían al muñeco, mientras que aquellos que ven un juego pacífico tendrían otro tipo de juego. El resultado del estudio comprobó que los niños aprenden los modelos de violencia de los adultos y del contexto, y pudo registrar que el modelo agresivo inferido, ya sea verbal, físico o emocional, no solo se copiaba, sino que podía reproducirse de manera activa o pasiva.

El trabajo de Bandura está vinculado con los límites, porque si se aprenden los límites negativos por imitación, también se pueden aprender los positivos. He hablado antes sobre la atención focalizada y la no focalizada, sobre que se aprende tanto lo malo como lo bueno; por lo tanto, tenemos una gran responsabilidad respecto de cuánta violencia afecta al cerebro de los niños y jóvenes, sin olvidar que una situación violenta no solo implica la violencia física, sino también las palabras, los modos de relacionarse, entre otras. También aprendemos de los patrones relacionales implícitos, aquellos que, aunque no podemos percibir, sí que forman parte de nuestros modelos internos.

Las personas que nacieron o se desarrollaron en contextos violentos o proceden de ellos deben hacer un gran trabajo en torno a esas conductas agresivas que aprendieron. Si los padres o cuidadores han crecido en contextos de violencia (ya sea familiar, de carácter social en ámbitos vulnerables, con drogas o de violencia estatal), incluso si su familia vivía en un entorno así, aunque no compartiera esas prácticas ni fuera víctima de ellas, sin duda han inferido normas de ese contexto, y tendrán conductas imitadas, ya sean pasivas o activas. Hay suficiente literatura sobre el tema que demuestra también el rol de la memoria intergeneracional en materia de violencia o abuso, cómo transferimos a generaciones posteriores todo aquello que hemos sufrido.

Una de las características más destacadas de los padres que tienen éxito en la propuesta y la aplicación de reglas o normas es que son auténticos y sinceros, son capaces de reconocer qué y cómo está pasando, y qué les sucede a los niños. La violencia no surge de la nada y los adultos deben hacerse eco de violencias intergeneracionales o en contextos determinados para poder regular la inferencia de esas normas. Quizá estamos observando que está surgiendo un patrón intrafamiliar o comunitario que tiene sesgos violentos, aunque no podamos manejarlo por completo, así que detengámonos a reconocerlo y a solicitar ayuda.

Como dije al inicio del capítulo, los límites no se plantean para estar en casa solamente; educar a los hijos o a los estudiantes, poner normas, también implica reconocer que en el mundo hay dolor y que las reglas aprendidas a veces se pueden encontrar con esa otra realidad, y como adultos debemos ayudar a superar ese lado de la vida. Solo si somos capaces de diferenciar qué es dolor y qué es sufrimiento, comprenderemos la enseña de la vida. Es todo un aprendizaje. El dolor puede ser útil en tanto que nos ayuda a crecer, o inútil en tanto que nos sume en una rueda inagotable de desesperación y trauma. El dolor es inevitable en la vida, pero el sufrimiento es opcional y se puede regular su expresión.

La primera forma en que el niño aprende es a través de la observación. Los niños observan e incorporan todo lo que los rodea, consciente o inconscientemente, pasiva o activamente, implícita o explícitamente. Observan todo lo que los padres y cuidadores dicen o hacen, y lo que el contexto histórico dictamine va a ser un ejemplo y una guía. Así, los niños analizan qué es lo más conveniente en ese contexto y harán lo que sea más fácil. Reproducirán aquello que es más reconocido, incluso aunque esto no sea lo más ético. Muy pocos niños tienen la fuerza moral de decirle a un contexto que no están de acuerdo. Cada vez que acatamos una norma en una edad temprana, eso significa que dejamos caer otras posibilidades del árbol de las sinapsis, eliminamos rutas, patrones o posibilidades. Posibilidades, probabilidades y porcentajes no son lo mismo en nuestra mente.

El segundo modelo de aprendizaje es el resultado de la conducta. Es decir, si esta tiene en el niño un resultado del que ha aprendido algo o ha logrado algo con ella, la va a reiterar; y si la están repitiendo sin aprender, la harán hasta aprender la lección. Es posible decir que toda conducta es una repetición en tanto que nosotros aprendemos algo de la situación. Al cerebro le gusta hacer dos cosas: repetir lo que ya sabe y observar lo que no sabe. Ese movimiento aferente y eferente nos ha traído hasta donde hemos llegado hoy en día. El equilibrio de esas fuerzas tensionadas hace que evolucionemos como especie, aunque en ocasiones las fuerzas conservadoras nos constriñen y en otras el tsunami de las hormonas nos impulsa hacia el vacío del no saber, del no conocer, pero desear hacerlo, como sucede con los adolescentes cuando se enamoran. Ambos movimientos son necesarios y reconocerlos sería nuestra máxima aspiración, aceptar que no siempre pueden ni deben estar en equilibrio.

El tercer modelo de aprendizaje es todo aquello que no se puede expresar, pero que forma parte de la intersubjetividad relacional de la familia. Los secretos, los tabúes, las sombras: todo eso el niño lo percibe, aunque no puede explicarlo. También percibe si sus padres son felices o están frustrados en la relación. Todo tiene que ver con su supervivencia y, por tanto, percibirlo es una tarea imprescindible.

Los niños también aprenden con instrucciones claras, así que necesitan claridad y directrices comunes, porque cuando estas chocan con el contexto (escuela, familia ampliada, realidad histórico-social), las reglas y los límites no se infieren porque hay discordancia y les resulta más difícil.

También aprenden a través de la disciplina positiva (que desarrollaré a continuación), y porque piensan; por eso no hay que ser proactivos, hay que validar el error como parte del proceso y no ser reactivos cuando los niños se equivocan. Cuando los niños se equivocan hay que hablar con la mayor calma posible, reflexionar sobre lo sucedido y abrir posibilidades, porque de otro modo dañamos la autoestima. El niño puede llegar a tomar decisiones buenas después de haberlas tomado malas, pero si nunca le permitimos eso, dependerá de los adultos. Debemos conversar en torno al error tanto como alrededor del acierto para llegar a la conclusión de que no hay error, sino proceso.

Cuando nos equivocamos, no está bien ni mal, simplemente hemos probado una ruta, y esa ruta nos ha enseñado algo, por ejemplo, qué es lo que no hay que hacer. También nos puede enseñar qué sí era lo que había que hacer, pero de otra manera, con otro tiempo, en otro contexto, a otra intensidad. Siempre estamos aprendiendo, eso el cerebro lo tiene claro. Lo hacemos consciente o inconscientemente, y todo lo que aprendemos lo recordaremos cuando sea necesario, aunque no hayamos asumido la comprensión o integración de lo aprendido.

No aprendemos solos, sino que nuestros aprendizajes son relacionales y transgeneracionales, ambientales e implícitos. Lo hacemos siempre: incluso cuando el docente cree que el niño no sabe ni aprende sí que sabe y aprende. Quizá no lo que a él le gustaría, pero el niño es un ser inteligente siempre.

La disciplina positiva o la disciplina del amor

Existe un papel diferenciado entre hacer algo con la motivación apropiada o hacerlo por disciplina o miedo. La ciencia ha estudiado qué diferencia existe entre la motivación basada en la compasión hacia el otro y la justicia en el sentido de culpa y castigo. ¿Qué diferencia existe entre la cooperación, el castigo, la deserción o la integración de los sujetos?

La palabra «disciplina» viene del latín *discipulus* —«discípulo»—, el conjunto de normas que tiene que seguir un discípulo para poder completar un aprendizaje de la forma adecuada. Es una forma de enseñar y también de aprender. Es un estilo de aprendizaje y de comprensión.

En las últimas décadas se ha hablado mucho del impacto de las emociones positivas, de los pensamientos positivos y de la disciplina positiva. El cerebro humano está continuamente moldeándose, no solo por los cuidadores primarios, sino también por el contexto (televisión, comunidad, familia ampliada, escuela) y ese desarrollo mental del cerebro de los hijos puede hacerse de manera consciente o inconsciente. La disciplina positiva apunta a inferir positivamente que se generen los hábitos de comprensión y de habituación a situaciones sin coartar la libertad y haciendo poco a poco un ejercicio de ella. Me resulta interesante que últimamente todo lleva el adjetivo «positivo», como si lo negativo no tuviese valor alguno, por eso me gustaría hablar más de la disciplina del amor y no tanto de una disciplina positiva. Si hay algo positivo es el amor, y el amor también tiene límites, formas, colinas y fronteras. Es el amor, que supone un gran equilibrio y un balance a lo largo del tiempo, sosteniendo su propia cuerda del amor, incluso cuando el otro no es capaz de percibirlo.

El primer principio de la disciplina del amor consiste en afianzar la conducta positiva —algo que ya planteaba Maria Montessori—, es decir, reforzar lo que se hace bien. Afianzar quiere decir «fortalecer» aquel comportamiento que consideramos positivo, pero no significa en absoluto que no haya que decir lo que no lo es tanto. Reforzar positivamente puede ser dar un premio en forma de caricias emocionales o físicas, algo sencillo y no desproporcionado, para no habituar al niño a que no haga nada si no hay recompensa, es decir, reforzar sin entrar en la mercantilización de los actos positivos. Nuestra aspiración es poner conciencia a los hechos.

Cuando se nos recompensa, ya sea de niños o de adultos, el cerebro genera dopamina, que permite que el cerebro asocie la conducta con la satisfacción, y positivamente buscaremos tener más comportamientos de ese tipo. Pero si solamente reforzamos a través de la dopamina y no a través de la oxitocina —que es la hormona del cariño, la felicidad y el agrado—, tendríamos chicos con una asociación neurológica que fomenta circuitos dopaminógenos. Y es que activar la recompensa y lo aprendido es una cosa, e incentivar la búsqueda de recompensa es otra cosa.

La segunda regla de la disciplina amorosa es decir, con la máxima claridad posible y atendiendo a la edad del niño o joven, cuáles son las reglas y, una vez que se explican y se entienden, mantenerlas. Esto último no debe hacerse a costa de nada valioso ni mediante un castigo, porque no es necesario desatar malestares en torno a algo acordado. Hay marcadores que ayudan a mantener la norma y otros que no: el enfado, por ejemplo, no ayuda porque segregamos estrés, y con eso cortisol, algo que es malo para la salud, además de crear un cortocircuito en la comunicación: el niño o joven preferirá mentir para evitar el enfado, y eso seguirá creciendo.

El equilibrio entre la recompensa y el cumplimiento de la norma es muy delicado, porque los niños no deben aprender que el acatamiento implica un premio. Usar de forma desmedida recompensas materiales o socioemocionales en la educación de los niños puede generar un desequilibrio al crecer por el que, al no recibir recompensas por el cumplimiento de las normas, dejen de respetarlas.

El tercer eje de la disciplina amorosa es el consenso. Si están educando a sus hijos con sus parejas, o con otros adultos, o en el diálogo con la escuela, es imprescindible consensuar unas normas y que el entorno las respete. Es importante reforzar el comportamiento de los niños en consenso con el entorno social. También les pasa lo mismo a los docentes que intentan establecer ciertas normas de estudio y aprendizaje que no se respetan en las familias. Es importante explicitar las normas entre todos los adultos.

Un cuarto aspecto de la disciplina amorosa es que, a la hora de fijar una norma y hacer ajustes dentro de la parentalidad, hay que tener en cuenta que inferir una nueva norma lleva un tiempo de aprendizaje e incorporación del hábito. Por ejemplo, si a partir de los seis años el niño tiene la responsabilidad de darle de comer al perro, se preguntará por qué a los seis años y un día está obligado a hacer lo que hasta el día anterior no debía. Es necesario estar atentos, porque quizá, además de haber empezado la escuela, que tiene sus propias normas, también cambien las de la casa, y en esos casos es recomendable no sumar nuevas normas porque sobrepasamos los límites del área límbica, y no sería extraño que la respuesta fuera pegar al perro o a su hermano menor.

Hay algunos estilos de parentalidad que al incluir nuevas normas apelan de nuevo a la recompensa, pero siempre debemos tener presente que hay recompensas que pueden ayudar y otras que no (sobre todo las materiales: juguetes, comidas, etc.). Cuando se recompensa a un sujeto dentro de un sistema (familia, escuela, equipo deportivo) se debe tener en cuenta la mirada de los demás porque puede generar vergüenza o malestar, ya que el comportamiento de otros no ha sido lo bastante ejemplar o suficiente para obtener la recompensa.

Por supuesto, en la aplicación de normas desde la disciplina positiva hay que ser pacientes y constantes. Una vez que se fija una norma y esperamos su cumplimiento, se debe educar en causas y consecuencias. No se trata de establecer un modo de actuar «porque sí», sino de construir juntos el sentido de la norma. Por ejemplo, conversar sobre qué pasa si fuera llueve y hace frío y el niño sale desabrigado: que él mismo pueda proyectar las consecuencias, en vez de retarlo porque está a punto de ir a la calle con poca ropa.

Otra característica de la disciplina amorosa es intentar que los niños aprendan a pensar y tener sentido común, es decir, que tomen decisiones. Una norma se infiere con sentido común en un tiempo determinado y se puede hablar acerca de ella y flexibilizarla, pero sobre todo se trata de que ellos razonen el porqué. Por eso también es importante escuchar su visión y que se pueda flexibilizar, que se pueda decir a los niños o jóvenes «me equivoqué», porque cuanto más tardemos en rectificar, mayores dudas se les generarán a los niños.

Es importante que cuando, desde la disciplina amorosa, los padres se fijan un objetivo con los niños, contemplen un tiempo determinado, porque nada se aprende de un día para otro y es necesario establecer plazos, ya que no se trata solo de establecer la regla, sino también de intentar cumplirla. En la educación debemos tratar de ver cuándo el niño lo hace mejor, porque posiblemente está trabajando con su conducta en un refuerzo positivo, y debemos mantenerlo pase lo que pase. Las reglas no varían en sustancia, sino que lo que hacemos es esforzarnos por reforzar el comportamiento bondadoso.

Otra tarea de los padres es supervisar que cuando surge algo negativo dentro del contexto, seamos capaces de gestionarlo, de elaborarlo y no ejercer principios de autoritarismo, sino de autoridad. Podemos saltarnos las normas y, de hecho, así evoluciona la sociedad, pero esto debe implicar la elaboración de la situación. Si vemos que los niños o adolescentes se saltan las normas en sentido constructivo, podemos preguntar si son conscientes de que lo han hecho e indagar cómo en pos de su construcción han evaluado la situación. Así los motivamos a seguir creando normas, les hacemos saber que estamos pendientes, y que no nos importa que lo hagan bien o mal, sino que están actuando positivamente ejerciendo su libertad.

Algunas reglas en el aprendizaje de normas y límites

Hay algunas reglas que me gustaría proponer para tener en cuenta en las prácticas de parentalidad con respecto al aprendizaje de normas y límites. La primera es que el cerebro de los niños y jóvenes vive en el momento presente, así que es muy difícil que se pregunten qué pasará el día siguiente a partir de sus actos. A fuerza de repetición lo irán comprendiendo, pero el neocórtex no puede predecirlo como un adulto y es importarte tenerlo en cuenta.

Otra regla es recordar que hay épocas en que los niños y los jóvenes no les dan importancia alguna al orden y la limpieza, y no es que no les gusten, sino que no les dan ningún valor. En estos casos es posible acordar reglas y pactos. También es importante saber que el cerebro, cuando está creciendo, no tiene regulación emocional, y por eso es clave que los adultos los acompañemos para ver cómo se sienten al saltarse reglas y les respondamos con tranquilidad, sin regañarlos. Los niños y los jóvenes aprenden llevándonos al límite, y por eso también es importante estar y definir esas fronteras, diciendo «estoy aquí y estos son los límites». También a veces buscan conocer o desafiar las consecuencias que acordamos para cuando se salten una norma en concreto; si no, esta no tendría validez.

Por último, es importante recordar que no solo aprenden de adultos, sino también de pares —amigos, hermanos, compañeros—, y entonces debemos observar si es un comportamiento imitativo de otros o si su ruptura de las normas está asociada a otros, incluyendo en ese «otros» las redes sociales.

El ejemplo de los padres y madres

He mencionado a lo largo del capítulo que los niños y los jóvenes aprenden por imitación y que una de las mejores formas de enseñar es a través del ejemplo, con independencia de que nunca sepamos con certeza cómo incorporarán los niños nuestros modelos. Sin embargo, esto no quiere decir que en ese esfuerzo los padres hayan de perder la humanidad, al contrario: debemos reconocer que a veces incluso las habilidades parentales nos cuestan y que no es posible que una persona lo haga todo bien o lo que se espera de ella todo el tiempo. Los padres somos seres humanos.

En los años ochenta fue cuando, por primera vez, algunos científicos consideraron que el síndrome de *burnout* que sufrían los trabajadores podía trasladarse a las actividades parentales en lo que denominaron «síndrome de desgaste». Muchas situaciones, como la enfermedad de un hijo, la capacidad para manejar el estrés, una separación o la falta de amigos en los que confiar pueden ser factores que propicien este síndrome, que además es independiente de la edad que tengan los hijos: afecta a padres de niños, de adolescentes e incluso a los que tienen hijos de más de treinta años. Pero el desánimo solo se refiere a la vida familiar y a la crianza de los hijos, lo que lo diferencia de una depresión.

El desgaste parental se caracteriza por tres síntomas principales. En primer lugar, se encuentra el agotamiento: los afectados se sienten vacíos y al límite de sus fuerzas; muchas madres se sienten así después del parto o con la gran dificultad que implica ser madre, profesional y tener tiempo para ellas mismas.

En segundo lugar, existe un distanciamiento emocional: estos padres carecen de la energía suficiente para implicarse en la relación con el niño, se vuelcan menos en su crianza y otorgan menos valor a lo que el hijo experimenta y siente. Algunos los llaman «padres tortuga»: ponen los huevos y se van. Qué podemos decir, la parentalidad es un misterio y cada persona siente las emociones de manera diferente, por lo que no podemos juzgar ni valorar cuál es el dolor que siente una madre cuando se separa de sus hijos, más allá de que estos la comprendan o la sociedad la juzgue.

He visto a padres emigrantes abandonar a sus hijos en las calles de Chiapas después de haber recorrido miles de kilómetros con ellos. Y no porque no los amasen, sino porque ya no tenían más fuerza para sostenerlos. Pienso en las madres que enviaron a sus hijos solos en los trenes de Kiev hacia Europa occidental en la guerra de Ucrania. ¿Podemos decir que esas madres no amaban a sus hijos? También pienso en las madres en China, que dejaban a sus hijas en los centros de acogida después de haber rebasado la cuota del hijo único. ¿Podemos realmente decir que ellas no las amaban o que no sentían emociones hacia ellas? Pero les invito a que profundicen más sobre el sentido del amor a largo plazo.

En tercer lugar, la competitividad del mundo, la necesidad de producir bienes, y cómo ese rendimiento e identificación nos afecta en el papel de padre o madre, así como la sensación de ser un buen padre o una buena madre. No podemos saber a ciencia cierta cuánta presión tienen que soportar los padres hoy en día, porque ser padre no está de moda. Muchas personas adoptan mascotas, hacen jardines o se compran un vehículo nuevo, porque todo esto es mucho más fácil que criar un hijo. La sociedad no promueve la felicidad y la calma siendo padres, y eso es algo que todos estamos pagando. La felicidad está en la realización social o en la idealización de tener una pareja, una casa, un viaje. La felicidad está en parecer más joven, en tener más dinero y en poseer más empresas, pero no en ser padres.

¿Alguien se ha detenido a contar realmente cuántos años le dedicamos a un hijo, cuántas horas, cuánto esfuerzo, cuánta inversión? Son muchísimas, y realmente no solo los padres, sino sobre todo las madres, que invertimos aproximadamente seis años de nuestra vida en un hijo. Una inversión que ya no solo podemos hacer en exclusiva en estos tiempos. Las mujeres queremos más de la vida que ser madres, queremos ser personas que maternalizan hijos, pero no sujetos destinados solo a la procreación y al cuidado de la cría. Los padres aún están en papeles de transición hacia una parentalidad amorosa, y todo lleva su tiempo. Así somos los humanos, vamos poco a poco.

Nuestro cerebro ha llegado a la conclusión de que nuestra programación biológica y las condiciones sociales no están alineadas: no es fácil ser madre y mantener las demandas de la época. Así podemos entender el fenómeno No Mother («no madre», NoMo) que lleva a las adolescentes a operarse para no tener hijos. Sumemos además todas las consecuencias en la mente de las jóvenes relativas a la ansiedad del cambio climático, el poco futuro como profesionales y el amor líquido: todo eso es el producto de nuestra sociedad. Nosotros hemos creado esas causas que llevan a no poder ser padres.

Este es un libro de neurociencia y parentalidad, y, sin embargo, es necesario hablar de todas aquellas mujeres que han decidido no ser madres, las NoMo. Aunque nosotros lo justifiquemos de manera consciente en la falta de trabajo, las condiciones de la vivienda o la idoneidad de encontrar pareja apropiada, la realidad es que el NoMo está creciendo y muchas mujeres ya no quieren ser madres; no está en su proyecto de vida. Simone de Beauvoir dijo «Ser mujer se hace», una frase muy revolucionaria en un movimiento donde se estaba dando voz a las mujeres de muchas formas. Nadie se pregunta nunca si la paternidad hace al hombre y qué implica para el hombre ser padre; sin embargo, a lo largo de la historia las mujeres sí hemos tenido que responder a esto y seguiremos haciéndolo.

Hasta hace muy poco e incluso hoy en día, en muchos países la condición de la mujer estaba asociada a ser esposa y madre. Sin elección se las vendía como jóvenes esposas y sin elección parían, y sigue siendo así en algunos lugares. El matrimonio y la maternidad no eran la finalidad de su vida, pero les venían dados como el cumplimiento de una función biológica. Desde la Segunda Guerra Mundial, y sobre todo a partir de los años sesenta y setenta, las mujeres han ido preguntándose y dedicándose a otras cosas. El mundo no se lo ha puesto fácil y aun así lo han hecho.

La revolución de una sociedad y de su parentalidad es sobre todo asunto de la madre, que da a luz al movimiento de una realidad escondida llamada «hijo». Ser madre no es tener un hijo, igual que ser mujer no es ser madre. La mujer ha cuestionado quién tenía derecho sobre su libertad, sobre su cuerpo y sobre sus sentimientos. Así pues, tanto si se casa como si no, si se tienen hijos como si no, si se aborta como si no, si se abandona el hogar para salvar la vida o si se permanece en él a pesar de no ser feliz, la mujer siempre será cuestionada en su elección. Todos nosotros tenemos madres, abuelas, primas, amigas, hermanas y compañeras que han sido cuestionadas. La pregunta no tiene principio ni fin y la mujer nunca estará libre de los estereotipos de la maternidad. Eso nos plantea la importancia de poner conciencia y movimiento a las reflexiones que surgen. NoMo es una de ellas, como lo es el cambio de identidad sexual.

La sociedad tiene muchas heridas, grietas profundas y contradicciones entre lo más primitivo, que se cuela en nuestro cerebro, y la presión de la modernidad, que nos inunda. Educarnos y disciplinarnos implica también aceptar esto: que no pasa nada si no tienes hijos físicos, que cada día llueve en algún lugar del mundo, que los límites de la maternidad los pones tú. Tomar la decisión de tener un hijo no es algo lógico, no nos engañemos. Tomar la decisión de no tenerlo tampoco lo es: hay miedo, dudas, equivocaciones, rencores, culpa. No ser madre de hijos físicos no significa no ser madre. Todos los seres son madres porque tienen capacidad para parentalizar. Somos nosotras las que, poniendo en conciencia con libertad y apertura, en cada momento decidiremos cuántos hijos podemos tener hoy y cómo deseamos relacionarnos con ellos.

Detrás del síndrome de desgaste parental no siempre subyace una vivencia dramática. La rutina es, algunas veces, demasiado exigente: los padres quieren hacerlo todo lo mejor posible para su hijo. El niño debe estar sano, ser feliz y desarrollarse de forma óptima. Pero, en ocasiones, se llega a casa demasiado cansado de la jornada laboral como para dedicar atención al pequeño; faltan tiempo, ganas y paciencia para escuchar, elogiar o ayudar. En su lugar, los nervios se crispan por pequeñeces, a pesar de que la intención inicial era actuar con mesura y amabilidad.

La imagen ideal de la familia y sus consecuencias contribuyen de manera decisiva al desgaste parental. Por ejemplo, una pareja que trabaja a tiempo completo todo el día y que pretende llevar a sus tres hijos a practicar tenis, clases de música y de teatro, además de procurar alimentos ecológicos no aptos para todos los bolsillos, es posible que se vea desbordada.

Pero, como siempre, la sinceridad es clave para resolver los problemas. Un punto fundamental es hablar sobre el tema: hoy en día sufrir por ser madre o padre constituye un tabú. Pero las personas que se encuentran en esta situación deberían acudir a un médico o a un psicólogo en busca de ayuda. Los tratamientos no pueden borrar los problemas, pero pueden resultar útiles ante un síndrome de desgaste, y la mayor parte del trabajo es psicológico: debe averiguarse cómo se ha llegado tan lejos y qué tareas resultan más fatigosas o desapacibles.

Ser padre requiere apoyo social, y ya no basta con el apoyo familiar, ni el de los amigos. La sociedad se ha hecho demasiado compleja, estamos primando más los objetos que los sujetos. La parentalidad es entonces un objeto más: vientres de alquiler, inseminación *in vitro*, tratamientos de fertilidad que destrozan psicológicamente a todos los que no pueden tener un hijo de forma natural. ¿Qué es en realidad tener un hijo: una hoja de cálculo, un plan, una habitación llena, tenerlo todo controlado? Hemos llegado a creer la ilusión de que un hijo nos pertenece o de que podemos encargarlo como quien pide una pizza para cenar y al cabo de nueve meses la recoge en una clínica en Ucrania. Me produce una tremenda tristeza ver qué es ser padre.

En ocasiones, existen ciertos factores que desempeñan un papel relevante en estas situaciones, entre ellos la calidad de la relación de la pareja, la forma de educar a los hijos y la personalidad de los afectados. Así, los padres o madres «desgastados» suelen ser personas perfeccionistas, a las que les resulta difícil manejar sus propias emociones y reconocer o entender los sentimientos de sus hijos. No saben diferenciar si un ataque de rabia del niño refleja pena o si el problema estriba en que no han establecido límites claros al pequeño, a pesar de que estas son, precisamente, competencias parentales importantes.

También los padres, así como pretendemos hacer con los niños, debemos reconocer las sensaciones a tiempo. El estrés debe asumirse para prevenirlo con medidas adecuadas, por ejemplo, a través de hábitos que optimicen el día a día, la solicitud de apoyo a los abuelos o tíos, organizar y repartir las tareas domésticas, reducir las actividades de tiempo libre de los hijos a un número razonable y optar por otro tipo de alimentos si es necesario. Relajarse de vez en cuando ayuda.

Como dije con anterioridad, el consenso es importante entre los cuidadores, pero no siempre pueden evitarse las contradicciones y conductas inconsecuentes. Cuando en un viaje en automóvil uno de los progenitores amenaza al niño con abandonarlo en la cuneta si no se porta bien, naturalmente no hay que cumplir ese ultimátum. No obstante, si siempre se amenaza con consecuencias que nunca se llegan a cumplir, se pierde credibilidad. El niño aprende entonces que los mensajes de los padres no tienen ningún valor.

Con todo, quien padece síndrome de desgaste, o se identifica con algunas de sus características, no debe perder la esperanza. Aunque parezca difícil salir del pozo cuando las fuerzas desfallecen, se trata de una situación pasajera. Para evitar el malestar, los expertos aconsejan bajar la autoexigencia. Las madres y los padres estresados deben recurrir con más frecuencia a la ayuda de los demás, del mismo modo que pretenden que hagan sus hijos.

Si son padres o van a serlo, por favor, tengan redes de apoyo, revisen antes bien si están en condiciones de dar (no solo casa y comida), y también tengan presente que la parentalidad nos cambia. Lo que son antes de ser padres y después no tiene nada que ver, serán completamente diferentes. No podrán planear nada, su hijo nunca será lo que esperan de él. Solo si son capaces de aceptar que su hijo puede morir en su vientre cuando lo esperan, que puede nacer con un síndrome incurable, que su pareja puede abandonarles, que ustedes pueden morir y dejarlos huérfanos; si pueden soportar eso de verdad, entonces piensen que también van a tener muchas alegrías, que empiezan desde el primer movimiento en el vientre hasta su último aliento. Eso es ser padre.

11

El castigo en la parentalidad

El castigo, la culpa y sus consecuencias

Wolf Singer afirmó: «No soy culpable, pero mi cerebro lo es». Cuando Italia reabrió el caso de Patrizia Reggiani por haber encargado la muerte de su marido Maurizio Gucci, los testigos no aceptaron la idea de que la cirugía de un tumor cerebral había cambiado por completo su personalidad. Gracias al trabajo de sus abogados, se le concedió el derecho a un nuevo juicio, donde se usaron técnicas de imágenes cerebrales que revelaron daños indetectables en el primer juicio y que justificarían su absolución.

Wolf Singer, uno de los más destacados neurocientíficos, demostró que deben tenerse en cuenta las anomalías cerebrales cuando hablamos de justicia, culpa y castigo. Sus declaraciones científicas nos cuestionan de manera considerable cuál es el origen de nuestra justicia y la idea de que el libre albedrío no es más que una ilusión de la mente. Singer, que fue director del Max Planck Institute para la Investigación del Cerebro, en Frankfurt, se centró en un problema vinculante de la percepción en la libertad.

Existe un misterio en cómo percibimos un objeto, un sujeto, una realidad, cuando sabemos que el cerebro procesa de forma separada elementos como la forma, el color, los ángulos, el tamaño y el sabor. Su trabajo nos mostró que la clave está en la sincronización codificada de las características separadas. Esto puso en cuestión si realmente tomamos las decisiones con conciencia, si somos agentes independientes como imaginamos o simplemente ilusiones de serlo.

La neurobiología nos demuestra que no existe un centro del cerebro desde donde se planifiquen las acciones y se tomen las decisiones sobre algo. Una decisión es un conjunto de sistemas dinámicos que se ponen en marcha en paralelo y que se refuerzan por un conjunto de células nerviosas que entran en comunicación entre sí.

Los humanos somos seres complejos, tenemos que calcular innumerables variables para sobrevivir, y cada una de ellas puede influir en la decisión que tomamos: genética, epigenética, factores aprendidos, ambiente, traumas, deseos, órdenes, frustraciones, chantajes, emociones. Todas esas y más son variables que surgen implícita y explícitamente; no somos conscientes de esos factores, solo con suerte del objeto o del sujeto que estamos procesando. Como humanos, podemos entrenarnos y extraer los elementos del foco en cuestión. Los hacemos conscientes, y con ello anhelamos ser coherentes, para así justificar nuestras decisiones de maneras que en absoluto tienen que ver con nuestras motivaciones reales implícitas.

Singer nos recuerda que los psiquiatras no siempre pueden encontrar los signos profundos de una enfermedad mental. Si alguien hace algo antisocial, la razón siempre está en el cerebro. Puede ser el giro de un desequilibrio hormonal, un gen, múltiples razones, pero todas ellas están en la arquitectura del cerebro. Una estructura que no se puede observar desde una exploración clásica del sujeto.

Mientras no seamos capaces de identificar todas las causas, y muy probablemente nunca llegaremos a hacerlo ni a admitir que no lo conseguiremos, podemos concluir que detrás de todo hecho existe una razón neurobiológica, tanto para la normalidad como para la diversidad. Entonces, si una persona no es responsable de sus actos, ¿quién lo es? Mas que organizar la familia, la sociedad o la clase en función del bien o del mal, mejor haríamos en organizarla en función de valores de comportamiento y grados de conciencia. Cuando un niño se porta mal, no actúa solo; lo hace con la complicidad de sus células nerviosas, de sus hormonas, de los aminoácidos que forman su cerebro y de acuerdo con ciertos principios neurobiológicos. Por ello mi implicación es sostener argumentos donde el tratamiento que les demos a las personas no se base en la culpa, la venganza o el castigo, sino más en qué ha pasado en su cerebro, qué es lo que tienen.

Los filósofos han debatido durante siglos qué es la libertad, y esa discusión es completamente compatible con la neurobiológica. No sabemos lo suficiente para llegar a ninguna conclusión. No hay ningún homúnculo en el cerebro que tome decisiones por nosotros. Cómo integrar esos cálculos y tomar decisiones buenas: quizá la pregunta más interesante sea pensar por qué nos interesa observar las sociedades que se basan en la culpa, la venganza y el castigo. Cómo las personas que fundamentan su cerebro en esos elementos sufren más y hacen sufrir más a los demás. Cómo todo totalitarismo al final fracasa, y así nos damos cuenta de que podemos autoorganizarnos, amarnos y vivir más allá de esos elementos. No somos conscientes de que en realidad la influencia de la culpa y la vergüenza opera en la dinámica de los sistemas relacionales. Llegar a darnos cuenta es parte de la razón de este apartado.

Aquí vamos a trabajar un tema muy delicado: los castigos. En el capítulo anterior he planteado cómo se aprenden las normas y límites, y cómo reforzar la disciplina. Pero ¿qué pasa cuando ya no son suficientes las normas y acuerdos? ¿Podemos castigar? ¿Qué significa para el cerebro de un niño o joven el castigo?

Ya hablé en el cierre del capítulo anterior de que muchas veces los padres, los cuidadores o los docentes están demasiado cansados, frustrados, y no tienen paciencia para pensar en las alternativas que pueden presentar frente a conductas inapropiadas. Muchas veces intentamos aplicar las prácticas ya establecidas y acabamos diciendo «no hay manera», reforzando así los comportamientos negativos. Y ya sabemos que conseguimos que se amplifique aquello en lo que ponemos el foco, la atención.

No es nada fácil prestar atención a lo positivo cuando vemos todo lo negativo que hace un joven que vuelve tarde a casa, fuma, no estudia, tiene rabietas, no come, se droga o ha estampado el coche contra la cerca del jardín. Y hemos visto, a lo largo del libro, la importancia de propiciar en el cerebro la generación de hormonas como la oxitocina y la serotonina a la hora de vincularnos de una manera positiva. Pero para recablear las actitudes negativas cuando se presentan, debemos saber de dónde vienen, cuáles son las posibilidades de encontrar alternativas y por qué funcionan o no los castigos.

En la parte más primaria del cerebro tenemos la amígdala, el tálamo y el hipotálamo, y en esas regiones regulamos todo lo que tiene que ver con la supervivencia asociada al grupo: que nos quieran, que nos cuiden y que nos den la estima que nos merecemos. Así que, si sentimos que nos están castigando, esa parte del cerebro se activará.

Cualquier forma de castigo, desde la más leve hasta la más grave, tiene siempre consecuencias negativas en términos neurológicos, relacionales, psicoafectivos, físicos y emocionales. La primera es que habituamos a ese bebé o niño al castigo como una forma de relación, y eso lleva a que entiendan que ese es el modo en que nosotros les prestamos atención, por lo que agudizará estas conductas para tener más atención, aunque sea negativa. Y no es que le gusten los castigos, sino que aprenderá a relacionarse desde el no disfrute de los vínculos y, psicoafectivamente, eso le marcará la vida adulta.

Además de esto, el daño que genera la conducta negativa del niño no necesariamente se repara con el castigo. Por ejemplo, si lo castigamos por pegar a alguien, es posible que el sentimiento de culpa le haga estar más enojado y volver a pegar a ese niño o a otros, por lo que el castigo será mayor y, en consecuencia, el sentimiento de culpa también, hasta generar de esta manera un círculo vicioso.

Así, la segunda consecuencia negativa del castigo son la culpa y la vergüenza, que también se sitúan entre el cerebro primario y las áreas límbicas. El niño también ve afectadas las áreas de su autoconciencia y la autonarrativa: quién soy yo que merezco este trato. En muchas sociedades el acto que comete un individuo se diferencia del individuo en cuestión. En nuestra sociedad, tremendamente orientada a la culpa, el escarnio y la vergüenza, esto no funciona.

En África y algunas tribus de Asia, cuando una persona hace algo mal, todos se reúnen y se preguntan qué ha pasado, qué han hecho mal. Abrazan a la persona y se toman la responsabilidad de hacer crecer a la tribu con lo aprendido. La culpa, el escarnio y la vergüenza han sido demasiado utilizados en nuestra sociedad para controlar nuestro comportamiento y reprimir nuestras emociones. Estas son un asunto público y resultan mucho más efectivas en su expresión que la carga de cualquier golpe.

Muchas personas condenadas a prisión por los delitos cometidos son simplemente enfermos mentales, incluidos niños. Esas personas no tienen conciencia clara de qué son, han tenido vidas y contextos traumáticos y, además, nadie va a ayudarlas en su privación de libertad. Estamos condenando a las personas, usando la culpa y la vergüenza como un instrumento de castigo penal. Un instrumento que sabemos que no funciona y que pertenece a una época de la historia que no es esta en la que vivimos. Muchos profesores siguen castigando a sus estudiantes, física, afectiva o mentalmente; continúan discriminándolos por su color de piel, religión, renta o por el barrio donde viven. Los profesores no tratan igual a los niños, pero de ello surgirán ciudadanos más o menos libres, más o menos responsables.

El castigo no funciona, no aprendemos más o menos con él, sino que solo va a hacer que sintamos todo el espectro de emociones más desagradables. Tampoco va a conseguir que los niños maduren antes en su comprensión cognitiva de qué hay que hacer o no. Los límites también los marcan el tiempo, la paciencia, la calma. Primero castigamos cuando surge la pelea y, sin dar tiempo a los chicos, ya les pedimos que se perdonen. El perdón requiere cognición, maduración, asertividad y propósito de qué es lo que hay que hacer y lo que no.

De pequeña me eduqué en una escuela de la dictadura franquista, donde los padres llevaban a los profesores un palo al inicio del curso para que pegaran con él a sus hijos. Era el propio padre el que le pedía al profesor que usase la vara. Recuerdo a la perfección ver esas varas colgadas junto a la pizarra y las humillaciones de los niños cuando alguien se equivocaba y se invitaba a los demás a decirle «eres un burro, un tonto o tal cosa»; el niño guardaba esto dentro del cerebro y lo asociaba a memorias de aprendizaje y vergüenza. Zonas terribles que guardan la cartografía de la represión.

Los niños se saben aceptados o no, sea porque quieren ser niñas, porque desean estar en otro lugar o aprender más rápido lo que el profesor les enseña, o porque ese día les gustaría estar oliendo las flores del jardín. En el hipocampo hay una estructura asociada a la memoria, pero también con las emociones más profundas. Es la encargada de almacenar nuestra noción del mundo, la cartografía de nuestra realidad. Y por eso, esa acusación interna que surge a la hora de tomar decisiones en la vida, llegará a la conclusión de que no merece ciertas cosas sin castigo. El niño que se sabe poco aceptado va a acabar reproduciendo eso cada vez más.

El castigo es una trampa tanto social como afectiva. Si la reforzamos, si nuestras relaciones se basan en castigar a otros, no vamos a evolucionar, seguiremos reproduciendo un modelo de aprendizaje basado en la culpa y la vergüenza, no en el amor y el no saber: recuerden que en realidad no sabemos todo y tampoco tenemos el control de nada, solo la ilusión del control.

OTROS CAMINOS DIFERENTES AL CASTIGO.
LA CONCIENCIA SIN ELECCIÓN

Una primera alternativa parte del objetivo del castigo, que es que el niño aprenda y logre reorientar sus acciones de modo tal que se maneje con la dirección de los comportamientos positivos, lo que nos lleva a la metáfora del inicio del capítulo. Así, por ejemplo, una alternativa es preguntarle al niño por qué le gustaría ser reconocido, cómo se visualizaría él reconociéndose en algún área. El castigo se basa en promover la insatisfacción y la alternativa es alentar los circuitos de la satisfacción de recompensa: si una persona se siente satisfecha, no se puede sentir a la vez insatisfecha. Se trata de estrategias para ayudar a conseguir lo que al niño le parece importante y a no equivocarse y caer en lo negativo.

Hay que ayudar a los niños a hacer las cosas bien poco a poco, no todo de golpe y en nuestro tempo de adultos. No podemos ver como un drama que un niño no comparta nuestros gustos de comida, nuestros horarios, nuestros modos de relacionarnos con otros; también debemos respetar sus elecciones y generar acuerdos teniendo en cuenta las necesidades de ambos.

La segunda alternativa al castigo es hacerle razonar amorosamente, estableciendo relaciones causales a través de ejemplos, analogías, cuentos e historias si son muy pequeños, y con otro tipo de diálogos si son mayores. En el caso de los jóvenes, con quienes a veces solemos reaccionar de un modo más serio, es importante no ir al castigo como auxilio en lo inmediato, sino que es mejor dejar pasar un momento y conversar luego con calma hasta establecer una norma. Establecer un respiro, una inspiración, un conteo amable en el tiempo.

Si bien yo no soy partidaria del castigo, no puedo pretender que todos los padres, cuidadores o docentes no lo usen nunca más. Pero sí me parece importante que, entre la acción negativa y el castigo, se tomen un momento para pensar otros modos o alternativas, porque se sabe que cuando el cerebro registra que tuvo un mal comportamiento tiende a inflamarse, y depende de cómo sea el niño o joven el tiempo que tarde en poder comprender que lo que hizo no estaba bien.

Es posible que los adultos puedan elaborar la situación a través de la analogía, ya sea mediante un cuento, una película, una animación, una canción o un juego, donde se puede explicar a los niños lo que pasa y qué consecuencias puede tener, por ejemplo, que Caperucita Roja abandone el camino.

Una tercera alternativa al castigo es el cambio de perspectiva: que los padres, cuidadores o docentes piensen si en esa acción *a priori* negativa puede haber algo positivo. Richard J. Davidson, en los perfiles emocionales del cerebro, concede una especial importancia a mantener siempre la perspectiva positiva. Esta es una forma de producir mayor resiliencia, aun cuando reconocemos que lo que está sucediendo nos duele. Es una manera de enfocar el comportamiento, las habilidades y el conocimiento de la satisfacción, de aquello que funciona bien, en lugar de insistir en lo negativo. No es que olvidemos lo que hizo, sino que podemos dar un contexto y leerlo en su totalidad. Recuerden además que, como adultos, pueden cambiar las normas de cómo procesar la información para que el niño ponga atención en la conducta positiva. Cada suceso vital es en sí mismo un aprendizaje y tener esa mirada en el cambio de perspectiva a largo plazo nos hace vernos como caminantes en el devenir de la vida.

La última sugerencia, que es muy eficaz como alternativa al castigo, es, para reconducir lo inapropiado, plantearlo en términos de restauración. Preguntar al joven qué cree que se puede hacer para reparar el daño que causó es clave, y es necesario no emitir juicio alguno sobre su apreciación, porque es importante que ellos mismos construyan su modelo de reparación para que el cerebro aprenda a tener cuidado antes, durante y después de los actos. La analogía más simple es la de un hermoso bosque que es arrasado por un pirómano. Ya no podemos evitar lo que sucedió, pero sí podemos restaurar los árboles mediante la plantación de otros nuevos.

Una última recomendación sobre el castigo es reflexionar sobre cómo fue su infancia, qué papel desempeñaron el castigo, la culpa y la vergüenza en ustedes. Qué sienten cuando se sienten culpables, cómo llevan el remordimiento, la venganza o la rabia. Recuerden que a nivel parental este es uno de los instrumentos menos convenientes y siempre va a llevar al sujeto a un proceso de culpa, de hostigamiento. Y es necesario tener presente que a los niños les hace falta tiempo para aprender y que regañándolos, criticándolos y castigándolos solo dañamos zonas del cerebro que lo marcarán profundamente, y también nuestras relaciones con ellos.

Si aplicamos el castigo de forma continuada, este deja de tener sentido e incluso puede entenderse como una forma negativa de amor.

El sentimiento de culpa en los niños

La culpa es un sentimiento muy poderoso y complejo, porque son múltiples los factores con los cuales se relaciona y sobre los que actúa, y está muy vinculada con la cultura en la que vivimos. Cuando hablamos de conductas del comportamiento en psicología social y queremos enseñarles a los niños y a los adolescentes cómo desenvolverse en la vida, nunca es a corto plazo, sino a largo plazo. En ese marco, el castigo solo genera frustración, desvinculación con los adultos y desconfianza, y es una llamada terrible a la indefensión. Además, se transmite el mensaje de que el más fuerte es quien impone el castigo.

La culpa es una emoción que tiene un papel adaptativo y cuando surge es para que, de manera temporal, seamos capaces de reconocer los errores y observar qué podríamos hacer para compensar lo que hicimos. La culpa nos ayuda a no ir más lejos, pero la culpa y la vergüenza asociadas al castigo se centran, en términos neurobiológicos, en relación con la sociedad.

Quisiera centrarme en dos tipos de culpa: la adaptativa, que es un mecanismo sano, y la desadaptativa, aquella que provoca trastornos emocionales y que además es incalificable. Cualquiera de las dos está vinculada a nosotros mismos, a la autopercepción, la rumiación, la autoconfianza, el miedo, la autocensura y la regulación emocional, así que cuando surge, sea el tipo que sea, se desata un torbellino de emociones.

Hay otro matiz por distinguir que es el existente entre culpa y culpabilidad: el sentimiento de culpa no implica necesariamente que tengamos culpabilidad en los hechos; y, al contrario, muchas personas culpables no sienten ninguna culpa. Sentimos culpa cuando dentro de nuestro hipocampo se activa el concepto de algo que hicimos en relación con sucesos pasados, y también cuando algo que no hicimos antes lo estamos realizando ahora y nos despierta una sensación de culpa en el momento presente; y como el hipocampo está conectado al neocórtex, también puede ser que sintamos culpa por las proyecciones futuras. La culpa está vinculada al tiempo y a las emociones en torno a él.

La culpa también es un concepto que se asocia a las habilidades prosociales y al concepto de la conciencia moral en los niños. Cuando surge, entre los tres y los cinco años, sentimos culpa ante una acción determinada y, aunque no lo estemos manifestando en público, somos nuestros peores jueces. También emitimos un dictamen sobre si sentimos culpabilidad o no, y en caso afirmativo, nos aplicamos un castigo: el sentirnos mal, las emociones displacenteras, los pensamientos inapropiados, las somatizaciones del cuerpo, etc.

En el proceso de la culpa asoma, desde que somos pequeños, la conciencia de la moral, que tiene que ver con las sociedades, porque lo que se transmite de generación en generación de la familia y la sociedad es algo que estamos consensuando.

Cuando hablo de la culpa y el castigo, cuando hay vulneraciones, me refiero a la falta de respeto. El respeto es la antítesis del castigo, porque este no enseña, sino que humilla al niño o joven castigado y le hace daño. Y con esto, lejos de que aprenda, el conflicto se va a intensificar en estos patrones. Quienes imponen castigo son los jueces, y ni los padres ni los cuidadores ni los profesores somos jueces. Aquí es donde entran en juego la moral y la ética, ese conjunto de normas, usos y costumbres que establecen las sociedades para convivir. Las normas morales están en toda la sociedad, aunque eso no quiere decir que sean visibles, pero es importante que los niños conozcan este conjunto, porque es en la sociedad donde se juzgarán las acciones y se impondrá el castigo.

Todos hemos necesitado tiempo para distinguir estas diferencias, no son fáciles. Tanto la culpa como la vergüenza tienen elementos que son culturales en su expresión. Ambas se regulan también a través de los tiempos y se inhiben o se exteriorizan más en función de los contextos. Las ventajas de explicar a los niños y jóvenes las normas es que pueden saber qué comportamiento es el más apropiado para cada ocasión, y van a intentar ser aceptados cumpliendo las normas, e insisto con que intentarlo está bien, porque son niños y jóvenes y necesitan tiempo para aprenderlas. La culpa también la han utilizado las religiones y los Estados como un instrumento de poder y opresión, y eso forma parte de nuestro inconsciente colectivo. También es posible que haya aún en las normas sociales cuestiones muy estrictas que colisionen con los derechos o con los deseos del niño, y donde como padres es posible habilitar el diálogo para contenerlos.

12

Los límites: desarrollo cognitivo y conductual

LOS LÍMITES PARA LA NEUROCIENCIA

Cada época ha intentado hacer de los límites la propia expresión de sus normas, y eso es evidente cuando los padres no estamos de acuerdo en los límites que ponen o no los abuelos, y viceversa. Pero son una parte importante de toda relación humana.

Los niños también tienen lados oscuros que deben contemplarse y visibilizarse como tales. El «no» y «la expresión del no» dan paso a una nueva etapa en los seres humanos, que es la articulación de las palabras. En la mayoría de las culturas y lenguas las personas aprenden a decir que no antes que sí. Nuestro cerebro tiene que decir muchos noes antes de dar un sí. Ese proceso de afirmación positiva es en sí mismo un modelo de autorregulación y autorreflexión.

El bebé aprende que poner límites tiene que ver con explorar su propio mundo interno y externo, explorar cuáles son las cosas que los padres desean y cómo se articula su universo con el de ellos. Siempre cuesta poner límites, y esto es porque deben hacerse valer. Todas las personas, a la hora de poner límites, tememos que los otros se enfaden, se sientan desolados o que rompamos sus expectativas.

Desde el punto de vista de la neuropsicología, los padres y educadores deben garantizar que los niños comprendan que los límites son necesarios para crecer y para el desarrollo del cerebro. La región prefrontal del cerebro se dedica específicamente a conservar y fijar los límites, y ayuda a las personas a reconocerlos, a tolerar la frustración o a conocer la gratificación que implica cumplirlos. Y es muy importante porque es un área clave cuando se trata del bienestar y la felicidad.

Gran parte de los límites que ponemos a los niños en la primera etapa consisten en mantenerlos a salvo («no toques el fuego», «no pegues al perro», etc.), pero aunque parezcan una obviedad son muy necesarios, porque luego serán definitorios de su comportamiento.

Algunos niños tienen dañada la región prefrontal del cerebro y no pueden controlar sus emociones ni tampoco respetar los límites de las otras personas ni las normas sociales, y por lo tanto no podrán alcanzar las metas y los objetivos de su vida. La corteza prefrontal se encarga de interiorizar las normas, de regular el control hacia nosotros mismos, de planificar, sistematizar, organizar situaciones, desarrollar estrategias y detectar fallos; el cerebro humano ha tardado millones de años en desarrollar estas estructuras, porque las sociedades han ido evolucionando y necesitando más normas y reglas.

Los límites, además, ayudan a los niños a desarrollar la empatía, a estar atentos a qué piensan los demás y a entender sus perspectivas. Si establecemos los límites desde una edad temprana, el niño a los dos años aproximadamente ya no será tan egocéntrico y entenderá cómo se sienten los otros: por ejemplo, si a un amigo le quitan su camión de juguete o por qué debe compartir la merienda.

Pero ¿cómo debemos comunicar los límites los padres y cómo se enseñan cuando son muy pequeños y no tienen incorporada la idea de consecuencia? Esto está directamente vinculado con el neocórtex. Algunos padres consideran que poner límites es malo e incluso tienen una especie de fobia a la palabra «límite»; no se dan cuenta de que cada vez que el niño pide algo, también está solicitando límites. Por ejemplo, si el bebé estira los brazos para que lo alcemos, quiere poner límites a su soledad, o si pide más comida de la apropiada. Los padres no solo ponen límites a los hijos, sino también a necesidades que tienen que ver con ellos mismos y con la cultura y el momento en el que se da la parentalidad, por ejemplo, los horarios de alimentación o juego.

En el ámbito de la neuropsicología, cuando se habla de neuroeducación, los límites son la llave para el desarrollo psicosocial del niño; la capacidad de fijarlos y controlarlos es el mejor indicador para el éxito académico. A la hora de poner límites, debemos tener en cuenta que gran parte de nuestra vida no está prevista, así que tenemos que enseñarles a los niños algunas normas, estrategias y pensamientos que puedan reforzar los límites de todo aquello que conocemos. Las normas sobre lo que conocemos nos facilitan mucho la vida porque podemos gestionar todo el caudal de reglas que aparecen en la vida e ignoramos.

Cuando los padres decimos muchas veces «no», debemos tener en cuenta que los niños no saben lo que significa *a priori*, sino que lo están aprendiendo, porque somos una pantalla para enseñar los límites. Para esto podemos usar una enseñanza positiva e intentar explicar los límites no solo con la palabra, los gestos o las actitudes.

Poner límites a las conductas no tiene que ver con una edad determinada, sino que desde pequeños existen diferentes situaciones en las que debemos desarrollar capacidades y responsabilidades, y nunca es tarde para hacerlo. Cómo poner los límites tiene que ver con que estos chicos no se conviertan en adultos poco ajustados a la realidad emocional, psicológica, social o profesional.

Cuando no se ponen límites, los niños repiten la conducta buscando una reafirmación; en caso contrario, ya no vuelven a hacer lo que pretendemos limitar. Desde que nacemos debemos regularlo todo, porque ya no estamos en el útero, donde lo tenemos todo a nuestra disposición. Esa «espera» por algunas cosas (la comida, la atención) es un límite fundante.

Desde antes de nuestro nacimiento vivimos en un universo de límites, los del vientre de nuestra madre, y luego los límites de la cuna, de la casa, del jardín, de la escuela, de las relaciones, de nuestro país. El aprendizaje se fundamenta en saber reconocer dónde se encuentran, y los aprendemos jugando, amando, explorando, observando, viviendo.

DIEZ CONSEJOS PARA PONER LÍMITES

1. El tiempo es el maestro, no la rigidez. Como todos los límites se sitúan en un tiempo determinado, se deben poner pronto; es decir, si ha ocurrido un evento no apropiado, debemos observar que el cerebro del niño no aprenda eso como una sinapsis de normalidad, porque así evitaremos que se desarrollen las conexiones posteriores asociadas con ello.
2. Atención, cariño y prevención. Cuanto antes observemos una realidad peligrosa o negativa, antes debemos definir la tendencia para evitarla. Se trata de poner límites antes de que vuelvan a suceder los hechos, por lo que

está íntimamente relacionada con la primera regla. Por ejemplo, para el caso de los niños que se ponen muy ansiosos cuando tienen hambre, hay que ofrecerles comer antes para evitar la ansiedad. Las madres primerizas tendrán que observar dónde están todos los peligros de la casa para aprender a poner límites y evitar ciertas zonas peligrosas.

3. Paciencia y respiro. El hecho de que un niño no aprenda a cambiar las conductas negativas no significa que no tengamos que seguir cultivando la paciencia. Los niños no aprenden a la primera, el cerebro debe repetir para aprender. La paciencia, la claridad y la simplicidad hacen que el niño pueda comprender poco a poco qué es lo que debe y no debe de hacer.

4. Coherencia. Por esta repetición de situaciones que necesitan los niños para aprender debemos ponernos de acuerdo con los otros adultos (familia, docentes). Si no hay consistencia y coherencia, no se fijarán las reglas. La concordancia y coherencia no solo se expresan en los sistemas familiares, sino también en la relación del cerebro con el corazón. Enseñar a los niños algunos ejercicios que les permitan reconocer esa coherencia y actuar en consecuencia es algo de gran valor.

5. Calma y tranquilidad. La repetición de acciones también nos puede poner nerviosos porque diremos muchas veces lo mismo, pero hay que armarse de paciencia y hablar. Poner límites si estamos nerviosos o gritando no llevará al niño a entendernos o imitarnos.

6. Vínculo seguro. Es una de las cuestiones más importantes de la parentalidad: no debemos dudar de que esos límites que ponemos son necesarios. Y tampoco está bien preguntar a todo el mundo qué debemos hacer ante

una situación; son los padres quienes deben tomar esa decisión.

7. Afecto. Nunca debemos enfadarnos, porque los niños necesitan un proceso para aprender estos límites y, si lo estamos, el proceso no será posible.

8. Tolerancia a la frustración. Hay pequeños que soportan mejor los límites y otros a los que les encanta saltárselos desde pequeños. Desarrollar tolerancia a los límites es un gran aprendizaje. Hay que enseñarles a expresar y regular sus emociones cuando surge algo que les resulta desagradable.

9. Aquí y ahora. Todas las cosas son temporales, y los límites también, así que lo que hoy es un límite mañana puede no serlo. Hay que enseñarle a ver que cada momento exige una manera de estar presente, una actitud y una conducta en el juego social.

10. Quitar límites para poner otros nuevos. Podemos jugar a quitarnos las penas que nos imponen los límites, imaginar o visualizar que no existieran y ver cómo nos sentimos. Podemos liberarnos de las preocupaciones y poco a poco ir poniendo límites, sintiendo hasta cuándo nos resulta tolerable el límite, dónde se produce el punto de quiebre en el que ya no podemos más.

Los diferentes tipos de límites

Los niños crecen con límites y cognición, y esta última no está exenta de normas, más bien todo lo contrario. A continuación, clasificaré los tipos de límites en formas que, al menos desde mi punto de vista, parecen acertadas a la hora de educar:

1. Límites innegociables. Son aquellos mediante los que definimos el arco de seguridad para nuestros hijos: por ejemplo, no meter los dedos en el enchufe o no tocar la plancha. Son límites del sentido común sobre la supervivencia, que los padres tenemos muy claros y en cuya aplicación no hay dudas. Cosas como las peleas, el respcto a las normas sociales y el buen trato son innegociables.

2. Límites negociables. Aquellos que son flexibles por las circunstancias —la excepción de la regla— o porque a lo largo del tiempo han variado. Puede ser que hubiera un límite en la hora de llegar a casa durante el periodo escolar, pero en las vacaciones este se relaja. Sucede igual cuando le decimos al niño que tiene que dormir en su cuarto, pero un día de manera excepcional lo movemos al nuestro.

3. Límites sobre su propia vida. Son importantes, relativos a la protección de su propia vida, e intentamos que los aprendan; por ejemplo, no cruzar el semáforo en rojo ni tirarse al vacío sin protección. También incluyen todas las conductas que tienen que ver con la importancia del cuidado del cuerpo y de su propio bienestar: no comer compulsivamente, no dejar de beber, etc. Son importantes para el bienestar y, aunque no pertenecen a la categoría de los primeros, sí que queremos que los aprendan.

4. Límites sobre los otros. Todas las personas tenemos límites diferentes: depende de la cultura, la tradición y también la situación de cada uno. Estos implican desarrollar la empatía para poder leer los límites del otro, ser capaces de responder hábilmente a su no, aceptarlo, no presionar y comprender que cada persona tiene su propio esquema vital, con sus fronteras y límites.

Los padres y cuidadores debemos ser respetuosos con el asunto de los límites. Para empezar, pensemos especialmente en nosotros mismos. Reflexionemos sobre si nos ponemos límites o no. Recordemos que los niños aprenden de los modelos que los rodean.

En un estudio de la Universidad de Nebraska se les mostraron a diversas madres imágenes de niños que descendían con sus bicicletas por cuestas inclinadas o que trepaban a la copa de un árbol para recuperar una cometa que se había enganchado. En algunas de las fotografías los niños llevaban casco y rodilleras; en otras no. Las participantes del experimento debían valorar si permitirían realizar tales actividades a sus propios hijos, y el resultado fue que, ante las imágenes de niños bien pertrechados, las madres aceptaban un comportamiento de mayor riesgo. De esta forma, los adultos podemos socavar, sin querer, el sentido del material de protección. Un comportamiento más arriesgado acaba conllevando más accidentes, ya que un casco o unas rodilleras no siempre pueden evitar lo peor.

Pensemos por un momento qué tipos de límites practicamos: ¿somos siempre permisivos o somos siempre inquebrantables? ¿Vive el niño en una jaula de oro, donde no puede ni respirar? ¿Le dejamos hacer todo lo que le place? Si no le decimos desde pequeño qué es permisible y qué no, qué es quebrantable o qué no, no podrán saberlo.

Tener límites nos ayuda a comprender las reglas del juego social, las reglas de la vida. Mantenerlos ayuda a desarrollar el neocórtex. Poner límites ayuda a explorar muchas cosas de nosotros, como por ejemplo la conducta, los hábitos, las emociones, nuestros pensamientos, nuestras culturas. Los límites tienen que ver con la aceptación, una gran lección que debemos aprender cuanto antes en la vida, con la tolerancia y la espera necesaria que conduce a la madurez vital.

Reflexiones sobre la aplicación de límites

Es importante que los padres y cuidadores tengan presentes las estrategias que sus padres y cuidadores utilizaban para marcar los límites y pueden reflexionar sobre ellas, porque generalmente reproducimos por imitación o por diferenciación las estrategias de aquellos que nos educaron, es decir, podemos hacer lo mismo que nuestros padres o todo lo opuesto. Un trauma previo deja un modelo empobrecido desde el punto de vista de las representaciones claras y coherentes de los estados mentales en el propio yo y en los demás. Este sistema de representaciones se activa por la relación de apego, con la consecuencia de que ya no se ven claramente los estados del otro.

También es importante que los límites sean lógicos, firmes y coherentes con la estructura y el proyecto de la familia y con la escuela y su perspectiva educativa. Por ejemplo, si una familia es demasiado permisiva y la escuela es muy disciplinaria, el niño estará confundido.

Es fácil ver que una primera relación de apego inestable y caótica puede generar un patrón de relaciones interpersonales inestables e intensas caracterizado por la alternancia entre los extremos de idealización y devaluación. El apego ambivalente o desorganizado puede generar disociación como el único modo de mantener la coherencia. La imagen de un progenitor cuidador, capaz de consolar, y la de un padre desconcertado, ansioso o incluso atemorizante son incompatibles, no ya para un niño pequeño, sino para cualquiera.

La importancia de poner límites tiene que ver con los principios de autoridad y aporta a la construcción de la seguridad. Saber a qué hora se come, se duerme, cuántas horas se dedican al trabajo y al estudio está relacionado con este carácter. La ausencia de límites en la familia es la mayor causa de consultas de psicología conductual, porque la mayoría de los problemas que tienen los adultos es que de niños no supieron marcarles los límites y eso tuvo consecuencias negativas para su educación y su vida adulta en general.

Pero ¿cómo identificar si los límites están bien determinados? La primera indagación se debe hacer sobre cómo responden los niños o adolescentes ante las órdenes concretas: «ordena tu cuarto», «recoge los juguetes». Si replican de inmediato, o a regañadientes, o directamente ignoran la petición.

La segunda reflexión que se debe hacer es sobre cómo se manifiestan los límites: no es lo mismo decir «vuelve a las nueve de la noche» que «puedes volver entre las nueve y las diez de la noche». Los niños y adolescentes deben aprender que la última palabra no la tienen ellos, sino los padres, cuidadores o profesores.

El tercer hecho para tratar los límites en casa o en la escuela es ser firmes. Si se ha determinado un límite con tranquilidad, sin gritar, se debe mantener incluso si se traspasa. Ser firmes no quiere decir que todo sea inquebrantable, como ya comenté en el apartado anterior, sino que como adultos entendemos que el niño está en un proceso de aprendizaje. Por ejemplo, si se ha establecido un horario para la tarea y no ha llegado a completarla, se puede flexibilizar y conversar si necesita ayuda, más tiempo, si está cansado y ya no puede seguir, pero le alentaremos a que el día siguiente sí llegue.

Otra observación importante es cómo actuamos frente a las acciones del niño o adolescente. Debemos resaltar siempre lo positivo, no se puede regañar todo el día o decir cosas como «no tienes arreglo». Los límites son refuerzos positivos, no negativos. La sensación de seguridad básica crece en el niño a través de la experiencia de haber sido contemplado como alguien importante y especial por sus cuidadores, con una mirada de amor incondicional. El niño se acepta plenamente porque se siente aceptado al cien por cien. Muchas conductas pueden potenciarse, censurarse o redirigirse sin que el niño se sienta cuestionado como individuo. Si el niño se siente querido «con condiciones», desarrolla una creencia disfuncional de no ser totalmente válido a menos que se cumpla dicha condición. Ello los convierte en adultos más inseguros, más dependientes de la validación externa.

También para pensar cómo se están aplicando los límites en casa o en la escuela, se debe pensar en si los acompañamos con el ejemplo: la hora de la comida; la petición de orden; la explicación continua de que, si bien puede haber diferencias entre los límites de los niños, jóvenes o adultos, los padres y cuidadores también tienen unos propios.

Es importante reconocer cómo reaccionan los niños emocionalmente ante el establecimiento de un límite. Es posible enseñar ejercicios para que no se desencadene tanto malestar: contar hasta diez, respirar y reconocer qué emociones siente para que pueda regular cómo respetarlos. Los límites deben ser justos y proporcionados, porque si la persona se siente castigada y humillada, no funcionará. La regulación emocional no es un proceso automático, sino que se adquiere desde las primeras etapas de la infancia a través de la reacción diádica cuidador niño.

La amabilidad no es lo mismo que la permisividad. Hay que llevar a cabo, según el nivel cognitivo que le toque, una reflexión sobre lo que ha hecho y seguir manteniendo el límite, recordando siempre que estas decisiones tienen que ver con el desarrollo del neocórtex. Por supuesto, no se puede poner el mismo límite a un bebé de un año que un joven de veinte.

El principal problema de los límites es la desobediencia. Y hay niños que tienen espíritus rebeldes que, además de ser heredados, necesitan mayor dedicación de tiempo para hablar, poner ejemplos de ventajas, reflejar lo positivo, no mostrar inconsistencias ni criticarlos, ni tampoco decir que son poco apropiados para un determinado contexto porque son rebeldes. Y sobre todo debemos tener en cuenta que no hay que responder a sus rabietas o dramas con mayor agresividad. En contextos de un apego seguro, el adulto es sensible a las necesidades del niño y sintoniza con sus estados emocionales; lo ayuda a regularse. El niño se siente reconocido y halla una respuesta coherente en el adulto.

Educar a alguien también es prepararlo para que se desenvuelva con garantías en el mundo real, que pueda entender la cultura y su funcionamiento; que no todos son iguales, sino fomentar que puedan tener discrepancias sobre los límites y que los adultos las escuchan, pero que al final la palabra, en materia de educación, la tienen los mayores, y habrá cosas que se puedan negociar y otras que no.

13

A modo de conclusión

¿Cómo pueden los padres crear una educación bondadosa que vaya más allá de las fronteras de la ignorancia, de los prejuicios, las clases, el color de la piel o el sesgo? Creemos que estamos educando de manera moderna solo porque usamos tecnología, pero nuestro cerebro preserva antiguas premisas. La educación tiene sus raíces como un árbol maduro, en las tradiciones, el respeto, las capacidades, las competencias y las habilidades. Dondequiera que miremos los humanos educamos y, bien o mal, lo hacemos.

Según mi parecer hay cuatro valores fundamentales que rescato en esta parte del libro. El primero es la necesidad de poner atención a la conciencia crítica, que debe desarrollarse desde la más temprana infancia. El segundo es el concepto que tenemos de qué es un ciudadano y un ser humano hoy. El tercero es la capacidad de contarnos narrativas que, ciertas o no, desarrollan probabilidades, posibilidades y actos de mundos imaginados y futuribles.

Si somos capaces de llevar valores a nuestra vida, colegios, familias, universidades, centros de investigación, empresas, organizaciones o parlamentos, no solo es posible, sino que es en sí mismo la promesa constructiva de que es necesaria, buena y justa.

Y el cuarto valor es que la bondad está en un pedestal frágil, la hemos dado demasiado por sentada y es fundamental subrayar los fundamentos de la razón critica para defenderla y aceptar el desafío de fortalecerla.

TERCERA PARTE

EJERCITANDO LA BONDAD EN EL MUNDO

1

Fundamentos de acción

Todo lo planteado en este libro es el resultado de —entre otras cosas— mi experiencia como directora de The Wellbeing Planet (TWP), una organización que a través de instrumentos neurocientíficos lleva adelante proyectos de desarrollo integral, acción humanitaria, investigación en materia de bienestar de personas, bosques, flora y comunidades, para que todos los seres disfruten del bienestar y tengan una vida plena. Allí trabajamos codo a codo con comunidades, instituciones, administraciones, empresas, organizaciones y ciudadanos, promoviendo el cambio hacia sociedades sostenibles que garanticen los derechos y el bienestar de todos. En este capítulo pretendo compartir los supuestos de acción claves de TWP con el fin de poder sembrar metas en común y acuerdos para el futuro, habiendo incorporado ya ahora lo relatado en todos los capítulos anteriores.

Lo primero es establecer la visión de que el bienestar se puede educar y de que todos los seres —desde humanos y plantas a animales— tienen derecho a ello. Esta visión se apoya en los siguientes valores cotidianos:

- **Respeto**. Apreciar y defender la neurodiversidad y la biodiversidad como valores necesarios e imprescindibles para el sostenimiento del planeta, la cohesión, la libertad, la paz y la democracia.
- **Compromiso**. Trabajar por y para el bien de todos los seres, comprendiendo que vivimos en comunidades donde somos sujetos de derecho, coautores de nuestro propio bienestar. Las relaciones entre culturas, religiones, especies y personas hoy deben trascender los conceptos clásicos en pos del futuro.
- **Disrupción**. Orientarse a trabajar con lo que tenemos a nuestro alcance en cada contexto, promoviendo la creatividad, la innovación, el derecho a dignificar el contexto y a actuar sin excusas.
- **Bondad**. Promover un espíritu bondadoso, empático, atento, consciente y valiente con lo que sucede en el mundo. La base de un cerebro sano es la bondad, que, junto con el pensamiento crítico fortalece la cognición y la metacognición.

Estos valores, además, están relacionados con derechos que deberían cumplirse institucionalmente tales como:

- **El derecho a la salud mental**. Todos los seres tienen derecho a ser atendidos dignamente, a poder cultivar estrategias que mejoren sus habilidades blandas y corresponsabilizarse de sus estados mentales. Se trata de psicoeducar participativamente desde la neurodiversidad.
- **El derecho a la educación**. Garantizar la participación de todos los sujetos y de quienes los cuidan o acompañan, promoviendo el derecho a la participación, la inclusión y la no discriminación con independencia del ori-

gen, las capacidades o las diferencias. Todas las personas son inteligentes, pero no todas tienen la oportunidad de demostrarlo.

- **El derecho a la naturaleza**. Cultivar valores internos y llevarlos a proyectos que cuiden la naturaleza, los bosques, los océanos, los patrimonios en vías de extinción, involucrándonos en planes pilares que afectan a la responsabilidad, el reciclado, la reutilización y el acceso a un planeta verde para todos. Plantamos, protegemos y salvamos bosques, semillas y flores.

2

Servicio a la comunidad

En este capítulo presentaremos los distintos ejes y posibilidades de proyección en los que es posible formarse e investigar para colaborar con un mundo más justo en el que todos los seres disfruten del bienestar y tengan una vida plena.

NEUROPEDAGOGÍA PARA DOCENTES Y PERSONAL ADMINISTRATIVO

Las universidades e instituciones de educación deben reciclarse y actualizarse para adaptarse a las necesidades de sus estudiantes y a la situación social y laboral actual. La era del covid-19, junto con la información y las nuevas tecnologías, ha supuesto un cambio en nuestro cerebro, mente, inteligencia y conciencia, que, gracias a la plasticidad neuronal (la capacidad del cerebro para adaptarse a nuevos entornos), obedecen hoy a diferentes estímulos.

En la enseñanza, el lenguaje oral desde el púlpito ya no es suficiente. La imagen y la interacción son vitales para el aprendizaje de hoy, y los docentes deben saber cómo utilizarlas, así como la comunicación no verbal, los gestos y el comportamiento. Estas técnicas tienen un gran poder sobre el cerebro inconsciente en el ámbito educativo. Por lo tanto, se trata de conocernos mejor a nosotros mismos como docentes, también a nuestros estudiantes, y trabajar juntos para hacer que las universidades sean mejores y más poderosas.

El objetivo aquí es cultivar el bienestar de los docentes, formar a una comunidad de profesores de educación superior en un método didáctico innovador, basado en la neurociencia, para facilitar el desarrollo de competencias transversales en el área de la comunicación.

El método didáctico basado en neurociencias e inteligencias múltiples es una nueva disciplina innovadora de aplicación inmediata para los docentes, fundamentada en el estudio de las neurociencias, la comunicación humana y la neurociencia contemplativa, para ayudarlos a desarrollarse como líderes en el aula.

Es importante que haya estudios en todos los países sobre neurociencia aplicada a la educación superior para ensamblarlos en un estudio integral y así identificar las necesidades de formación y las direcciones para la acción posterior.

Los docentes también pueden enriquecerse con el intercambio de buenas prácticas a la hora de elaborar itinerarios de formación adecuados para el desarrollo de las competencias que requiere el profesorado de educación superior en su función docente, haciendo énfasis sobre todo en la integración de la inteligencia socioemocional, la ecología profunda y la neuropedagogía.

La innovación pedagógica consiste en un método didáctico basado en la neurociencia que abarca el conocimiento de:

- El valor de las emociones, el pensamiento, las sensaciones en el aprendizaje y la consolidación de la memoria.
- La mejora de los niveles de atención, concentración, intención y motivación.
- La importancia de las neurociencias y las plataformas digitales en el aprendizaje.
- La creatividad y la flexibilidad en la enseñanza.
- El desarrollo de la resiliencia y la innovación en una época crítica para la humanidad.

Estos conocimientos son plausibles de abordarse desde la neuropedagogía adaptada a las diferentes etapas de la evolución:

- Neuropedagogía para preescolar e infantil (de tres a cinco años)
- Neuropedagogía para primaria (de seis a once años)
- Neuropedagogía para premedia (de once a quince años)
- Neuropedagogía para media (de dieciséis a dieciocho años)
- Neuropedagogía para universidades

LA CIENCIA DEL BIENESTAR

El bienestar se puede cultivar, y para ello es posible plantear diferentes iniciativas a ese objetivo: aprender los componentes del bienestar, recibir un entrenamiento básico sobre qué impacto tiene en el cerebro y la mente, y realizar mediciones sobre el estado actual de este en su comunidad o institución.

Desde la mirada de la biología evolutiva es posible ver los avances más significativos de la neurociencia, y la ciencia humanista, la psicología evolutiva, la neuropedagogía y la ecología profunda son algunos de los temas transversales para este proceso. Al mismo tiempo, una metodología participativa y activa es necesaria para avanzar promoviendo el pensamiento circular, la cooperación, el respeto y la diversidad.

Así, algunos ejes para orientar esta búsqueda pueden ser:

- Reconocer cuáles son los componentes básicos del bienestar.
- Qué es el cerebro, la mente, la inteligencia y la conciencia.
- Qué es la neurociencia y cuáles son sus principales ramas.
- Cómo cultivar el bienestar y de qué manera puede ser aplicado a competencias del ser humano.
- Cómo cultivar el bienestar, que promueve habilidades entrenables y mensurables.
- Qué impacto tiene el cultivo del bienestar en la neuropedagogía.

Jardines sensoriales y bosques terapéuticos

La conexión de los bosques con la salud humana es evidente, tanto es así que la obviamos. Mantener los bosques intactos protege la biodiversidad y la salud de los sistemas naturales, pero también nuestra neurodiversidad.

¿Qué sucede exactamente en nuestro cerebro cuando se talan los bosques? Rompemos un sistema que se tejió durante millones de años de evolución compleja, y esa rotura es el equivalente a desgarrar los millones de neuronas y sinapsis conectadas de nuestro cerebro. Cada vez que destruimos la vida vegetal —que constituye más del 95 por ciento de la vida de este planeta— estamos arrasando nuestra propia vida como humanos. Lo que la sociedad paga por crisis de salud pública como el covid-19 es exponencialmente más caro que mantener los bosques intactos. La destructibilidad, el estrés y la violencia que sufrimos están íntimamente relacionados con nuestra desconexión de la naturaleza.

En este marco es importante promover soluciones transdisciplinarias en la intersección de la conservación forestal, la salud pública y la educación. También profundizar en qué tiene que mostrarnos la neurociencia del bienestar en torno a los bosques, para proponer soluciones inclusivas con ejemplos concretos en materia de investigación, educación y protección ambiental.

En este tema en particular es necesario buscar personas con quienes poder aplicar métodos, visiones y herramientas de divulgación científica que vayan más allá del modelo clásico del paradigma cognitivo o las perspectivas psicológicas, para poder adentrarnos en el universo fenomenológico, contemplativo y de experiencias que es la realidad.

El objetivo es comprender cómo la mente humana y el bosque, los jardines, los árboles y las flores se relacionan internamente, y encontrar modelos para prevenir la destrucción y reforestar los bosques para reforestar las vidas.

Algunos procesos en la búsqueda de la integración humana en la naturaleza pueden ser:

- Aislamiento e incomprensión empática.
- Deshumanización y deforestación.
- Bosques resilientes, biodiversidad y neurodiversidad.
- Razonamiento de la vida.

En la acción concreta podríamos tomar la iniciativa y en un espacio físico, idealmente con árboles maduros, o en su defecto con buena tierra, iniciar la formación particular en niños y profesores para llegar a la creación de un jardín sensorial y un vivero de árboles de leña y frutales, y de plantas aromáticas, por ejemplo. A través del cultivo de los árboles y el del bienestar es posible observar los siguientes componentes:

- Cómo plantando árboles se cambia la perspectiva del dar.
- Cambios en la metapercepción en la cercanía de los árboles.
- Intervenciones educativas para promover la conciencia del ser, reducir el racismo y la respuesta agresiva.
- Experimentos con flores y plantas aromáticas en relación con la educación emocional.

HUERTOS INFANTILES Y TERAPÉUTICOS

El aire libre es perfecto si se busca un espacio para la interacción e integración de personas que forman parte, por ejemplo, de una comunidad educativa o de barrio y desean aprender a estar en contacto con la naturaleza, recuperando las competencias socioemocionales, cognitivas y metacognitivas, así como las destrezas físicas e intelectuales y el movimiento.

En apariencia, puede parecer que los niños están realizando actividades como plantar hortalizas, verduras, plantas aromáticas o medicinales; pero lo cierto es que con ese tipo de gestos están trabajando el cultivo de huertos internos y externos.

Se podría hacer que, a lo largo de un año lectivo, los niños, padres y docentes aprendan los conceptos, la importancia y los objetivos del huerto, y desarrollan su puesta en marcha en espacios comunes pequeños, invitando a que puedan reproducirlo en su casa o sus comunidades.

Como vimos en la segunda parte del libro, dentro del contexto neurocientífico académico y familiar podemos reconocer el impacto de los alimentos y la nutrición a la hora de provocar un cambio en estilos de mente, la diferencia entre alimentos que no son nutritivos y otros que sí lo son. Así, educar a los niños en el cultivo atento de los alimentos puede desplegar que se oriente también a padres, madres y profesores para que adquieran la capacidad de elegir y producir alimentos nutritivos por medio del huerto, tanto el escolar como el familiar.

Si los niños aprenden esta posición privilegiada de la ciencia en estado puro, la ética de la vida y el cuidado de todos los seres, estamos fomentando hábitos de vida saludable y comprometiéndolos con su propia salud, el bienestar y la producción sostenible de alimentos en sus comunidades.

Estos son los beneficios de los huertos terapéuticos infantiles:

- Desarrollo de habilidades cognitivas.
- Desarrollo de habilidades prosociales y sociales.
- Desarrollo de habilidades motrices.
- Desarrollo de cooperación, altruismo.
- Desarrollo de trabajo multinivel y multigrados.
- Desarrollo de habilidades matemáticas.
- Reconocimiento del valor de la paciencia, el esfuerzo, la dedicación y el fruto.
- Aprender la belleza de la simplicidad, el sol y el aire libre.
- Permiten reciclar, aprovechar y reorganizar los recursos.
- Incorporan familias, docentes y niños.

En los últimos años ha habido importantes investigaciones llevadas a cabo por neurocientíficos, que exploran el impacto de la música en el desarrollo del cerebro. Se descubrió que las estructuras y las funciones del cerebro de los músicos eran diferentes a las de los no músicos: su cerebro no solo se veía distinto, sino que también funcionaba de manera más efectiva.

La educación musical estimula tres áreas del cerebro a la vez: las cortezas auditiva, visual y motora. Entre los dos hemisferios del cerebro hay un puente (el llamado cuerpo calloso) que permite que los mensajes viajen entre ambos. Los neurocientíficos han identificado que los músicos tienen un puente mucho mayor y que los mensajes que viajan entre los dos hemisferios se mueven por caminos más creativos y a un ritmo mucho más rápido.

Según los estudios, los músicos tienen altos niveles de funciones ejecutivas, sistemas de memoria altamente desarrollados y son capaces de resolver problemas y acertijos de manera creativa y efectiva. La función ejecutiva se refiere a un conjunto de habilidades mentales utilizadas para resolver problemas complejos que implican elementos lógicos, conceptuales, estratégicos y emocionales. Los neurocientíficos determinaron que participar en la educación musical eleva la capacidad cognitiva general de los estudiantes. También descubrieron que los mayores logros pueden obtenerse de los estudiantes que practican actividades musicales regulares antes de los siete años.

Por todo esto, la educación musical es esencial para todos los niños, así que es importante apostar por:

- Formación en neurociencia del bienestar aplicado a la música para docentes.

- Promover la donación de instrumentos y crear oportunidades de orquestas.
- Identificar y medir investigaciones que claramente muestren los beneficios de la música en el cerebro de los niños.

El impacto de este enfoque de la educación no solo es evidente a través de la ampliación del conocimiento, la comprensión y las habilidades musicales de los estudiantes, sino también en los resultados personales y sociales. Participar en el estudio regular de la música tiene un impacto positivo en los resultados escolares a través del desarrollo de mentes altamente flexibles, centradas y hábiles.

NEUROCIENCIA DE LAS ARTES ESCÉNICAS

Esta iniciativa pretende favorecer la capacitación de docentes en el ámbito de las artes escénicas desde la mirada de la neurociencia y promueve además la creación de talleres anuales inclusivos para niños de tres a dieciséis años, capaces de promover cambios significativos en materia de neuroplasticidad, neurogénesis y neuronas espejo.

La idea es que los docentes puedan estudiar de manera teórica y práctica los hallazgos más recientes de la neurociencia del bienestar para identificar las aportaciones que esta área ofrece al quehacer de las artes escénicas y sus procesos de enseñanza-aprendizaje, para que estas puedan potenciar las implicaciones que tienen los distintos tipos de intervenciones, ya sea en el ámbito escénico, educativo, terapéutico o personal.

Así, se intenta favorecer el acercamiento al mundo de las artes escénicas, la danza, las artes plásticas, el teatro, promoviendo la creación de narrativas positivas que favorezcan la integración del sujeto, el incremento de la resiliencia y el aumento de sus talentos innatos.

MIDIENDO EL BIENESTAR, LAS INTELIGENCIAS MÚLTIPLES Y ATENDIENDO LA NEURODIVERSIDAD

Ya he dicho antes que partimos de la base de que todos los niños son inteligentes y de que no todos pueden demostrarlo ni tienen la oportunidad de hacerlo, pero lo son.

El bienestar y la inteligencia se pueden cultivar y, por tanto, consideramos fundamental instar a hacer mediciones que fomenten la detección del talento temprano, el enriquecimiento curricular, la perspectiva multidisciplinar, integrativa, saludable y compasiva del niño.

Mediante instrumentos sencillos de observación múltiple (observación del niño, el contexto, su juego, los padres y los docentes), es posible mapear en hasta 186 componentes el bienestar, las diez inteligencias múltiples y las cinco mentes que son el capital para desarrollar una mente ética, sintética, creativa, lógica e integradora. Cada una de estas mediciones incorpora y nos permite orientar a las escuelas, instituciones, familias y comunidades hacia el potencial oculto del niño.

3

Casos de éxito

Caso 1. Panamá. ¿Pueden los árboles sanar a las personas?

Cuando Corea del Sur inició, hace más de cuatro décadas, su singladura en los bosques terapéuticos hizo un gran salto en materia de bienestar y de salud mental para los ciudadanos y para la protección del legado forestal. Era el principio seguro de un noble acercamiento a un nuevo campo de conocimiento en materia de salud. Este 2022 se cerró el Congreso Mundial de los Bosques en Corea del Sur y el reconocimiento internacional como pioneros en materia de bienestar verde nos inspira a comprender cómo funciona este asunto y todas sus posibilidades desde la educación, la salud y la ecología

«Aprender de los árboles» es un programa comunitario dirigido por The Wellbeing Planet, en Panamá, en el que participan escuelas de hasta seiscientos niños, con sus familias y profesores; sobre todo se trabaja en instituciones que están en riesgo de exclusión, con independencia de si son privadas o públicas. Cuando conocimos la escuela de Playa Chiquita, en el distrito de La Chorrera, en Panamá, supimos que estaba llena de sentido y propósito. Su director trabajaba con un tesón y una visión pocas veces contemplados en escuelas empobrecidas.

Este colegio se alza en un vertedero y lo construyeron los niños que hace treinta años decidieron que ellos también tenían derecho a la educación y al conocimiento. Esos niños son actualmente los padres de la escuela y los niños de hoy no correrán la suerte que tuvieron otros, entre otras cosas gracias a la construcción colectiva de la bondad como principio rector.

Nuestras primeras intervenciones se basaron en observar cómo los 165 niños se relacionaban con la naturaleza, qué encuentro tenían con los bosques, con los manglares, la playa o los alimentos. Para ellos la naturaleza no es el patio trasero de la escuela, sino que es en sí misma la posibilidad de cambiar su vida. El primer paso fue invitar a toda la comunidad a que se instalase bajo los árboles y alrededor de ellos ayudados por un equipo de cinco personas. Allí les preguntamos qué eran el cerebro, la mente, la inteligencia o la conciencia. Las respuestas se sucedían por igual: desde los niños de tres años hasta madres embarazadas, cada respuesta era en sí misma miles de preguntas. Era el método socrático, la mayéutica, hacer parir la verdad, donde el docente, mediante la discusión de preguntas y problemas, e interrogando poco a poco al estudiante, incita a este a que encuentre dónde está la verdad.

Puede estar en la belleza, en la bondad, en las tres a la vez. La técnica que usamos con los niños se fundamenta en la neurociencia de la bondad y consiste en hacerle preguntas a la mente hasta que el niño que creía que no sabía acaba descubriendo las cosas ocultas en ella. Se navega desde el conocimiento cognitivo al metacognitivo, desde el no saber a la creación del conocimiento compartido.

«Mayéutica» en griego quiere decir «técnica de asistir en los partos». No hay material escrito de Sócrates, Platón o Aristóteles que nos indique cómo desarrollar la mayéutica con niños en riesgo de exclusión, pero sí podemos inferir que las enseñanzas de Sócrates son científicas, y su lógica nos deriva a una serie de pasos que nos plantean el valor de una pregunta en la educación. Por ejemplo, ¿qué es la bondad? ¿En qué se parece una hoja de un árbol a una hoja de papel? ¿De dónde vienen los árboles? ¿Cuántas cosas en nuestra vida vienen de los árboles? ¿Te consideras una persona bondadosa? ¿Qué pruebas tienes de serlo? ¿Quién te ha dicho que eres bondadoso? ¿Es la bondad algo que construyes cada día?

Las preguntas y las respuestas se suceden mientras se van suscitando las consignas para la reflexión. Preguntas que permiten afirmar, negar, ni afirmar ni negar. Sócrates dijo: «Solo sé que no sé nada». ¿Puede haber algo más bondadoso que esta frase? ¿No es el principio del no saber lo que ha conducido a esta comunidad a saberse, a plantearse preguntas y a encontrar respuestas?

«Mira los árboles y dime qué puedes ver a través de los ojos, de la piel, de los oídos, del olfato, del gusto... Observa a tu alrededor cuántos tipos de plantas puedes nombrar». «¿Hay algún árbol que echas de menos, alguno que haya quedado fuera de este relato vegetal?». Eran minutos para observar cómo se siente, prestar atención a la naturaleza en todas sus gamas.

Es muy probable que quizá pienses que las personas que viven en contextos empobrecidos y en riesgo de marginalidad tienen una relación pobre con la naturaleza. Pero es necesario ir a visitarlos para quitarnos las gafas de miope. Los niños de la escuela de Playa Chiquita pasan más de dos horas cada día al aire libre y tienen menos probabilidades de sufrir estrés y falta de atención o de llevar gafas que otros que están siempre encerrados en aulas digitalmente conectadas.

Los conducimos a que encuentren su árbol favorito, su planta preferida y, tomando una bocanada de aire, a definir qué huelen y cómo se sienten al olerlo. Pudimos observar que las actividades que se realizan al aire libre aumentan la sensopercepción de los sujetos, sobre todo el gusto, el olfato y el tacto. Identificar aromas nos ayuda a trabajar con quienes somos. Somos también olores y la memoria de ese olor.

Los niños experimentaron olores identificados e imaginados, y otros que nunca habían olido, aromas traídos de la Toscana a una selva de Panamá. Su colaboración fue en aumento y el aire tenía la intensidad de las cosas que se huelen desde el corazón. No era solo el vertedero lo que uno olía, sino la tierra, las esencias, las flores, los árboles, las verduras. ¿Cuántos olores pueden identificar un niño y un adulto? Infinitos.

Es preciso plantear preguntas hasta que descubrirlas sea un reto, que encuentren respuestas por sí mismos. Ellos dieron a luz su propia bondad con el arte de interrogar, de escuchar, de cuidar los árboles, de plantar, reproducir y producir; descubrieron la naturaleza de su propia verdad, que es la bondad.

Les preguntamos a los niños qué sabían de los árboles, qué relación tenían con ellos y cuáles les gustaría tener. Acabamos construyendo máscaras con hojas y flores, reciclando papel (con antiguas notas, poesías y dibujos hechos para la ocasión). Reutilizar, reciclar y reconstruir la bondad. En cada trocito de papel que rompían había una historia; algunas eran sus notas, otras los dibujos de sus hermanos, el escudo de la escuela, hasta versículos de la Biblia. Los niños y sus padres hicieron pasta de papel, y en ella amasaron también su dolor, su abandono, su pena, y crearon una alegría compartida, verdadera y sin fisuras. La masa era de todos, suyo era el proceso y suyos fueron los productos que surgieron de él (hojas de papel, pelotas, máscaras).

¿Qué valor tiene enseñar a transformar el dolor, el trauma, el abandono, desde la base de la bondad comunitaria? Espere, no diga nada, a menos que lo que me vaya a decir sea bueno, sea verdadero, sea necesario. Sócrates estaría sonriendo si hubiese visto cómo esos niños crearon, a través de la bondad, un proceso de liderazgo, donde los resentidos fueron resilientes; los introvertidos, extrovertidos, y el potencial oculto fueron la capacidad y la destreza de formular la bondad.

¿Cómo sabemos que lo hicimos? Porque una niña que sufría mutismo selectivo habló, ante el asombro de todos, y fue la primera en atravesar el proceso. Lo sabemos porque un niño que tenía déficit de atención y nunca se sentaba en clase tomó una cámara, lo fotografió todo y al final se sentó a escuchar una pieza de Vivaldi —al que desconocía— bajo un árbol durante trece minutos. Lo sabemos porque, antes de partir de la sesión semanal, nos pidieron un abrazo, y no fue un gesto tímido, sino una larga fila de abrazos, que cada miembro del equipo recibió de la comunidad entera. Lo sabemos porque lo experimentamos.

Quizá sus escuelas están desconectadas de la bondad; tienen wifi, pero no pueden conectar con los árboles; tal vez tienen móviles, pero no se escuchan; tienen plantas, pero son de plástico; puede que se saluden, pero no se abrazan; reciclan papel, pero no hacen el proceso completo... Aprender de los árboles a través de encuentros semanales de noventa minutos conduce a la comunidad a preguntarse si son inteligentes, qué pruebas tienen y qué productos pueden elaborar con su inteligencia: huertos, jardines, música, bosques, vestidos. Sí, todos los niños son inteligentes, pero no todos tienen la oportunidad de demostrar que lo son, porque para ello necesitan que el contexto esté nutrido de bondad.

Debemos empezar aprendiendo de los árboles, reforzando —siempre que sea posible— que todos los seres tenemos la misma motivación. Entendernos es encontrar ese lugar bajo el árbol y allí acordarnos de que la conversación es siempre desde el corazón y la humildad, y recordárnoslo. Cuando un árbol habla, el corazón siempre escucha; por eso decimos que puede sanarnos.

Caso 2. Estados Unidos. Leonard, el hombre en busca del control

No es cierto que el hombre busque la bondad y quiera ser realmente feliz, pero, en ese proceso, de verdad puede creerse digno de su propia felicidad, de su propio destino. Cuando Leonard nos escribió por primera vez, solicitó ayuda tras un intento de suicidio. Era noviembre de 2020, en mitad de la pandemia del covid-19, y entonces dábamos apoyo psicoemocional y psicoterapéutico a todas las personas que buscaban orientación y orden en esa situación. Para ello solo hacía falta rellenar un breve cuestionario.

Nuestra intervención se basaba en procesos online breves de veinte minutos donde se conducía a la persona a través de un proceso que podía aclarar cuál era exactamente la carencia en su vida y cómo transformarse y ser resiliente.

Leonard D. me llamó la atención porque era un ejecutivo cuyo propósito mayor en la vida se había cumplido, algo que él mismo había diseñado: era un hombre de éxito. Tenía una familia, dos hijos, tres nietos, dos casas, muchos amigos —o eso decía— y más de dos centenares de trabajadores a su cargo. Su empresa, dedicada a la tecnología y la inteligencia artificial, había logrado posicionarse en un lugar envidiable en San José, California. Sin embargo, ese hombre quería suicidarse.

—Buenas tardes, ¿en qué podemos ayudarle?

—Estoy muy mal, cada día pienso en acabar con mi vida.

—Comprendo, gracias por confiar en nosotros. ¿Le gustaría poder elaborar eso que está experimentando en una conversación de veinte minutos?

—¿Usted cree que realmente me ayudaría?

—Cada día ayudamos a personas como usted, creo que vale la pena que lo intentemos. Usted lo merece.

Cuando pronuncié la palabra «merecer», se hizo el silencio. Yo diría que ese hombre sí quería la felicidad, pero no tenía fundamentos para seguir viviendo. Estaba sentada escuchando su respiración.

—Dígame. Si no quisiera quitarse la vida, ¿qué estaría haciendo en este momento?

—En este momento me gustaría estar en otro lugar.

—¿Cómo es ese lugar?

—Es una playa de arena blanca, el agua es turquesa y hay una gran paz.

—¿Hay alguien más en esa playa o está usted solo?

—Siento que hay alguien más, pero no puedo verlo.

—Si pudiese ver a ese alguien, ¿qué color tendría?

—Azul violeta.

—Si pudiera ver a ese alguien que tiene color azul violeta, ¿qué emoción sentiría?

Se quedó de nuevo en silencio. Vi que le caían espontáneamente las lágrimas.

—Pertenencia, sentiría que pertenezco a esa persona.

—¿Puede decirme algo más de esa persona?

—Creo que es una mujer hermosa; tiene el cabello largo y un tatuaje en un tobillo.

—¿Qué dice el tatuaje?

—Me parece que dice «Sé feliz».

—¿Qué cree que puede significar esa mujer con el cabello largo, en esa playa, con un tatuaje que dice «Sé feliz»?

—Me dice que vaya a su encuentro.

—Bien, ¿cree que podría hacerlo?

—No tiene sentido, no puedo desviarme de la vida que he construido.

—¿Qué sucedería si lo hiciera?

—Lo perdería todo, todo a lo que he aspirado, todos mis deseos, todas mis intenciones construidas desaparecerían.

—Comprendo. Pero si se quita la vida también lo perdería todo, ¿no es así?

—Sí, así es, pero no dañaría a nadie, solo a mí.

—¿Cómo sabe que no dañaría a nadie?

—Nadie en mi casa me ve, solo me piden, así que me veo forzado a producir continuamente un estilo de vida.

—Ese estilo de vida que usted vive, ¿le da la felicidad?

—No.

—Comprendo.

—Cuanto más busco el placer, más se aleja de mí. Intento salvarme de mí mismo y siempre estoy corriendo hacia el siguiente objetivo. Soy como un despojo de mis sueños.

—¿Qué podría hacer ahora para conectar de nuevo con esa playa, con esa mujer, con esa emoción?

—No me atrevo.

—Y si se atreviese a afirmarlo, ¿qué pasaría?

—Pasaría que dejaría la vida que tengo, que sería valiente y no sería más un complemento, un producto en la vida de otros.

—Comprendo... ¿Quiere que hagamos un ejercicio?

—Sí.

—Imagine por un instante que es capaz de hacer suya esa playa, que esa persona puede expresarle lo que necesita, y que no hay ni éxito ni fracaso. Imagine que el vacío existencial que siente pudiese llenarse de bondad: bondad hacia usted mismo, hacia su vida, hacia todos los seres. ¿En qué cambiaría eso?

—Sería como cruzar una frontera sin pasaporte.

—¿Qué sentido tiene para usted la palabra «bondad»?

—Es la capacidad de encontrar sentido a lo que hago.

—¿Qué tendría que hacer para encarnar la bondad?

—Conectar con mi corazón y ser valiente, mutar.

—Imagine que en la mano derecha sostiene un instrumento con la cualidad de hacer que su vida mute. ¿Qué instrumento es?

—Un cuchillo, es largo y afilado, con una gran curva.

—De acuerdo. ¿Quiere usarlo?

—Sí, estoy cortando todos los nudos de mi vida que son acumulaciones innecesarias.

—¿Cómo se siente ahora?

—Mejor, era necesario encontrar sentido. Gracias, eso tiene mucho significado.

Leonard D. siguió asistiendo a las atenciones psicoterapéuticas. Este hombre que nos había contactado aquella noche no podía encontrar la bondad en él mismo y, por supuesto, el vacío de la ausencia de esta implicaba para él una pérdida grandísima. Permanecer inmóvil en su vida lo estaba matando, era una ficción. Poco a poco fue discriminando las situaciones que tenían sentido en su vida de las que ya no. Leonard nos escribió agradeciéndonos nuestra ayuda porque entendió que en esa intervención no le pedíamos nada, ni siquiera que cambiara, y que ese hecho había sido la señal de que podía cambiar.

La psicoterapia contemplativa tiene como base la bondad innata y, mediante elementos como la autocompasión y la compasión, la persona es capaz de reconocer qué le pasa, de qué forma le pasa y cómo se siente cuando le pasa. Puede reconocer, y poco a poco aceptar, aquello que en un principio resulta inaceptable. Leonard era víctima de su propio deber, de su intencionalidad permanente y su falta de amor y honestidad hacia sí mismo. Al recuperar la bondad, recobró la dignidad y la fuerza de dejar aquellas cosas que no tenían más sentido ni significado en su vida.

Caso 3. Suiza, Lucille (antes Fernando). Aquello que se llega a ser

Lucille tenía quince años y desde hacía nueve meses había decidido dejar de llamarse Fernando. Eso le supuso abandonar la posición de ser un chico y caracterizar la perspectiva de convertirse en una chica. Tenía muchas dificultades para ser bien aceptada o incluso bien repudiada; sus amigos, sus padres y su escuela la estaban destruyendo y era incapaz de construir bases sólidas para pensarse a sí misma como un ser en constante devenir.

El asunto de la identidad y el género es una de las causas de mayor consulta entre los jóvenes actuales. ¿Cómo podía una chica de tan solo quince años saber qué era la identidad cuando muchos adultos no lograban entenderlo en toda una vida? La identidad es líquida y viaja de una parte a otra de nuestro cerebro. Somos mujeres, somos hombres, podemos ir y venir entre lo que somos. Es posible modificar nuestra orientación sexual. Todo eso me preguntó la primera vez que nos vimos.

—Buenos días, Lucille.

—¿Qué tal? Quisiera hacerle una consulta sobre la identidad sexual.

—Dime.

—Tengo quince años y antes era un chico llamado Fernando. Vivo en Zúrich, soy descendiente de emigrantes chilenos y siempre tuve claro que no era un chico en el sentido clásico...

—Comprendo. ¿Cuándo lo supiste?

—Recuerdo muy bien cuando tenía tres años y me disfrazaba de hada delante de toda la familia. Me acuerdo del reproche de mi padre y de mi abuela, la vergüenza. Pero, sobre todo, recuerdo un episodio.

—¿Quieres hablarme de ese episodio?

—Sí, me gustaría mucho.

—Adelante.

—Recuerdo que estaba en la escuela y no quería ir al baño de los chicos, no quería hacer pis de pie, sino sentada. Y me fui al baño de las chicas, entonces todas se pusieron a gritar «¡Un chico, un chico!». Y yo estaba sentada en el baño haciendo pis, mientras todas gritaban: «Fuera de aquí, este no es tu sitio».

—¿Cómo te sentiste entonces?

—Sentí que no pertenecía a ningún lugar, que en mi vida no había paz ni siquiera para hacer pis. Entonces vino el profesor, me sacó del baño, me llevó al de los chicos y me dijo que ese era mi sitio.

—Dime qué sentiste.

—Humillación y vergüenza. Eso fue lo que sentí.

—¿Cómo acabó el episodio de la escuela?

—El profesor llamó a mis padres y, frente al director, les dijo que yo no estaba siendo bien educada, que debía saber de manera más clara qué era ser un chico y qué era ser una chica.

—¿Qué hicieron entonces tus padres?

—Protestaron frente al docente y le quitaron importancia al asunto, pero se dieron cuenta de que esa escuela no era para mí.

—Comprendo bien lo que dices. Pero eso pasó hace muchos años. ¿Por qué te preocupa ahora tu identidad sexual?

—Hace nueve meses decidí que quería ser Lucille, y no más Fernando. Sabía que mis padres no lo iban a entender, ni mis hermanos, ni mis amigos ni la escuela. Suiza no es tan progresista como parece.

¿Quién ha estado apoyando tu decisión en ese proceso? ¿Quién te ha ayudado?

—Nadie. He leído cosas en internet: fui a un psicólogo y me dijo que era una crisis de adolescencia, que quizá era gay. Pero no lo soy, sé lo que soy, soy una chica.

Nuestra primera sesión consistió en explicarle qué sabíamos en neurociencia sobre el estado de la cuestión. Como nuestro cerebro devenía sexual a través de una transformación, nuestra identidad se constituía mediante las diferencias. Desde pequeños nos catalogaban en géneros femenino y masculino por el color de nuestros vestidos, nuestro tono de voz, la conducta o las emociones. Hacia los tres años, ya nos percibimos a nosotros mismos. Nuestro ser es un devenir.

—Lucille, a lo largo de tu vida tendrás diferentes identidades; por ejemplo, eres suiza y a la vez chilena.

—Sí, es cierto.

—Eres hebrea y a la vez chilena y suiza, ¿no es así?

Sí, también es verdad.

—¿Puedes ver que te mueves a lo largo de diferentes identidades y que no puedes decir que eres una y no la otra? Y que, si lo hicieses, sería como si te cortases un brazo o una mano. Tus identidades son partes de ti.

—¿Quiere decir que ahora soy chica y que quizá más tarde quiera volver a ser chico?

—Sí, eso es... Las identidades son múltiples y viajeras, y nos enseñan cómo podemos vivir en una realidad diferente.

—No lo comprendo. Explíquemelo mejor, creo que estoy hecha un lío...

—Los seres humanos somos seres sociales y relacionales que reproducimos lo que tenemos grabado en nuestro interior. Todo lo que hacemos lo hemos performado antes en el cerebro: la identidad, la emoción, el carácter... Todo lo que hacemos socialmente lo hemos performado con anterioridad.

—Sí.

—En esa fase hemos dicho lo que es una cosa y lo que es la otra. Antes, por ejemplo, decíamos que ser de color o ser mujer era igual a ser poco inteligente. Hoy sabemos que la inteligencia no tiene nada que ver con el color de la piel ni con el género.

—¿Quiere decir que vivimos cambiando el mundo a través de lo que tenemos dentro?

—Sí, tienes razón, vivimos dentro de unos parámetros que nos posicionan en cómo vemos el mundo. El lenguaje tiene poder porque nos nombra, y eso nos da poder e identidad.

—Como el odio, la ira o el racismo...

—Sí, así es.

—¿Es posible que sea víctima de mi propio devenir?

Sonrisas.

—Más bien creo que estás explorando el devenir. ¿Sabes?, había una filosofa francesa llamada Simone de Beauvoir que dijo: «Ser mujer no se nace, se hace».

—Tenía toda la razón. Gracias, ¿y qué puedo hacer durante este periodo?

—Podrías, por ejemplo, cuidarte, protegerte y aprender a sentirse segura de tus propias intuiciones, de tu propio devenir. Nunca gustarás a todo el mundo, siempre existirán personas que te censuren. Algunas veces lo soportarás, otras no. Tienes que aprender a gestionar qué es aceptable y qué no en este devenir. Los seres humanos somos iguales en derechos, pero diferentes en nuestra expresión. Eso es importante, coexistir en esos dos mundos.

—Muchas gracias, creo que exploraré más eso: es algo parecido a ser bueno con uno mismo.

—Sí, nunca más que ahora es importante que te garantices refugio, atención y construcción a ti misma. Date el espacio para permitirte devenir.

—Permitirme ser y preservar la identidad al tiempo.

—Sí, eso es.

Sigo en contacto con Lucille después de aquel encuentro. Estudió con nosotros neurobiología y continúa deviniendo, significándose en un mundo donde nos permitimos matarnos los unos a los otros, donde nos violamos los unos a los otros, nos abandonamos los unos a los otros, y seguimos siendo intolerantes los unos con los otros.

Lucille, deseo que encuentres el modelo de devenir presente en la bondad. La historia que nos contamos a nosotros mismos sobre lo que somos crea nuestra realidad. Los otros, a veces, quieren crear nuestra realidad; sin embargo, aunque pretendiésemos cambiar la naturaleza de un jazmín haciéndole creer que es una rosa, y rodeándolo de otras rosas, nunca llegaría a comportarse como tal.

Somos nuestro devenir, nuestra evolución, y poner conciencia a eso, ser conscientes, puede significar un cambio profundo en nuestra manera de responder y de ser coherentes con la forma consciente que se va manifestando. ¿Cómo se consigue? Es parte del proceso de ser bondadoso, con amabilidad, seguro.

Caso 4. España. Laia, las barras asimétricas

Laia tenía veinte años y aquella mañana se dirigía a su entrenamiento de gimnasia artística. Estaba preparándose para un campeonato con el equipo nacional. Toda su vida había sido la gimnasia. Hija de un gran gimnasta, crecida entre campeonato y campeonato, su vida estaba dirigida para entrenar y ganar.

Esa mañana fue a su entrenador y le pidió la pauta del día.

«Empieza a entrenar», le dijo él casi sin mirarla.

Antes de comenzar a ejecutar los ejercicios de gimnasia artística, Laia solía calentar los músculos, pero esa mañana el entrenador le dijo que tan solo hiciese una carrera suave de cinco o diez minutos, eso sería suficiente para subirse a las barras asimétricas.

Laia conocía de memoria esas barras, la pelota, las anillas, el potro. Miró la luz que caía desde la ventana y se colocó en posición, saltó y sintió el vacío de los sonidos. Tuvo la mala suerte de sufrir una caída durante el entrenamiento, que le provocó una lesión medular de gravedad. Estuvo en coma inducido nueve meses y, cuando se despertó, no podía moverse. Era una de las mejores atletas de España, pero su caída de las barras asimétricas le cambió la vida.

En la unidad de cuidados intensivos, sus padres solo podían tocarle la cara algunas veces. La madre lloraba sin parar, recordaba una y otra vez cómo su hija había hecho la transición de barra a barra, y no podía quitarse de la cabeza la barbilla y la espalda partiéndose contra el suelo. La ambulancia, el tablero, los gritos y la resolución del coma inducido. Nada fácil.

La madre de Laia era profesora de meditación y su padre era un deportista de élite en gimnasia artística. A ninguno de ellos les bastaban sus técnicas para comprender el dolor que estaban atravesando. Su hija nunca más se movería, al menos no como lo había hecho hasta entonces.

Cuando me consultaron qué podían hacer, lo primero que pensé fue en consolarlos, en darles apoyo psicológico, en acompañarlos compasivamente para aceptar lo que no se puede cambiar. Pero ¿quién les puede decir eso a unos padres que eran unos luchadores resilientes? No querían aceptación, sino a su hija de vuelta a casa.

—¿Qué podemos hacer para traer a Laia de vuelta?

—No lo sé —les dije—, esto no es un viaje normal con billete de vuelta.

—Sabemos que en algún lugar de su cerebro nos escucha y queremos hablar con esa parte de ella.

—Sé que quieren hablar con ella, pero Laia tiene una lesión grave en la médula espinal. Eso afecta a la parte del cuerpo donde se produjo el accidente, pero también a sus sensaciones, su musculatura, la pérdida de movimiento, sus emociones, su estómago, su mente. Afectará a toda su vida. Su hija Laia nunca será la misma.

—Lo sabemos —dijo la madre—, pero también sabemos que puedes ayudarla.

—Creo que necesitáis ayuda psicológica, de verdad.

Quién puede decirle que no a una madre que lucha por la vida de su hija. No les prometí nada, solo que iría a verla al hospital donde estaba ingresada. Lo hice por la profunda amistad que nos unía, pero no porque realmente pensase que podía hacer algo por la chica.

Laia estaba en una clínica privada de Barcelona para personas que habían padecido accidentes graves. Estaba en un lugar donde la mayoría eran chicos menores de veinte años, víctimas de accidentes automovilísticos tras una noche de fiesta o un exceso de alcohol; tenían pronósticos muy graves y algunos habían perdido por completo la posibilidad de volver a moverse.

Cuando entré en la habitación, me impactó. Conocía a Laia desde pequeña y solo verla en ese estado me hizo brotar lágrimas. Estaba cubierta de yeso blanco, únicamente la cara y las manos quedaban libres de la escayola.

—Laia, lo siento mucho —le dije.

Ella no hablaba, solo me miraba con unos grandes ojos oscuros sin mover ni un solo músculo. Me había comprometido a ir a verla y en aquel instante supe que me había equivocado. No podía hacer nada por ella, solo lamentar que una chica con tanto futuro hubiese tenido tan mala fortuna. Iba camino de la salida cuando tropecé con una persona sentada en una silla de ruedas.

—Va muy deprisa. ¿Acaso ha visto a un fantasma?

—Oh, disculpe.

—Todos se van corriendo de este lugar, nadie nos quiere. Corra, corra todo lo que pueda, por todos los que no podemos movernos.

—Adiós —respondí.

Salí de aquel lugar completamente desesperada, no había nada que pudiese hacer por ella en realidad. Aquella noche no dormí, pensé que para qué vale la ciencia si no podemos aplicarla cuando la necesitamos.

¿Cómo podríamos crear neurogénesis en pacientes con médula espinal seccionada? No había literatura al respecto, solo intuiciones acerca de cómo se podía hacer; eran teorías, indicaciones sobre que era mejor hacerlo cuanto antes... Pero, en el caso de Laia, llevaba ya nueve meses y eso era una eternidad. Era imposible.

Al día siguiente me pasé toda la mañana paseando debajo de los árboles, buscando la manera de poder hacerlo. Hasta que recordé el experimento de Giacomo Rizzolatti y Michael S. Ganizzaga sobre los primates y cómo descubrieron las neuronas espejo. Quizá si Laia veía a alguien bailando frente a ella, haciendo gimnasia, podría activar esas mismas neuronas para recuperar la movilidad.

Era una idea absurda, pero era la única que tenía. Y, más que una idea, era una intuición. Me dediqué durante un año a recuperar su movilidad a través de mostrarle imágenes de danza, gimnasia y yoga: algunas eran grabadas, otras eran personas que practicaban frente a ella. Hasta que, casi al año, ella empezó a mover los dedos de la mano y a hablar. Era mucho más de lo que cualquiera de nosotros hubiera esperado.

En cada sesión con Laia hicimos uso de meditaciones basadas en la bondad especialmente hechas para ella, para recordar la bondad de sus células y la biología como proceso de transformación, llamando a cada parte de ella para que tomase partido en esta nueva etapa de su vida.

Laia no regresó a la gimnasia rítmica nunca más, pero logró algo más importante, volver a hablar y a ser funcional en la vida. Pudo ir a la universidad, estudiar Educación Social y finalmente bailar en una silla de ruedas junto con otras personas en las mismas condiciones.

Hoy, cuando pienso en ella, en este proceso de los últimos dieciocho años, sé que la intervención basada en la bondad y la aplicación de la neurogénesis fue la clave para activar el potencial de sanación en ella.

La bondad nos enseña que muchas de nuestras premisas científicas no solo son falsas, sino destructivas para las personas. No es un accidente lo que determina nuestra vida, sino cómo vivimos el proceso de ese accidente. Sabemos que existe una correlación clara entre la recuperación de una persona y el contexto, entre sus cuidadores y el trato que se da a sí misma.

¿Qué es lo que hace que una persona sane o preserve su salud? ¿Qué factores influyeron aquella mañana para que Laia cayese al vacío desde las barras asimétricas? ¿Fue el descuido del entrenador, la prisa, la falta de atención? La ciencia moderna es todavía demasiado joven para comprender la grandeza de la vida. Cuando algo nos falta en los puzles, decimos que es imposible. Si nos duele algo, corremos a tapar los síntomas, y cuando nos sucede un accidente decimos «¡Qué desgracia!».

La epigenética puede regular la expresión de la genética representando no solo un nuevo campo de aplicación, sino una profunda reflexión sobre la salud, el bienestar y nuestra realidad. Laia pudo trabajar en sus percepciones, adaptarse armoniosamente a lo que no podía cambiar y hacer surgir una evolución de sí misma derivada del accidente.

La fuerza de la bondad influye sobre la forma. Ninguna estructura puede ser separada intrínsecamente de esa fuerza. ¿Cómo hubiésemos podido llegar a estar donde nos encontramos sin bondad? ¿Para qué seguiríamos aquí sin ella? Y, ahora que estamos aquí, ¿cómo podemos hacer uso?

CASO 5. INDIA. SUNDARI.
CUANDO EL MIEDO NOS SECUESTRA

Sundari era una ejecutiva financiera de Bombay de cuarenta años. Madre de una hija de trece, acudió a nosotros en busca de ayuda por episodios reiterativos de ataques de pánico. Su vida había cambiado por completo y ahora trabajaba desde casa por miedo a salir a la calle.

—Soy Sundari, vivo en Bombay y sufro ataques de pánico desde hace cuatro meses. No salgo de mi casa por miedo a que vuelva a suceder. He dejado de ir a la oficina y me paso el día yendo del sofá a la cama. Tomo más de seis calmantes diarios y mi vida es un desastre. No paro de llorar, me siento desesperada. Necesito ayuda de verdad...

—Dígame: ¿cómo se siente cuando pide ayuda?

—Me siento fatal, porque yo no soy una mujer que pida ayuda a nadie. Vengo de una aldea muy pobre de la India, he tenido que estudiar mucho y mi familia hizo muchos sacrificios para que yo llegase a donde estoy para acabar así.

—¿Por qué se trata tan mal a usted misma? Esto no es el fin. Cuénteme cómo empezó todo...

—Tomé un avión a Londres con toda mi familia. Habíamos ahorrado para ir a ver a mi hermana, que vive allí. Pero cuando ya estábamos sentados en el avión, me abroché el cinturón y la azafata dio indicaciones de que íbamos a despegar, sentí que el corazón se me paraba. Las pulsaciones aumentaron, perdí el conocimiento y tuvieron que sacarme del avión y llevarme al hospital.

—Lo siento mucho, tuvo que ser horrible.

—Recuerdo la cara de mi familia, y yo no podía parar de llorar, sentía que me estaba muriendo...

—¿Alguna vez había sentido algo semejante?

—Jamás, nunca he padecido ninguna enfermedad crónica ni operaciones, nada de nada.

Comprendo entonces que era la primera vez. Siga...

—Me hicieron todas las pruebas, corazón, cerebro, pero no tenía nada de nada. Y yo me sentí fatal, porque habíamos perdido el sueño de nuestra vida, ir a Londres, por culpa mía. Aún hoy no me lo perdono.

—¿Qué pasó entonces?

—El médico me recomendó reposo, quizá era estrés, y unos calmantes para calmar la ansiedad. Pero la verdad es que desde el primer momento sentía como si tuviese una bestia en el corazón que me estuviese devorando. Se estaba comiendo mi vida día tras día.

—¿Sentía que no ejercía ningún control sobre su vida y tenía miedo a que se volviese a repetir?

—Sí, así es. Y aún lo tengo.

—¿Cómo le gustaría que le ayudase?

—Me gustaría que el pánico desapareciese.

A partir de ese día, hicimos sesiones durante ocho meses en las cuales, a través de ejercicios de entre cinco y veinte minutos, conduje a Sundari hacia diferentes episodios que ella había sepultado de sí misma. A pesar de los ataques de pánico, ella pudo reconocer qué era lo que realmente le provocaba mucho miedo —perder a su marido y a su hija— y cómo eso estaba afectando de manera significativa su calidad de vida.

Sundari hizo un gran trabajo para amarse a sí misma, aceptarse con todos sus miedos —sin elección— y reconocer que cada sensación de peligro o fatalidad no era *per se* un nuevo ataque. Trabajamos cada sudor, escalofrío o temblor. Lloró, aceptó y admitió que eso venía de muy lejos. El sentimiento de irrealidad y de desconexión era algo que se había instalado hacía mucho tiempo en su vida.

Era difícil controlar los ataques de pánico, pero no fue tan complicado hacerse amiga del miedo y empezar a negociar lo que era importante y lo que era urgente. Sundari halló qué era lo que en realidad le estaba causando los problemas y lo solucionó en tan solo ocho meses. En todo ese tiempo reconocer que la bondad siempre la acompañaba le sirvió para avanzar en cualquier situación cotidiana. Ella reconoció su bondad, y también la de su familia al ayudarla, y que ella no era sus ataques de pánico, sino que era algo más; no podía evitar que el pánico volviese, pero sí podía educarse en la respuesta que le daría a su regreso.

4

A modo de cierre

Lo que acaban ustedes de leer es la integración de tres décadas de trabajo. Profundicen y pongan en práctica todos estos ejes que sugerimos. Hemos desarrollado cada una de las partes con esmero, dedicación, paciencia y gozo, considerando que cada niño tiene derecho a ser un ser humano con dignidad, que cada árbol puede por sí mismo ser el principio de un gran bosque.

Aquí no está todo lo que hemos realizado en TWP, faltan diplomados, maestrías o publicaciones, pero son algunas ideas hacia su despertar. Han sido miles de casos tratados y millones de estudiantes, y todo eso nos ha hecho sustentar que la bondad puede ser la base de un trabajo comunitario, al ser de hecho el lenguaje más hablado en todo el planeta.

Tengo la certeza de que puede haber más bienestar para todos y de que eso empieza por la educación integral. Si a lo largo de la lectura de este texto usted ha sentido que quiere conocer más, ese es el primer signo de que la neurociencia de la bondad es para usted.

CUARTA PARTE

MEDITACIONES, VISUALIZACIONES Y PRÁCTICAS DE LA BONDAD

1

Introducción

La bondad suele quedar relegada al olvido porque la damos por asumida. Reflejamos nuestros anhelos y ansiedades en el tiempo más cotidiano y nos alejamos olvidándonos del más profundo sentido de humanidad. Hasta que una mañana, cuando el sol entra por nuestra ventana, la vida nos sacude y nos pide que busquemos refugio en algo más que la vida cotidiana. La preocupación por la maldad, el ímpetu de hallar respuestas en una educación que incorpore la ciencia y la conciencia, supone un gran reto para todos nosotros.

Mi motivación en este capítulo es ofrecer ejercicios sencillos que permitan integrar las grandes inquietudes ecológicas, emocionales, existenciales y tecnológicas de los padres en el ejercicio del fenómeno de la bondad. Exploraré algunos de los componentes de la bondad en términos internos, sociales, políticos y públicos, e iré describiendo los cuatro puntos fundamentales que recogen estos ejercicios. Ustedes podrán usarlos identificando sus necesidades y también haciendo un escaneo de su día a día.

2

El miedo a la bondad

Las personas tienen temor a proceder de manera bondadosa y así la empatía, la simpatía o el buen trato se presentan en nuestras sociedades como amenazas misteriosas y desconocidas. «¿Qué quiere de mí?». «¿Por qué me sonríe?». Responder a ese temor es decisivo. El daño moral que se está haciendo a la bondad implica el desmoronamiento de nuestras redes límbicas, que nos han sostenido evolutivamente miles de años. En los últimos treinta años estamos siendo testigos de un declive apocalíptico de la empatía, la bondad está ausente porque se la teme, y ese pánico que inspira ser bueno no es diferente del que produce una hambruna, una epidemia o las oleadas de migrantes.

La bondad está presente en las principales religiones, es un pilar fundamental, pero también un valor universal a todos los seres. En una sociedad teñida por la incertidumbre y la desesperación, hacer introspección sobre la bondad no solo vale la pena, sino que está relacionado con la urgencia de nuestras comunidades. La necesidad de la bondad es una tendencia nuestra desde pequeños, nos enfocamos a hacer el bien, y esto se aplica a todos los seres sin excepción. Promover acciones, comprometerse con esto, no es solo una actitud moral, sino una urgencia humanitaria.

Al ser bondadosos estamos reduciendo nuestro propio sufrimiento y el del otro, la angustia, la desesperación, el miedo, la perspectiva negativa.

3

Reducir el discurso dataísta científico

Hace casi cuatrocientos años Descartes separó el cuerpo de la mente y su «error» desgrana la tesis de que «pensar» no es igual a «ser». En el principio fue el ser, y de ese ser somos, y luego nos pensamos —pueden leer el libro *El error de Descartes: la emoción, la razón y el cerebro humano*, de António Damásio—. En esas nuevas formas de conocimiento que eliminan progresivamente el pensamiento, los datos ganan terreno. Nuestra tecnología se basa en la toma de datos, calcular probabilidades, seguir tendencias o perseguir las respuestas que damos. Nos convertimos en proveedores de datos y en productos servidores de ellos. Las sociedades, cansadas de producir datos, dejan de hablarse, de reflexionarse y de ser transparentes.

Nuestros hijos se ven abocados al impulso del dataísmo y sus vidas se convierten en mercancías al servicio de la información. Según Byung-Chul Han, esto es «pornografía dataísta». La bondad no forma parte de ese sistema totalitario, donde no hay pudor, vergüenza, secreto o confidencialidad, donde todos se exponen y todo se expone. Esa recogida de datos continua, esa hiperconectividad, nos llevan al deseo de tener más datos aunque no entendamos nada. Somos agonía de los datos, agonía de un pensamiento que, al no poder comprenderse desde la bondad, ya no está disponible para ser humano. Se expone a los bebés antes de que nazcan, vemos las ecografías en Instagram. Se reproducen sus rostros en los medios de comunicación y los convertimos en productos de los datos, de los likes.

El aumento de la violencia en un planeta colapsado tiene que ver también con la relación entre la ausencia de la bondad y la autocosificación de la tecnología. La desaparición del tacto, del abrazo, de la mirada nos impide mostrar nuestra bondad y opera sutilmente deshumanizándonos. Vivimos en una forma de violencia autoinfligida que da paso al homicidio de la bondad sistémica y, así, no solo perdemos la posibilidad de ser buenos, sino también la de ser libres.

Nuestros hijos están cosificados por los datos, las chicas no están a gusto con su cuerpo porque no se parece a lo que los datos dicen. Los chicos no se sienten bien con sus resultados en un mundo donde no hay mitos ni ritos que seguir, nada más que el consumo de datos en sí. De hecho, ellos dicen «No pude hablarte porque me quedé sin data», y ese «quedarse sin data» lo dice todo sobre cuál es su realidad: no aspiran a ser mejores, más cultos o más libres, sino a tener data. Quien tiene data tiene datos, y quién sabe qué dicen los datos, eso no es importante, sino tener números en esos datos, números que no son amigos, sino datos que nos confunden.

Los chicos han visto aumentar las tendencias suicidas, la depresión, el aislamiento, la soledad y las enfermedades crónicas con el aumento del dataísmo, mientras vemos cómo la ciencia hace estadísticas del proceso. Los científicos se convierten en los escribas del faraón, las empresas tecnológicas —que cada día acumulan más y más poder— nos alejan de nuestra bondad innata porque esta no está sujeta a datos.

La necesidad de controlarlo todo, de secularizar la sociedad, de expandir el racionalismo científico entraña un gran peligro: el imperio de lo cognoscitivo. Todos echan mano de la ciencia para explicar el mundo, y esto ya no es un secreto, sino una hipótesis y datos —que son hechos—, mientras los ciudadanos no pueden distinguir con certitud la diferencia entre un porcentaje, una probabilidad y posibilidad.

4

Narcisismo y rendimiento

En ese vaivén de mercadeo dataísta, en ese flujo en el que nos convertimos en conjuntos de datos, perdemos no solo la bondad, sino también nuestra belleza —nuestro eros, ágape y filia—, porque todo se mercantiliza, incluso hasta los amigos («sabiendo» cuáles nos convienen o cuáles no). Nos relacionamos como una exposición donde es posible hacer una foto y subirla a las redes. Ese vínculo con la ausencia de la bondad se llama «depresión», y caemos en las garras de un narcisismo parental en el que miramos a nuestros hijos sin darnos cuenta de su presencia. Los hijos también son datos —notas académicas, años que cumplen, números de teléfono, agenda de visitas—. Las relaciones son ya solo números o abstracciones de ellos, avatares ciegos de un dios invisible.

¿Cómo podemos mirar al otro cuando no tiene cuerpo? Francisco Varela definió, en su obra *De cuerpo presente*, la necesidad de orientar la ciencia hacia la fenomenología. Se trata de comprender que la neurociencia contemplativa implica darse cuenta de su dimensión, de su presencia, y sostener —sin recurrir a los calmantes— toda forma de vida. Hemos olvidado a Francisco Varela.

El sistema neoliberal apoyado por la ciencia ha logrado de forma magistral lo que nadie había conseguido: que internalicemos el mal; ya no necesitamos reprimir nuestros deseos de odio, ira o venganza. Hasta somos capaces de comercializarlos eliminando amigos de nuestra agenda, bloqueándolos sin ningún pudor; cancelando citas, enviando mensajes que nunca nos atreveríamos a decir mirándole a los ojos a alguien. Nos hemos convertido en homicidas tecnológicos. ¿Cómo puede ser, si preferimos la bondad, que estemos tan absolutamente fuera del eje de la vida? ¿Cómo puede ser, si la bondad es innata, que no estemos escuchando todo lo que está pasando? Y si realmente lo estamos escuchando, ¿por qué no hacemos algo más que seguir acumulando tecnología y data? Porque ya no somos capaces de desobedecer a los datos.

Nuestros chicos viven en mundos donde ser malo está más premiado que ser bueno, donde ser explotador es la norma, donde se busca el éxito, el minuto de foco y el poder para obtener réditos comunicativos y datos. Así, encontramos a un chico que preparó una galleta y la rellenó de pasta de dientes para dársela a un mendigo para que se lo comiera. Grabó la escena en vídeo y la subió a las redes solo para mostrar que era capaz de hacer un acto de mal y humillar a un ser humano. Se obliga a los niños y jóvenes a actuar como si fueran productos, como competidores, y aprenden así a establecer relaciones de competitividad y no de cooperación. Solo hace falta darse una vuelta por las redes sociales, por las televisiones por cable y ver lo que tiene más audiencia. Solo hace falta darse una vuelta por las librerías y las bibliotecas para ver que están vacías. Se venden los cuerpos, las emociones y los pensamientos como si fuesen transacciones. La depresión, la agresión a uno mismo y al otro es solo una de las caras del narcisismo en la sociedad.

En este marco, las escuelas buscan además rendimiento, notas, resultados y no procesos humanos. Les pedimos a nuestros hijos que estén conectados, no que se miren a la cara, que vayan a una guerra cotidiana donde el arma es su propia vida; les exigimos estar activos constantemente. Levantarse temprano, ir a la escuela, asistir a actividades extraescolares y, entonces, ser niño, más que en una diversión, se convierte en una vergüenza. Es una obligación vergonzosa que pone claramente en el escaparate a los padres, a las escuelas y al sistema.

Les pedimos a nuestros hijos ir armados de tecnologías para poder controlar dónde están y qué están haciendo —la escuela hipervigilada—, y luego nos sorprendemos cuando ellos sustituyen el iPad por una pistola y acaban matando a sus compañeritos. En un concurso celebrado en una escuela del estado de Nueva York, el premio era un arma. El niño la esgrimía con tan solo cinco años, mientras la orgullosa madre le ayudaba a apuntar a la diana. ¿Dónde quedó la bondad en esa escena?

Cuando les preguntamos si son inteligentes, si son buenos, si pueden valerse por sí mismos, no encuentran palabras para responder. Han internalizado tanto la agresión hacia sí mismos que la respuesta es «los cortes», «la depresión» o «el disparo a sus propios amigos». El disparo a los compañeritos del instituto es el grito de un chico al que ya no le ha quedado hacer otra revolución que la muerte de los demás.

No es para nada la nuestra una sociedad bondadosa, solo una que produce narcisismo y rendimiento, una sociedad dataísta donde no hay juego, libertad ni disfrute que no sea digital. El niño es esclavo desde antes de nacer, prisionero forzado de un sistema que cela para que se convierta en un producto.

Será víctima y, más tarde, explotador de otros chicos en forma de *bullying*, agresión.

En la India, un niño de una aldea muy pobre le pidió a su madre un teléfono móvil. En un contexto donde no había ni luz eléctrica, la madre intentó hacerle entender que no lo necesitaba, pero el niño argumentó que él había visto en la publicidad que los chicos que tenían un teléfono móvil eran felices. Y él quería ser feliz. El chico escapó a la ciudad y vendió su riñón para poder comprar un teléfono. Volvió a la aldea con el móvil antes de que este se quedara sin batería. Luego el niño falleció por mala praxis en la operación de extracción del órgano. ¿Es esta la felicidad que deseamos para nuestros hijos?

¿Por qué no es del todo posible la bondad hoy? No es que no sea posible, sino que hay que alejarse de la enajenación a la que nos estamos volcando por un exceso de producción y de datos, el olvido de la tierra, el aislamiento, el egoísmo, la ignorancia y la ineficacia humana. Debemos reconocer y enfatizar entonces que sí es posible la bondad, si se cambian ciertas premisas, siempre lo fue; lo que ya no es admisible es tanta maldad. La revolución de la bondad debería ser una prioridad. Bajo esa premisa de cambio interno sí es posible la bondad, claro que sí, con esfuerzo. Solo deberíamos plantearnos por qué no la dejamos nacer en nuestros jardines.

Es necesario desarticular la maldad, plantear claramente que vamos a autodestruirnos y a destruir al planeta si seguimos así. A cada momento que pasa mueren miles de personas a causa de la violencia social; el mal ya no puede consumir más instantes, la muerte y la violencia no pueden ser el sentido de nuestra existencia.

Lo que propongo a continuación es la restauración de la bondad, la posibilidad de una vida que mantenga su propio retorno, su propio sabor, y aunque haya crisis y sean necesarios cambios, hay que decir que la bondad vale la pena y tiene que estar de cuerpo presente —en un sentido Vareliano— en estos tiempos.

No basta con estar conectados, con poseer bienes materiales, con vivir en casas bonitas y tener escuelas bonitas. No basta con que nuestros hijos puedan ir a cientos de actividades y disponer de toda la tecnología a la última. Eso no va a garantizarles una vida feliz ni una comunidad que los ame. Eso nunca hizo que las personas fuesen felices ni amables.

5

No basta con reflexionar la bondad, hay que practicarla

Mi idea de la bondad es la de un árbol que está muy presente en todo mi trabajo, entendiendo que se sostiene y que surge de una estructura de donde sale la resolución formal en el espacio. La bondad es un espacio donde todo está claro y expresa armonía en sus formas, y así es muy difícil que alguien pueda decir que es feo, malo o falso.

En un árbol están claras las reglas de crecimiento, igual que en la bondad: sabemos cuál es la raíz, el tronco, las ramas, los frutos y las semillas. Todo es transparente. Y sabe cómo colocarse en la Tierra, en nuestro mundo, desarrollar el equilibrio de las ramas en el espacio, cómo crece, cómo se sostiene.

En este capítulo voy a procurar que la bondad se exprese, que se explique cómo crece, cómo se sostiene, cómo llega de la tierra desde el cielo, intentando comunicarlo de manera generosa y participativa. La ciencia debe ser generosa: esa es mi manera de comprender la bondad y de intervenir en el mundo. Mi forma de llegar desde las selvas a las ciudades es la generosidad, en el sentido de que una intervención basada en la bondad debe ser una ofrenda.

Siempre les digo a los estudiantes, a los padres, a los profesores, que en cada cosa que hacen están poniendo bondad. Hacer un pan, poner una silla, enseñar a leer, marcar una norma, ayudar a caminar, limpiar las lágrimas: con todo eso están haciendo bondad. Hemos de ser muy conscientes de que cada vez que actuamos con bondad, estamos haciéndola. La bondad es un espacio de convivencia, donde nos hacemos como tribu o sociedad. Ese espacio bondadoso es el que nos nutre, nos alimenta y nos hace crecer.

Darwin dijo que la evolución era el proceso entre el equilibrio y el desequilibrio, y eso es también la bondad. Nuestra capacidad de dar respuesta dependiendo de quiénes somos, cómo nos sentimos, cómo enseñamos a los chicos no solo aspectos técnicos y funcionales de la vida, sino a trabajar con su propia sensibilidad. La bondad es un arte que dará respuestas a lo que la sociedad nos pide, porque hay muchas injusticias por resolver, como combatir el cambio climático o superar un trauma, la gran crisis de alimentos o las caravanas de emigrantes.

Un programa basado en la bondad trata de hacerse preguntas, algo en lo que siempre se basa la ciencia. Lo importante es qué tipo de preguntas nos hacemos: «¿Cómo me sitúo en el mundo?». «¿Cómo resuelvo tal cosa?». «¿Qué hago con mi vecino?». «¿Cómo respondo a este niño?». Y un contexto social también son preguntas: «¿Por qué hay violencia?». «¿Qué hacer con los embarazos no deseados?». «¿Por qué no hay escuelas en este barrio?». «¿Por qué secuestran a niños?». Todas esas son preguntas que nos hacemos muchas personas.

Cuando me enfrento a una situación, a un contexto, a un lugar, lo primero que hago es preguntarle «¿Qué quieres?», observar qué me está pidiendo y qué está rechazando también. La bondad es una manera de observar las situaciones y estar al tanto de qué nos piden estas es tener una actitud bondadosa.

Los padres a menudo sobreprotegen y exageran, creen que ser progenitores es lo más importante de sus vidas. Se les da la posibilidad de acompañar una vida, y piensan que por eso ya les pertenece y exageran sus funciones. Un padre y una madre son personas que tienen que saber la medida de las cosas y recordar que a veces no se necesita hacer nada (no comprar más, no ir a ningún sitio más, etc.). Ser padre es eso. No es necesario hacer nada más. Aunque otras veces sí que tenemos que actuar.

Algunos padres quieren serlo para que los otros digan lo buenos padres que son y mostrarse ante la sociedad como unos progenitores perfectos para poder ser creíbles y poder decir que son capaces de esto o de aquello.

El hijo entonces no es una persona, sino un bien de su posesión, alguien que se posee, como si fuera un coche o una casa, y que debe hacer lo que los padres desean. Muchos padres sobreactúan por compensación, porque creen que dar más es mejor que no dar, y con ello se confunden. La humanidad viene siendo padre y madre desde hace ya muchos siglos, y seguirá siendo así. ¿Qué nos hace pensar que somos mejores padres de lo que fueron nuestros abuelos? ¿Qué nos hace pensar que una madre en Dakar es mejor que una de Nueva York o de Yakarta? ¿De dónde viene esa idea de ser padres? Yo creo que es necesario iniciar la discusión sobre los padres que premian a sus hijos, que los «compran» con tiempo, regalos o estatus.

Lo que la parentalidad necesita son plataformas de debate, reunirnos para discutir, para construir a través de nuestras experiencias reales —no virtuales— qué es ser padre hoy. Para que las personas reconozcan qué es la bondad se necesita debate, debate y más debate, mucho debate.

Es muy difícil que un hijo nos «cambie» realmente en lo profundo, más bien descubre lo que ya sabíamos de nosotros. Qué significa tener una persona pequeña a nuestro cargo, vivir con ella y tomar decisiones por ella es algo que requiere debate, y no solo entre los padres, sino también entre los filósofos, los economistas, los arquitectos, los educadores, los científicos, los jardineros. Y después de ese debate, hay que intentar transmitir esto a la vida de los niños.

Cómo construimos una escuela, cuánto cuesta, en qué se fundamenta, cómo son sus jardines, qué contenidos tiene son preguntas fundamentales para una educación basada en la bondad. Primero hay que pensarlo y debatirlo, y luego transmitirlo a la sociedad. Hay que escuchar a los padres, pero no pensar que los hijos son solo de ellos y para ellos. Eso no es cierto, los hijos son una construcción social de la bondad, de la evolución y su época.

Confundimos la democracia con la participación y los criterios. Todas las personas pueden opinar, pero no todos tienen buenos criterios; no somos todos iguales, sino que somos diversos y tenemos miradas plurales. El debate sobre la bondad puede proponer elementos que cimienten el edificio de la construcción social, que incluya a todos sabiendo que no somos iguales para nada. Cada uno, cada niño es diferente, y eso es importante recordarlo.

Un niño es un miembro de la sociedad, de una cultura, de una tribu, y se cría entre todos. La responsabilidad de la crianza no pertenece solo al padre y a la madre, como ha venido sucediendo a través de los siglos; esta es una consigna potente, clara y coherente. Las madres no son las esclavas de sus hijos y la mujer no ha nacido solo para ser madre; una persona no puede sobrevivir solo con una madre y un padre, necesita a la comunidad. Hagamos que las personas comprendan que la bondad es un bien común, que se interesen por ella y que los estándares socioemocionales, artísticos, ecológicos y científicos de la sociedad se incrementen. No hagamos caer el peso de la educación solo en los padres, hablemos de comunidad.

Yo prefiero aprender de alguien que sabe más que yo y dejarme parentalizar por otros. Todos somos hijos de muchos padres y madres, porque nos han cuidado e inspirado, y, gracias a ellos, hemos llegado a ser quienes somos. Los padres deben tener claro que un hijo es una construcción que se inicia con su propia destrucción, pues se arrasa con el propio cuerpo de la madre y la vida de solteros sin responsabilidades. Cuando destruimos algo, ya no se puede recuperar. Al tener un hijo destruimos el hecho de que no-somos-madres, una variable que nunca más existirá. Un hijo no puede tampoco escoger a un padre o a una madre, ni puede decirles «Borro mi ADN», es absurdo. Sin embargo, muchos hijos creen que nacieron de la nada, tratan sin ningún respeto a sus padres y cortan el árbol creyendo que ellos tienen el poder de ser ellos mismos en una sociedad narcisista que los confunde. Somos el fruto de miles de generaciones en este planeta. Nuestros éxitos o fracasos no son nuestros, sino de todos; es un pequeño detalle.

Este vínculo sucede también en la educación, porque cuando eres docente y has tenido a un estudiante, ya nunca más puedes dejar de tenerlo. A través de la bondad podemos darnos dignidad a nosotros mismos en ese proceso de destrucción y construcción. Es nuestra responsabilidad, es la que más conciencia nos hace poner y la que más apasiona. El educador es bondadoso. Sin embargo, pareciera que la universidad ha perdido su concepto original, su papel subversivo y disruptivo de innovación, y que ahora es más bien un mercado donde estudiar para encontrar un trabajo determinado, en vez de un espacio de formación de lo que significa ser una buena persona. Los chicos acuden a la semana de orientación estudiantil y se van con miles de folletos sobre qué carrera estudiar. Son consumidores universitarios, pero nadie se detiene con ellos para orientar sus procesos, observar si esa carrera es buena para ellos, si tendrán posibilidades de trabajar tras cursarla. Deberíamos promover más la figura del orientador. No hacemos nada de eso, la universidad es una factoría de números y tesis.

La bondad empieza con el pensamiento, hemos de saber pensar. Se educa más concentrándose en los resultados que en pensar para luego actuar. Un docente tiene la responsabilidad de educar en la bondad del pensamiento. ¿Qué es entonces ser padres, ser adultos en una comunidad, y cómo esto se relaciona con la bondad? Necesitamos iniciar este debate.

6

Ejercicios para la parentalidad consciente

Ejercicio 1. Atención a la atención consciente

Llevar la atención a la atención es quizá la tarea más importante para los padres e incluso para quienes se estrenan como abuelos. La atención nos puede llevar a ver las cosas con distanciamiento y ser más conscientes de lo que el niño quiere, necesita y cómo se sentirá si lo obtiene.

Este mismo ejercicio de atención puede centrarse también en uno mismo o en una misma cuando se es capaz de observar cómo se sienten los avatares de la maternidad o paternidad en nuestro interior. Tan solo se trata de eso: observar cómo nos sentimos y sentir que estamos sintiéndonos como nos sentimos. No pretendamos cambiarlo, no pretendamos resolver lo que necesitamos, solo hacerlo explícito ya es un gran paso.

Ejercicio 2. Atención a la presencia del momento

Los padres casi siempre se encuentran en sintonía multimodal: están con los hijos, pero también están pensando en el trabajo, hacer la compra, correr a la cita del dentista, todo sin tener presencia en el momento.

Estar en presencia de nuestra presencia es darse cuenta de que hemos llegado a la habitación o al salón y reconocer sutilmente que lo hemos hecho. La presencia tiene mucha relación con cómo nos vemos a nosotros mismos como progenitor y comienza en nuestra mente. Cómo nos pensamos en ese papel, las habilidades, las competencias, el potencial y la motivación, todo eso es nuestra presencia paternal. Las habilidades en otras áreas de nuestra vida, como la carrera profesional, el deporte, la socialización, pueden trasladarse a la parentalidad.

Ejercicio 3. Cambiar la manera de actuar

Cuando cambiamos la manera de estar presentes en el momento, también modificamos la forma en la que nos comportamos ante los demás, pues actuar es estar presentes. Podríamos ser conscientes de nuestra presencia a través de cuatro pasos muy sencillos:

- Estar presentes en la atención.
- Estar presentes en la intención.
- Estar presentes en el cuerpo.
- Estar presentes en la inspiración.

Ejercicio 4. Intencionadamente padre o madre

La presencia nos ayuda a reconocer cómo queremos ser vistos, tocados y abrazados, cómo queremos que nuestros hijos nos conozcan. La intención es una de las fuerzas que nos permite cocrear cosas en la vida, una carrera que nos permite ir en pos de un fin, de un objetivo. Esa dirección está unida al deseo que motiva la acción, y no al fin último.

Tener la intención de ser buenos padres no implica decir lograrlo, aunque sí podemos hacer pequeños ejercicios de unos minutos al día recordándonos que no somos padres perfectos, pero que lo estamos intentando, con esa dirección y vínculo noble.

Ejercicio 5. Conectar con el cuerpo

Los padres no se conectan con sus cuerpos, sino con el de sus hijos como si fuesen padres sin cuerpo. Para que una conexión sea sólida, tiene que pasar por el cuerpo. Las conexiones nos hacen estar presentes y también influir en los otros. Cuando queremos estar con alguien, tenemos que estar presentes y así nos volvemos conscientes del momento.

Ejercicio 6. Seamos sinceros y sonriamos

Sonreír es una de las formas más antiguas que tenemos como humanos de comunicarnos con los otros. Es una expresión profunda que refleja el miedo y la ansiedad que nos procura el otro, pero también la alegría, la dicha o la felicidad. Al sonreír estamos liberando serotonina, endorfinas y dopamina, neurotransmisores que nos ayudan a regular la respuesta al miedo, la ansiedad o la angustia. Sonreír nos hace sentirnos bien y nos predispone a la felicidad.

Sonriamos varias veces al día; cuando nos veamos abatidos o cansados, sonriamos y recordemos que no tenemos por qué saberlo todo ni tampoco hacerlo todo perfecto. Seamos sinceros: no lo sabemos todo ni lo sabremos. Relajémonos y regalémonos una enorme sonrisa.

Ejercicio 7. Presencia confiable

Los niños no siempre se fían del primero que les sonríe; de hecho, cuando vemos a alguien sonreír, lo primero que nos preguntamos es el porqué. Sonreír es un acto que genera confianza, pero sobre todo presencia y apertura, y hace que lo malo se disipe. Practicar la sonrisa nos va a llevar a abrir el cuerpo a la presencia confiable, positiva, a ayudar en la construcción del presente, a mejorar la relación esté en el punto que esté. Incluso aunque hayamos tenido experiencias traumáticas que nos generen resistencias

Cuando sonreímos estamos confiando, no estamos pidiendo que el otro cambie su punto de vista; simplemente que sea posible un momento de no juicio, de apertura sincera.

Ejercicio 8. Mantengamos el nivel de energía apropiado

Las emociones son un elemento que genera energía. Cuando nuestra mente se encuentra positiva y el corazón contento, nos sentimos bien, es más fácil lograr un compromiso y se genera un mayor impulso vital. Pero ¿cómo se consigue esa energía necesaria para ser padres? ¿Qué es lo que podemos hacer para mantener los estados de alerta y ser capaces de adaptarnos a lo que va surgiendo? Hay muchas maneras de generar energía, que produce neurogénesis y activa positivamente nuestro sistema nervioso.

Por ejemplo, hacer deporte, caminar cerca de los árboles, respirar cerca del mar, dormir profundamente, acompañarse de un buen amigo, son todas formas de generar energía positiva.

EJERCICIO 9. HAGAMOS EJERCICIO FÍSICO

Nuestro cerebro se activa y se expande a medida que hacemos ejercicio. Muchas veces estamos obsesionados y atorados en una idea a la que no logramos dar forma, hemos discutido con nuestros hijos y tenemos un día horrible. En ese momento es posible pararlo todo y salir a hacer ejercicio.

Entre todos los ejercicios, podemos salir a caminar a paso tranquilo, sin forzar nada, y observar cómo cambia nuestra perspectiva al hacerlo. Caminar aumenta las sinapsis y crea mayores conexiones nuevas en el cerebro. Eso ayuda a que se formen nuevas células y nuevas soluciones. Caminar también significa respirar más y mejor, ser capaz de eliminar todo aquello que ya no es necesario en nuestra vida, activar el corazón y dejar que todos nuestros órganos se beneficien de ello.

Si caminamos veinte minutos al aire libre, vamos a absorber más vitamina D, que tiene muchos beneficios para el buen humor. Siempre aconsejo llevar a los niños a caminar, a lugares que no conocen, compartir un paseo con ellos, un árbol, unas flores, que conozcan gente que nunca han visto. También podemos hacer cosas nuevas, por ejemplo, trepar a un árbol, saltar con cuerda o recoger verduras.

Podemos también sumarnos a un grupo de personas que corren con nuestras mismas motivaciones; entonces no solamente estaremos cultivando el bienestar, sino que ese deseo de estar en calma será también el de estar compartiendo, y todo irá mucho mejor.

Ejercicio 10. No existen los padres perfectos

Hay muchos tipos de crianzas, estilos y claves. Hay que recordar siempre que no existe una única manera ni tampoco buenos o malos padres; los mejores cometen errores y los peores también tienen aciertos. Lo más importante es preguntarnos sin obsesionarnos si somos buenos padres. Esa pregunta es muy importante, aunque implique asperezas, honduras y disgustos.

Las personas hacen lo mejor que pueden con lo que tienen. Hay padres que actúan con negligencia, abandonan a sus hijos o incluso los castigan de forma impune. Pero también hay hijos que abandonan a sus padres, que no se hacen responsables de ellos y que les infligen castigos.

Procurar a un hijo una buena educación no es garantía de que se convierta en una buena persona ni de que se porte bien. Hay que observar la diferencia entre ser perfectos o ideales, o intentar hacerlo lo mejor que se pueda.

Ejercicio 11. No culpabilizarse

Nuestra sociedad muestra padres idealizados e indica cómo tenemos que ser. Recibimos miles de imágenes sobre la madre, la esposa y el ama de casa perfectas, y sobre el padre perfecto y proveedor. Pero las cosas no son así y eso no es real; igualmente, cuando no damos para más, viene la culpa. «No soy suficiente» es un pensamiento que nunca nos va a abandonar, pues la culpa está con nosotros desde el principio de los tiempos.

Nos sentiremos culpables si trabajamos, y también si no lo hacemos. Tanto si nos tomamos tiempo para nosotros como si no lo hacemos. Ser padre es una utopía que nos atropella cada día y, como somos mortales, nos sentimos culpables. Es importante identificar si el sentimiento de culpa es gestionable, si sabemos pedir perdón, si hemos podido aprender de la experiencia. Si, a pesar de eso, la culpa tiene una identidad que se ha incrustado en nuestra piel, quizá sea el momento de visitar a un psicólogo para elaborar esos aspectos de la parentalidad que nos hacen sentir culpables.

EJERCICIO 12. NO SER SOBREPROTECTOR

Los seres humanos somos los mamíferos más vulnerables: nacemos necesitando cuidados, abrazos, estima y protección. Estos cuidados, tan necesarios en los primeros años, a veces se extienden y se confunden hasta construir una sobreprotección negativa.

Al hacer que un niño se sienta seguro, en calma y feliz, estamos comunicando que puede contar con nosotros, desarrollando su confianza y el aprecio por sí mismo. En cambio, si lo sobreprotegemos desde pequeño, el niño irá creciendo en una burbuja asfixiante. Nuestro miedo a perderlos, la ansiedad y el control es la trampa más vieja de la historia de la parentalidad.

Podemos llegar a confundir cuidado con sobreprotección, hasta que nuestro hijo sienta que ya no puede hacer nada sin nosotros, y a medida que se haga mayor sentirá y oirá que nos debe horas de cuidados, de inversión. La sobreprotección lleva consigo el chantaje emocional y esto hará que, al llegar a adultos, los hijos sigan siendo niños inmaduros, aunque sean ya mayores de edad, y entonces serán criaturas que no desarrollaron sus áreas de la responsabilidad, sentirán miedo y estarán inseguros de sí mismos.

Ejercicio 13. Dejémoslo equivocarse

Cuando Caperucita iba por el bosque camino a casa de su abuelita, cogió el camino equivocado. Blancanieves mordió la manzana envenenada que le dio una desconocida y Pinocho faltó a la escuela y mintió a su padre. ¿Por qué debemos dejar que los niños se equivoquen? ¿Qué cosas tienen que aprender? Los cuentos están llenos de errores, situaciones ambivalentes, estupideces con grandes consecuencias, como abrirle la puerta al lobo y que nos acabe comiendo.

Si no dejamos que los niños gateen, nunca aprenderán a caminar, y eso implica caerse mil veces. Si no dejamos que tomen un lápiz, nunca llegarán a dibujar. Tenerlos siempre sobre las faldas y cogiditos de la mano no los ayuda. Los niños tienen que explorar, caerse, equivocarse y levantarse para ser capaces de reconocer qué pasa y qué deben aprender de esa situación.

Evitar que se equivoquen no hará que crezca la confianza en ellos, tampoco la resiliencia ni el orgullo de lograr las cosas por sí mismos. El error nos permite desarrollar competencias importantes en términos sociales, emocionales y cognitivos. Los padres deben ayudar a que los hijos tomen sus decisiones, aunque estas no sean acertadas.

Equivocarnos hace que aprendamos y seamos mucho más

humildes: nadie resuelve una ecuación a la primera ni escribe a la primera. El error es también una manera de evaluar cuánto se arriesgará en la vida nuestro hijo, los pasos y los retos que será capaz de asumir.

Vivir es equivocarse y volver a vivir, reconocer cómo nos sentimos cuando esto está pasando es más importante que si tuvimos éxito o no. No eduquemos a nuestros hijos para ganar, sino para reflexionar sobre el proceso. Ganar es tan transitorio como perder, pero recorrer el camino de la comprensión es una dicha que llevaran siempre.

EJERCICIO 14. LA EDUCACIÓN ES UN PROCESO

Desde que decidimos tener un hijo o adoptarlo, cada paso que damos supone ajustes, ensayos y aciertos. Nos acercamos a la parentalidad sin saber qué nos aguarda. Nunca es demasiado tarde ni demasiado pronto para la educación. Esta empieza antes de nacer; para conseguir ciudadanos libres, responsables y felices, tenemos que educarlos en los primeros años de vida con esmero.

Pero también es posible, porque nada está garantizado en la vida, que no siempre salga bien, porque la educación es también el contexto.

EJERCICIO 15. REDUCIR LA HUELLA ECOLÓGICA

La huella ecológica es un marcador para saber el impacto que creamos en el medio ambiente. Este concepto lo elaboraron William Res y Mathis Wackernagel en 1996. Podemos, mediante una serie de cálculos sencillos, determinar cuánto espacio ocupamos y se necesita para producir los recursos que consumimos, y también para absorber nuestros desperdicios.

Cuando nos hagamos conscientes de nuestra huella ecológica, podemos poner atención a la necesidad de mermar el impacto y aumentar la regeneración. Si empezamos por nosotros mismos, podemos poco a poco trasladarlo a la casa y más tarde a la escuela. Reducir la huella ecológica es una buena práctica bondadosa, que trata de mantener la presencia de todas las formas de vida en el planeta.

Ejercicio 16. Seamos coherentes

Pensemos en que somos un modelo para nuestros hijos y estudiantes. La coherencia se vincula con la bondad y con la verdad (aunque la verdad absoluta no existe, sino que es fruto de la percepción). Si bien el cerebro del niño está en crecimiento, debemos convertir la coherencia en un reto permanente: por ejemplo, haciéndole vivir experiencias con múltiples dimensiones (estéticas, emocionales, ecológicas, lógicas, trascendentes). Eso se puede lograr en la vida cotidiana con actos sencillos, desde observar el proceso que lleva de la crisálida a la mariposa hasta ver una película u observar una obra de arte.

Ejercicio 17. Demos respuesta a sus preguntas

Los padres y docentes no tenemos que saberlo todo, y admitir nuestra ignorancia en algunas cosas es una buena práctica, aunque nunca tiene que ser una excusa para que las preguntas queden sin responder. Por ejemplo, cuando muere la mascota debemos contar qué pasa con ella, responder también de dónde vienen los niños, qué sucede cuando tienes cáncer o por qué el amigo Fernando ahora se llama María.

Las preguntas permiten a los niños tener información sobre lo que sucede, interpretarlo, entenderlo, comprenderlo y crearse su propia opinión al respecto y reflexionar. La formulación de la pregunta es muy importante en la creación del pensamiento crítico y en el desarrollo de buenas estructuras de aprendizaje. Los niños que preguntan nos hablan también de sus valores, de la humildad, la curiosidad, la valentía de hacerlas. Eso significa también poder hacer frente al no saber y querer aprender.

EJERCICIO 18. NO NEGUEMOS SUS EMOCIONES

Nuestro cerebro se construye con perfiles emocionales que son fruto de la evolución. La emoción constituye una base importante para poder aprender a expresar con palabras lo que estamos sintiendo. La forma en que aprendemos a expresar esas emociones tiene mucho que ver con nuestra genética, pero sobre todo con el contexto en el que crecemos, con lo que se nos permite o se nos niega.

Algunas familias niegan las emociones; todos tienen que estar de acuerdo en una gama de sentir y no se permite la diferencia. Otras familias son carruseles emocionales: hoy hay rosquillas y mañana salados. Se usa la emoción como una forma de exabrupto sin darse cuenta del impacto que tiene en el otro.

Eduquemos a nuestros hijos para que reconozcan sus emociones, para dejar que otros las expresen, y sobre todo para acoger lo que suceda sin negar, reprimir o censurar; con calma.

La voz del estudiante

Marco Leone, Córdoba (Argentina)
¿Qué ha significado para mí conocer TWP y aprender allí?

Soy Marco Leone, psicólogo, *coach* profesional y formador desde hace más de veinte años. Creo que la parte fundamental de la transformación humana reside en la capacidad de reflexionar, de construir un cuerpo de habilidades donde podamos mirarnos a nosotros mismos con respeto y sinceridad, y aprender desde allí a reconocer a los demás en aquello que compartimos como humanos que somos y, al mismo tiempo, a legitimar nuestras diferencias.

En la Fundación TWP recorrí un nuevo camino de aprendizaje y cambio, primero como persona y luego como profesional. La profundidad de la escucha y la extraordinaria apertura de la doctora Koncha Pinós Pey, directora de la Fundación, han hecho de esta experiencia una posibilidad única de expandir mi mirada y mis competencias para intervenir en lo que los clientes requieren, sean personas individuales o instituciones, y sobre todo mi capacidad de cuidarme en el proceso.

Aprendí que la compasión no es lástima ni sensiblería, y va mucho más allá de una simple emoción. Aprendí que la complejidad de la vida no se resume en ninguna de nuestras explicaciones y que cada día la ciencia va descubriendo una capa más del misterio que nos hace ser quienes somos.

Hoy reconozco con mucha más conciencia que podemos dar un giro fundamental en nuestra actitud hacia el vivir cotidiano. En vez de intentar arreglar nuestro malestar, podemos construir las causas y condiciones del bienestar como un cuerpo de competencias que pueden aprenderse a partir de una práctica sostenida. Y esa posibilidad nos devuelve la conexión con la bondad innata que somos todos... sin excepciones.

Me siento agradecido, abierto, entusiasmado, y sobre todo he recuperado la esperanza. No de que puedo controlar el proceso de cambio propio o ajeno, sino de que puedo diseñar a cada paso qué camino podría ser el mejor para inspirar el cambio o la transformación de quien me pide ayuda, siempre cultivando mi propio bienestar, autocuidado y reflexión compasiva.

Gracias a la doctora Koncha Pinós, al doctor Richard J. Davidson y a todo el equipo de la Fundación de Wellbeing Planet por regalarle al mundo entero caminos concretos de aprendizaje y expansión que nos lleven al buen-vivir y al cultivo de la gratitud por el regalo único e imprescindible que todos tenemos: la vida misma.

ADRIANA REYES, MONTERREY (MÉXICO)

Transcurrió 2019 y casi al finalizar llegó la triste noticia: se confirmó una pandemia que afectó enormemente a toda la humanidad: caos, dolor, tristeza, muerte, miedo.

Todas las emociones surgidas habían sido ya vividas por la humanidad, pude considerar de una forma más relajada, no tan severa. Todas las emociones pasan tarde o temprano; no será tan grave, esto pasará; sin embargo, avanzaban los meses y la situación cada vez se tornaba más estresante, había más muerte, más contagio y cada vez más cerca de mi entorno.

A principios de 2020 se me presentó la oportunidad de ayudar a personas vulnerables ante la situación inminente que nos afectaba ya en todos los círculos sociales y en todos los países, y fue entonces cuando inicié esta maravillosa oportunidad de aprendizaje a cargo de la doctora Koncha Pinós Pey. Después de mi gran recorrido por una formación de Psicología cognitivo-conductual, Psicoterapia Gestalt, Neuropsicología, Psicooncología, entrenar en EMDR y Brainspotting así como en Trauma... Me pareció un método muy interesante, aunque en apariencia simple; sin embargo, así fue: este método, al aplicarlo a los pacientes en necesidad, lleva a que manifiesten cambios significativos que les provocan paz y quietud, así como aceptación de eso a lo que se enfrentan.

Y lo más maravilloso ha sido el impacto en mí misma, todos los cambios que me ha producido a nivel mental, emocional, físico y espiritual.

Ahora me encanta meditar a diario y atender mis sensaciones, emociones y pensamientos, lo cual me genera una enorme sensación de logro y de empoderamiento. Mi vida ha cambiado de manera muy notoria.

Ante el temor de qué sucedería con mi consulta me atreví a dar consulta online (a lo que siempre me había negado) y algo surgió. Este cambio es ahora la forma en que apoyo a las personas; vivo un momento muy especial en lo personal, lo profesional y lo espiritual y, definitivamente, sé que ha sido gracias a la oportunidad de coincidir en ese momento con esa información tan maravillosa, al igual que gracias a la convivencia con todos mis compañeros, de los cuales aprendo enormemente.

Así que, mi querida Koncha, gracias; gracias por brindarme la oportunidad de transformar mi vida al adentrarme en la psicoterapia contemplativa. Gracias también al doctor Richard J. Davidson, a la doctora Pilar J. y a tantos y tantos más dedicados a cuidar del alma de los seres a través de sus emociones.

Con todo mi amor y mi mayor agradecimiento desde lo más profundo de mi bendito ser.

Conclusiones

¿Qué sentido tiene la bondad?

Aristóteles dijo que todo aquello que tenía un inicio tenía un final, y este libro no es una excepción. El inicio apunta siempre a una finalidad, eso es apotelesma, la consumación, y el sentido último, no el final transitorio. Los romanos lo llamaron «el efecto apotelesmático», el efecto que tenían las estrellas sobre el destino humano. *Apotelein*, «al completo», y *telos*, «meta». La meta al completo o la meta completada. ¿Qué sentido tiene la bondad hoy y cómo se relaciona eso con el fin y el principio de las cosas?

Es una visión muy hermosa la apotelesmática, que otorga significado a todo el proceso que nos llevó a la meta. La bondad sin duda es apotelesmática, porque tiene sentido gnoseológico y teleológico. Si volviésemos de nuevo a Aristóteles, él dijo que todas las cosas tienen cuatro causas: la causa material, la formal, la agente y la final. Las dos primeras, intrínsecas, afectarían al ser, y las dos segundas, extrínsecas, afectarían al devenir.

Todas las cosas que existen tienen una finalidad, un sentido:

¿cuál es entonces el sentido de la bondad? Está en la naturaleza de nuestra existencia para algo, para hacer algo, para cumplir una misión en nuestra vida. La bondad no surgió de la nada, no apareció de la nada o por azar. Nuestra vida, este libro, esta conversación, surgen por un sentido, para realizar un apotelesma. ¿Cuál es la función o la meta de la bondad? Tiene el sentido de ser el norte hacia donde el individuo se oriente, es el camino que aún no se ha forjado y que al caminar surge en cada paso. Es la cosa o la naturaleza de la cosa, es la perfección a la que dirigimos nuestra vida.

¿Está la bondad sujeta al tiempo, al espacio, al contexto, a una época, a una edad, a un género? ¿Qué sentido tiene la bondad? Buscarlo era el propósito de este libro. Ese sentido que incluye la ciencia, la ética, la filosofía o la educación. En todas las cosas está la bondad: desde una pequeña hoja hasta el cosmos en su totalidad, todo tiene una apotelesma bondadosa, un sentido final, una misión que cumplir. Una pauta, un camino, una guía que conduce a los seres, y esa visión le otorga significado a lo que hacemos, nos saca del narcisismo donde estamos asentados los humanos contemporáneos.

Me he empeñado en comprender qué es la bondad, para qué sirve, cuál es su sustrato, como si la bondad en sí misma fuese una tradición. La tradición de la cual provengo y a la que voy. Me he ocupado de mantenerla lo más intacta y pura posible a pesar de las vicisitudes que la vida me ha traído. He guardado la bondad en mí, absolutamente protegida en un cáliz interno, de las maldades y las infecciones que se cuelan en el corazón y la mente. La maldad se cuela en la ciencia, en la filosofía, en la espiritualidad, en las relaciones; no hay un solo rincón donde no se meta. Empieza poco a poco a destrozarnos como una hermosa ciudad engullida por la niebla.

Este libro sigue esas cuatro formas que Aristóteles propuso: qué forma o estructura tiene la bondad, de qué está compuesta y qué agente la produjo hasta llegar a la esencia del ser, que es bondad innata. Los actos bondadosos son el microcosmos de una resonancia que está en el macrocosmos. La bondad deja huella, una signatura, que identifica para qué sirve esa cosa. No podemos confundir la firma del artista con el sentido de su obra; de la misma manera, quiero que se olviden de que yo he escrito este libro, eso no tiene mayor relevancia; lo importante es que les sirva de proceso apostelesmático, que encuentren en esta forma analógica de la bondad el arte que lleva dentro. Recuerden que todos somos padres de todas las obras en mayor o menor medida porque somos creadores.

La bondad es prosódica y metafórica, igual que cuando los niños dibujan el corazón en forma de manzana o el cerebro en forma de nuez, o dos alas para hablar de los pulmones. La bondad tiene un carácter medicinal y simbólico de la mano de un niño. Ellos, en su simplicidad, están sin saberlo reproduciendo las verdades más profundas. Ellos marcan la bondad con su huella y su simplicidad, y así podemos identificarla como un *synthemata*. La manzana, que era el corazón, se asocia con el amor; la nuez, que era el cerebro, con la inteligencia, y la bondad se vincula con la base de todas las cosas. Así dicen los niños «yo soy bueno», como un principio synthemático, una huella del reconocimiento de la bondad en ellos. Y la bondad se reconoce y prefiere desde pequeños. Su capacidad para ver la vida interconectada es absolutamente maravillosa y no la conectan a través de fuerzas oscuras, sino por la fuerza de la bondad. Está conectada por una hermenéutica, por un significado, y ese significado es la bondad.

Las cosas comparten signo y significado, se agrupan en categorías conocidas o desconocidas, nombrables o innombrables, en comunidades de las ideas que están unidas entre sí por la bondad innata. Entonces todas las cosas que representan la bondad son parientes entre sí. Vienen a nuestra vida de visita, como un paciente que visitara a un médico: algunas de estas cosas nos enferman, otras nos sanan, pero todas ellas son, al final del proceso de la bondad, *synthemata*, constatación de esta.

Eso quiere decir que, aunque a veces vemos la maldad, y esta puede parecer distinta a la bondad, en realidad se trata de una agente de esta. Porque ya dijimos que todo se sostiene en la bondad, incluso la maldad. Vamos a lo esencial, lo sustancial, lo que es el núcleo del núcleo, y que, a pesar de las aparentes dualidades, hace que se iguale con otra que tiene la misma esencia, la bondad. La misma esencia final, la misma apotelesma.

Las cosas son solo testigos de la bondad: por medio de nuestra vida podemos afectar a una cosa a través de otra. Así, algo en apariencia malo puede convertirse en bueno, y viceversa. Pero, al final, todas las cosas son agentes de la bondad. Porque todas ellas tienen conexiones invisibles... Y proceden de la bondad innata.

Últimas palabras

Este libro se inició en Vinci, en la Toscana (Italia), se desarrolló en las selvas de Panamá y se ha terminado de nuevo en Vinci entre 2020 y 2022. He querido acabarlo como empezó, en las hermosas colinas de Leonardo, un paisaje lleno de ciencia, belleza y cultura. Gracias, Toscana, te amo.

Quiero dedicar este libro a todos mis hijos, biológicos, académicos, espirituales, artísticos y literarios; todos ellos me han hecho madre de mil formas distintas. A todos los compañeros de ciencia, filosofía, educación, política y cambio social, por creer que la bondad puede ser sujeto y objeto de estudio, más allá de lo conocido. Quiero dar las gracias al doctor Richard J. Davidson por haber leído este libro, por el hermoso prólogo y sobre todo por acompañarme en la aventura de fundar, escribir y construir un universo de bondad. Gracias, Richard, te amo.

Quiero dedicar este libro a las selvas de Panamá, a su tremenda belleza, a sus sonidos, a sus gentes, que son mi casa, y este libro la de ellos. Gracias, Panamá, te amo.

Sobre todo, quiero dedicárselo a los árboles con los que se

imprimirá este libro por darnos tantas gratificaciones, entre ellas la de poder leer y escribir. A Penguin Random House, por su confianza y su amable cuidado en la edición de tantas obras valiosas. Gracias, os amo.

Quiero dar las gracias al genio de Leonardo da Vinci por su tenacidad, su inspiración, por ser un ejemplo sobre qué tiene que ser un científico hoy y siempre, un ser completo. Por ayudarme a navegar las noches estrelladas de la Toscana. Gracias, Leonardo, te amo.

Bibliografía

Allen, C. y Trestman, M., «Animal consciousness», en Zalta, E. N., ed., *Stanford Encyclopedia of philosophy*, Stanford, The Metaphysics Research Lab, 2014 (1995) [referencia: 18 de febrero de 2015].

Ayan, S., «Luces y sombras de la empatía», *Mente y Cerebro*, núm. 90, 2018, pp. 30-35.

Bahrick, H. P.; Bahrick, P. O., y Wittinger, R. P., «Cincuenta años de memoria para nombres y rostros: una aproximación transversal», *Revista de Psicología Experimental: General*, núm. 104, 1975, pp. 54-75.

Barr, S.; Laming, P. R.; Dick, J. T. A., y Elwood, R. W., «Nociception or pain in a decapod crustacean?», *Animal Behaviour*, núm. 75, 2008, pp. 745-751.

Birch, J., «The search for invertebrate consciousness», *Noûs*, 30 de agosto, 2020 [referencia: 4 de febrero de 2021].

Broom, D. M., «Cognitive ability and sentience: Which aquatic animals should be protected?», *Diseases of Aquatic Organisms*, núm. 75, 2007, pp. 99-108.

Chechik, G.; Meilijson, Pinós, K. y Ruppin, E., «Poda sináptica en desarrollo: una cuenta computacional». Computación neuronal, 1998.

Clabough, E., *Second Nature: How Parents Can Use Neuroscience to Help Kids Develop Empathy, Creativity, and Self-Control*, Louisville, Sounds True, 2019.

Cohen, N. J. y Squire, L. R., «Aprendizaje conservado y retención de la habilidad de análisis de patrones en amnesia: Disociación de saber cómo y saber qué», *Ciencia*, núm. 210, 1980, pp. 207-209.

Convención para los Derechos del Niño Preámbulo, 1989, <https://www.unicef.org/panama/media/911/file/Conven ci%C3%B3n%20sobre%20los%20Derechos%20del%20 Ni%C3%B1o.pdf>.

Crook, R. J., «The welfare of invertebrate animals in research: Can science's next generation improve their lot?», *Journal of Postdoctoral Research*, vol. 1, núm. 2, 2013, pp. 9-18 [referencia: 22 de febrero de 2014].

Crook, R. J.; Hanlon, R. T., y Walters, E. T., «Squid have nociceptors that display widespread long-term sensitization and spontaneous activity after bodily injury», *The Journal of Neuroscience*, núm. 33, 2013, pp. 10021-10026.

Davidov, M.; Zahn-Waxler, C.; Roth-Hanania, R., y Knafo, A., «Preocupación por los demás en el primer año de vida», *Perspectivas del desarrollo infantil*, vol. 7, núm. 2, 2013, pp. 126-131.

Dawkins, M. S., «Who needs consciousness?», *Animal Welfare*, núm. 10, 2001, pp. 19-29.

Declaración Universal de los Derechos Humanos, 1948, artículo 16. 3, <https://www.un.org/es/about-us/universal-declaration-of-human-rights>.

Educación Social: Revista de Intervención Socioeducativa, 2011, núm. 49, septiembre-diciembre, pp. 25-47.

Eisemann, C. H.; Jorgensen, W. K.; Merritt, D. J., *et al.*, «Do insects feel pain? A biological view», *Experientia*, núm. 40, 1984, pp. 164-167.

Eisenberg, Nacy., «Temperamental Effortful Control (Self Regulation)», Arizona State University, 2011, p. 3, <https://www.child-encyclopedia.com/pdf/expert/temperment/according-experts/temperamental-effortful-control-self-regulation>.

Elwood, R. W., «Pain and suffering in invertebrates?», *ILAR Journal*, núm. 52, 2011, pp. 175-184.

Elwood, R. W. y Adams, L., «Electric shock causes physiological stress responses in shore crabs, consistent with prediction of pain», *Biology Letters*, vol. 11, núm. 1, 2015 [referencia: 13 de noviembre de 2015].

Elwood, R. W. y Appel, M., «Pain experience in hermit crabs», *Animal Behaviour*, núm. 77, 2009, pp. 1243-1246.

Fiorito, G., «Is there 'pain' in invertebrates?», *Behavioural Processes*, núm. 12, 1986, pp. 383-388.

Frazzetto, G., «¿Qué significa sentir?», *Mente y Cerebro*, núm. 64, 2014, pp. 45-46.

Gentle, M. J., «Pain in birds», *Animal Welfare*, núm. 1, 1992, pp. 235-247.

Gherardi, F., «Behavioural indicators of pain in crustacean decapods», *Annali dell'Istituto Superiore di Sanità*, núm. 45, 2009, pp. 432-438.

Griffin, D. R., *Animal thinking*, Cambridge, Harvard University Press, 1984.

—, *Animal minds: Beyond cognition to consciousness*, Chicago, Chicago University Press, 2001.

Harvey-Clark, C., «IACUC challenges in invertebrate research», *ILAR Journal*, núm. 52, 2011, pp. 213-220.

Horvath, K.; Angeletti, D.; Nascetti, G., y Carere, C., «Invertebrate welfare: An overlooked issue», *Annali dell'Istituto superiore di sanità*, núm. 49, 2013, pp. 9-17 [referencia: 3 de octubre de 2020].

Huffard, C. L., «Cephalopod neurobiology: An introduction for biologists working in other model systems», *Invertebrate Neuroscience*, núm. 13, 2013, pp. 11-18.

Jiménez Torres, S. y Guerra Cid, L. R., «Aprendiendo a aprender», *Mente y Cerebro*, núm. 34, 2009, pp. 12-15.

Knutsson, S., «The moral importance of small animals», tesis de máster, Gotemburgo, Universidad de Gotemburgo 2015a [referencia: 4 de enero de 2015].

—, «How good or bad is the life of an insect», septiembre, 2015b [referencia: 4 de enero de 2016].

Kwon, D., «Los seres más inteligentes del mar», *Investigación y ciencia*, 2018, p. 10.

Leonard, G. H.; Bertness, M. D., y Yund, P. O., «Crab predation, waterborne cues, and inducible defenses in the blue mussel, *Mytilus edulis*», *Ecology*, núm. 75, 1999, pp. 1-14.

Light, S. y Zahn-Waxler, C., «La naturaleza y formas de empatía en los primeros años de vida», en Decety, J., ed., *Empathy: From Bench to Bedside*, Cambridge, MIT Press, 2011, pp. 109-130.

Loizaga Latorre, F., «Efectos neuropsicológicos de la adopción», *Mente y Cerebro*, núm. 97, 2019, pp. 24-30.

Lozada, M.; Romano, A. y Maldonado, H., «Effect of morphine and naloxone on a defensive response of the crab *Chasmagnathus granulatus*», *Pharmacology, Biochemistry, and Behavior*, núm. 30, 1988, pp. 635-640.

Lude, A., «Jugar en la naturaleza», *Mente y Cerebro*, núm. 88, 2018, pp. 13-19.

Lyubomirsky, S., «The Benefits of Frequent Positive Affect.

Does Happiness Lead to Succes», University of California, Riverside, 2005, p. 34, <https://www.apa.org/pubs/journals/releases/bul-1316803.pdf>.

Magee, B. y Elwood, R. W., «Shock avoidance by discrimination learning in the shore crab (*Carcinus maenas*) is consistent with a key criterion for pain», *Journal of Experimental Biology*, núm. 216, 2013, pp. 353-358 [referencia: 25 de diciembre de 2015].

Maldonado, H. y Miralto, A., «Effect of morphine and naloxone on a defensive response of the mantis shrimp» (*Squilla mantis*), *Journal of Comparative Physiology*, núm. 147, 1982, pp. 455-459.

Mather, J. A. y Anderson, R. C., «Ethics and invertebrates: A cephalopod perspective», *Diseases of Aquatic Organisms*, núm. 75, 2007, pp. 119-129.

—, «Animal suffering: An invertebrate perspective», *Journal of Applied Animal Welfare Science*, núm. 4, 2001, pp. 151-156.

—, «Cephalopod consciousness: Behavioral evidence», *Consciousness and Cognition*, núm. 17, 2008, pp. 37-48.

Mente y Cerebro, monográfico 89, 2018.

Micolajczak, M. y Roskam, I., «Padres al límite de sus fuerzas», *Mente y Cerebro*, núm. 92, 2018, pp. 12-17.

Mocker, D., «¿Quién desarrollará una adicción a los videojuegos?», *Investigación y ciencia*, 27 de mayo de 2020. Recuperado de <https://www.investigacionyciencia.es/noticias/quin-desarrollar-una-adiccin-a-los-videojuegos-18684>.

Mosquera, D. y González, A., «Del apego temprano al TLP», *Mente y Cerebro*, núm. 46, 2011, pp. 18-27.

Palacios, J. y Rodrigo, M. J., *Familia y desarrollo humano*, Alianza Editorial, 1999, p. 30, <http://www.redage.org/publicaciones/familia-y-desarrollo-humano>.

Parkinson, B., *Interpersonal Emotion Transfer. Contagion*

and Social Appraisal, 2011, p. 2, <https://compass. onlinelibrary.wiley.com/doi/10.1111/j.1751-9004.2011. 00365.x>.

Pin Arboledas, G., «El sueño del bebé y sus condicionantes», *Mente y Cerebro*, núm. 89, 2018, pp. 12-19.

Pinós-Pey, K., *Cómo la neurociencia puede ayudar a su hijo a tomar buenas decisiones*, Madrid, Roble, 2004.

Rowland, L., «A range of kindness activities boost happiness», *The Journal of Social Psychology*, 2018, pp. 340-343, <https://www.tandfonline.com/doi/abs/10.1080/002245 45.2018.1469461>.

Sallés, C. y Ger, S., «Las competencias parentales en la familia contemporánea: descripción, promoción y evaluación», *Educación Social*, núm. 49, 2011, pp. 25-47.

— «Las competencias parentales en la familia contemporánea: descripción, promoción y evaluación», 2011, p. 2, <https:// core.ac.uk/download/pdf/39107518.pdf>.

Sherwin, C. M., «Can invertebrates suffer? Or, how robust is argument-by-analogy?», *Animal Welfare*, núm. 10, 2001, pp. 103-118.

Tomasik, B., «The importance of insect suffering», *Essays on Reducing Suffering*, 25 de abril de 2016 (2015) [referencia: 23 de marzo de 2017].

—, «Brain sizes and cognitive abilities of micrometazoans», *Essays on Reducing Suffering*, 16 de junio de 2018 (2016) [referencia: 18 de diciembre de 2020].

—, «Speculations on population dynamics of bug suffering», *Essays on Reducing Suffering*, 16 de junio de 2019 (2013) [referencia: 18 de marzo de 2020].

Tulving, E., «Memoria episódica y semántica», en E. Tulving y W. Donaldson (eds.), *Organización de la memoria*, Nueva York, Prensa Académica, 1972, pp. 381-403.

Tye, M., *Tense bees and shell-shocked crabs: Are animals conscious?*, Nueva York, Oxford University Press, 2017.

Vargas-Rubilar, J. y Arán-Filippetti, V., «Importancia de la parentalidad para el desarrollo cognitivo infantil: una revisión teórica», *Revista Latinoamericana de Ciencias Sociales, Niñez y Juventud*, vol. 12, núm. 1, 2014, pp. 171-186.

Volpato, G. L., «Challenges in assessing fish welfare», *ILAR Journal*, núm. 50, 2009, pp. 329-337.

Walters, E. T. y Moroz, L. L., «Molluscan memory of injury: Evolutionary insights into chronic pain and neurological disorders», *Brain, Behavior and Evolution*, núm. 74, 2009, pp. 206-218 [referencia: 22 de septiembre de 2013].

Watson, D., y Clark, L. A., «Affects separable and inseparable: On the hierarchical arrangement of the negative affects», Journal of Personality and Social Psychology, vol. 62, núm. 3, 1992, pp. 489-505.

Westerhoff, N., «Atracción por el riesgo», *Mente y Cerebro*, núm. 46, 2011, pp. 74-77.

Wilhelm, K., «El valor de los sueños», *Mente y Cerebro*, núm. 100, 2020, pp. 19-26.

Wilson, C. D.; Arnott, G. y Elwood, R. W., «Freshwater pearl mussels show plasticity of responses to different predation risks but also show consistent individual differences in responsiveness», *Behavioural Processes*, núm. 89, 2012, pp. 299-303.

Yarrow, M. R.; Scott, P. M., y Waxler, C. Z., «Aprender a preocuparse por los demás», *Psicología del Desarrollo*, núm. 8, 1973, pp. 240-260.

Zahn-Waxler, C., «El legado de la pérdida: la depresión como asunto familiar», en S. Hinshaw (ed.), *Rompiendo el silencio: Los profesionales de la salud mental revelan sus expe-*

riencias personales y familiares de enfermedades mentales, Oxford, Oxford University Press, 2008, pp. 310-346.

Zahn-Waxler, C.; Schoen, A. y Decety, J., «Una perspectiva interdisciplinar sobre los orígenes de la preocupación por los demás: aportes de la psicología, la neurociencia, la filosofía y la sociobiología», en N. Roughley y T. Schramme, *Forms of Fellow Feeling*; *Empatía, simpatía, preocupación y agencia moral*, Cambridge, Cambridge University Press, 2018.

Zahn-Waxler, C.; Shirtcliff, E. A. y Marceau, K., «Trastornos de la infancia y la adolescencia: género y psicopatología», *Revisión Anual de Psicología Clínica*, capítulo 4: 11.1-11.29, 2008, pp. 1-29.

Zahn-Waxler, C. y Van Hulle, C., «Empatía, culpa y depresión: cuando cuidar a los demás se vuelve costoso para los niño», en B. Oakley, A. Knafo, G. Mudhaven y D. Sloan Wilson, eds., *Altruismo patológico*, Nueva York, Oxford University Press, 2011, pp. 243-259.

Zimbardo, P., *El efecto Lucifer. El porqué de la maldad*, Paidós, 2007, p. 26.

Zullo, L. y Hochner, B., «A new perspective on the organization of an invertebrate brain», *Communicative & Integrative Biology*, núm. 4, 2011, pp. 26-29.